桐光学園
大学訪問授業

# 高校生と考える
# 人生のすてきな大問題

左右社

## はじめに

桐光学園中学高等学校校長　村上冬樹

今年度も「大学訪問授業」を四月から十一月の土曜日に実施し、二十回分の内容がこの本にまとまりました。『人生のすてきな大問題』——自分の「人生」や「日本」「世界」についての「大問題」を考えるきっかけを与えてくれる講義であったと思います。

中学高校時代の六年間は、自立をめざす成長の六年間です。自立とは、「自分で考える」「自分で行動する」「自分で責任をとる」という三点セットです。独りよがりの「自立」には意味がありません。「自分たちで考える」「自分たちで行動する」「自分たちで責任をとる」ことができるようになれば、もう立派な大人として成長したといえます。

「人生」「日本」「世界」について考え続けること。そこでの出会いを楽しみ、視野を広げ、思考を深めていくこと。新たに行動してみること。自信を得ること、失敗すること。成長はその繰り返しの中にあるのでしょう。

一歩前に進むこと、立ち止まること。一歩引き返すこと。迷っても絶望しても混乱しても、しばし深呼吸をしてその場に向き合う。自分に向き合う。それができたとき現実は自分にとって『人生のすてきな大問題』として立ち現れる。あるいはそのように気づくのはしばらく後のことなのかもしれませんが。

一年間の講義の中で、成長途上の若く柔軟で迷える中高生のために、「学び続ける」「考え続ける」ことへの道標を示していただいたことを先生方に改めて深く感謝いたします。

書籍化により貴重な講義を何回でも追体験できることは幸せな限りです。より多くの中学生・高校生に読んでいただければと思います。『人生のすてきな大問題』と出会い、向き合うために。

# 第1章

# 生きていることの面白さ

# きわどさの上を行く

田原総一朗

小学校五年生の夏休みに大変なことが起きました。日本が戦争に負けたのです。八月十五日の朝、「天皇の玉音放送があるから聴くように」という知らせが市役所からきて、ラジオの前に家族みんなで集まりました。近所からも四、五人集まってきた。

玉音放送が始まりました。ところが、ノイズが多いうえに難しい言葉がとても多く、当時の私にはずいぶん理解しにくかった。ただ、いまでもはっきり覚えている言葉があります。「敵は、新たに残虐なる爆弾を使用し」。これは広島と長崎の原爆のことです。それから「耐え難きを耐え忍びがたきを忍び」。この言葉に近所の人の意見が真っ二つに割れた。「どうやら戦争が終わった」という意見と、「いや、戦争は続く」という意見です。なぜ意見が分れたかというと、天皇の言い方がわかりにくかったのもありますが、もうひとつ理由があります。

戦局が厳しくなってきた終戦間近のころ、軍の上層部は「本土決戦」という言い方をしていた。アメリカ軍が日本の領土に上陸してきたら、一般市民も最

たはら・そういちろう＝一九三六年、滋賀県生まれ。ジャーナリスト、ニュースキャスター、評論家。岩波映画製作所、東京12チャンネルを経て、フリージャーナリストへ。一九八七年にスタートしたテレビ朝日「朝まで生テレビ！」の企画者であり、タブーに切り込む討論スタイルはテレビ業界において異彩を放つ。著書に『塀の上を走れ』『日本を揺るがせた怪物たち』『起業家のように考える』など多数。

後の最後まで徹底抗戦する、という作戦です。そのころ私は滋賀県の彦根にいました。米軍が千葉の九十九里に上陸するらしいという情報が入り、大人たちは口々に「彦根までくるのは二か月はかかるだろう」と言っていました。本当にやってきたらどうするか。女性は山に逃げ、男たちは爆弾を抱えて戦車に自爆することになっていた。いまイスラム圏で自爆テロが起きていますが、日本でも同じようなことをしていたのです。それで私も「十月になったら爆弾を抱えて死ぬんだなあ」と思っていた。つまり、一般市民は「本土決戦」しないうちは戦争が終わるはずがないと考えていたのです。

大人たちの意見が割れるなか、午後になり市役所の係の人が「戦争は終わった」と教えてくれた。日本が負けた。私はその瞬間、自分の前途が絶望的になったと感じました。当時の男の子にとって将来進む道はふたつしかなかった。陸軍に入るか、さもなければ海軍に入るか。陸軍には行軍という厳しい訓練があり、長距離を歩かなくてはならない。海軍だと甲板を歩くだけでよいので、私は海軍に行きたかった。それに私のいとこが海軍衛生学校▼の学生で、休みになると田舎に帰ってくるのですが、これがかっこよかった。服装も憧れました。私も中学を出たら同じ学校に進学しようと思っていた。

ところが戦争が終わり、その道が絶たれた。絶望的な気持ちで、私は二階に上がって泣きました。泣いて泣いて寝ちゃった。目が覚めたら夜で、二階の窓から街を眺めると明るいことにはっとした。あたり前と思うでしょうが、前日

**▼海軍衛生学校**
海軍病院や病院船の診療などに必要な看護術・衛生術を教える教育機関。

までは空襲を避けるために家の電灯は黒い布で覆っていましたから、夜の街は真っ暗だったのです。それで「ああ、ほんとうに戦争は終わったんだ」と、なんとなく開放された気分になった。これが私の戦争体験です。いまでも鮮烈に覚えています。暑い日でした。

## 「常識がさかさまに変わる」

二学期が始まると大変なことになった。一学期までは、学校の先生たちは日本が戦っている戦争は「聖戦」、正しい戦争なのだと言っていました。「アメリカ、イギリス、フランスはアジアじゅうを植民地化して侵略している。この戦争の目的はアジアから彼らを追い出し、アジアの国々を独立させることにある」と教わっていた。「君たちも早く大人になって戦争に参加し、天皇陛下のために名誉の戦死をしろ」と、こう言っていたわけです。

ところが、二学期になると同じ先生が「じつはあの戦争は大変な間違いだった。日本の侵略戦争だった」という説明に変わった。〝英雄〟だった東條英機▼たちは戦争犯罪人として占領軍につぎつぎ逮捕されていった。つまり、価値観がまるっきり逆転してしまった。こういうことは、みなさんは経験がないと思います。一学期までは「泥棒するな!」と教えられたのに、二学期には「泥棒をしろ!」と言われるようなものです。

▼**東條英機**
一八八四年生まれ、陸軍軍人、政治家。日本が日中戦争などに突き進む中、関東軍参謀長ほかの要職を歴任、一九四一年太平洋戦争開戦時には首相だった。敗戦間際に退陣、終戦後に拳銃自殺を図る。極東国際軍事裁判(東京裁判)で戦争犯罪人として死刑判決を受け、四八年執行された。

この体験が私の原点です。子どもながらに「大人たちがもっともらしいことを言うときは信用できない。新聞やラジオの言うことも信用できない」、そう思った。そして「どうも国はいざとなったら平気で国民を騙すんだな」という気持ちをもった。いまも同じ気持ちです。

じつは、価値観が一八〇度変わる瞬間はもう一度訪れました。私が高校に進学した年の一九五〇年、朝鮮戦争のときです。北朝鮮が国境の北緯三十八度線を侵し、韓国の領土に攻め入りました。中国は北朝鮮の味方をし、それに対してアメリカは韓国の味方につき、日本にある米軍基地から韓国へ出撃しました。敗戦以来、小学校、中学校の先生たちは「戦争は悪いものだ。だから、もしまた戦争が始まりそうになったら君たちは体を張って反対!、と叫びなさい」、こう言った。しかし、いざ朝鮮戦争がはじまり「戦争反対!」と声を上げると、「お前たちは共産党か」と糾弾されるのです。またもや大人たちの言うことが変わっていた。どうしてでしょう。

戦後、共産党はアメリカ軍（GHQ）のことを「占領軍」とは呼ばず、「解放軍」と呼びました。戦時中、共産党員たちは「戦争反対」を叫んだため、敗戦まで監獄に入れられていました。そして日本が負け、占領軍が日本政府を追放し、彼らを監獄から解放してくれたという恩義があった。そのため、いまでは考えられませんが、共産党と占領軍はわりに仲が良かったのです。

ところが、朝鮮戦争が始まると占領軍は突然「共産党を逮捕しろ」と追放命令▼を出した。日本政府は占領軍のいいなりですから、共産党員と共産党支持者を公職から大量に追放してしまった。さらに当時は日本の軍隊はすでに解体されていたにもかかわらず、「警察予備隊を作れ」という占領軍の指示がでた。これが自衛隊の前身です。

日本は戦争に負けて、ずっと右寄りだった思想が急に左寄りになり、朝鮮戦争が起きてまた右寄りに戻ったことになります。時代や国の状況で価値観がくるくると変わり、教師やマスメディアの主張も変わる。人生で二回も価値観がくつがえされ、私たちの世代は、大人や国や新聞やラジオに強い不信感をもった。これは我々世代の弱点とも言えますが、戦争に関しては、どんな理由があっても駄目だといまでも思っています。

## 「夢をあきらめる」

さて、私は中学の頃から趣味で小説のようなものを書いていました。作家になりたくて、大学は早稲田大学の文学部を受けました。当時は野坂昭如、五木寛之、寺山修司▼など早大出身の作家が多かったのです。ところが私の家はたいへん貧しかった。父親が戦争に振り廻されていくつもの職業を転々とし、どれも上手く行かなかった。そのため「東京での生活費は自分で稼ぐ。家に仕送りもする」という条件で滋賀県から上京し大学に入学しました。授業料は育英会

▼**追放命令（レッドパージ）** 連合国軍占領下の日本において、連合国軍最高司令官総司令部（GHQ）総司令官ダグラス・マッカーサーの指令により、日本共産党員とシンパ（同調者）が公職追放された。その動きに前後して、公務員や民間企業において、「日本共産党員とその支持者」とみなされた人びとが解雇され、一万人以上が職をなくした。

▼**野坂昭如、五木寛之、寺山修司** 一九三〇年代前半に生まれ、戦争を十代で経験した作家たちが六〇年代になるとテレビや週刊誌の文化の隆盛とともに華々しい活躍を始めた。野坂や五木、寺山のほか多くの早稲田大学中退者たちがいた。

からの奨学金を宛てました。入学したのは夜間部（当時の第二文学部）です。昼間は日本交通公社（いまのＪＴＢ）に勤め、夜は大学に通う。作家になるには、出版社の賞に応募してまず入選することだと思っていた。仕事と小説の執筆で一日が終わり、大学にはほとんど行きませんでした。

しかし、いくら文学賞に応募しても入選しなかった。どうも自分には文才がないのではないか、と悩んでいると、同人誌の仲間から「文才のある人間が一生懸命精進することを努力という。君みたいに文才のない人間が一生懸命努力するのは徒労だ」と言われました。

もう駄目かなとあきらめかけていた頃です。交通公社の切符を配達しに日本橋の書店を訪れたとき「文學界新人賞　石原慎太郎『太陽の季節』▼」という広告が目に入り、すぐに買って読みました。強烈な衝撃を受けた。私のように文才のない者が女性のことを書いてもリアリティがないけれど、石原慎太郎が描いた、弟の石原裕次郎の学生時代のムチャクチャぶりは極めてリアリティがあった。私は半分挫折しました。さらにその直後、石原慎太郎と同い年の大江健三郎が「飼育」で芥川賞候補となり、それを読んで「これは敵わない」と悟った私は作家になることをあきらめました。

作家への夢をあきらめた私は、新聞かテレビで活躍するジャーナリストの道を目指しました。しかし、就職活動では朝日新聞、ＴＢＳ、ラジオ日本、北海道放送、東京新聞などを次々に受けてぜんぶ落ちました。就活はすべて失敗でした。

▼**『太陽の季節』**
一九五五年下半期の芥川賞受賞作品。翌年映画化され、夏の海辺で享楽的な行動をとる若者を指す「太陽族」という言葉が流行語となった。

かろうじて岩波映画製作所という、当時岩波書店がもっていた映画部が企業として独立したての会社に滑り込むことができた。なぜ岩波映画に入れたかというと、何回目かの面接で受験生が五〜六十人もいて、朝九時から待機しているのに昼になってもまだ自分の面接の時間が来ない。私は何度も何度も就職活動に落ちていたせいでだいぶ気持ちがスレていて、会社に昼飯を要求しようじゃないかと思い立ち声をかけた。しかし誰も反応はなく、たった一人賛同した奴と二人でかけあいラーメンを獲得しました。その時にラーメンを一緒に食べたのが、のちに井上ひさしと並んで有名な脚本家になる清水邦夫▼です。そういう変な理由で岩波映画に入れたのだと思っています。

入社してからが大変でした。じつは面接で「撮影をやれるか」と聞かれて、私はロケーションを決める人のことだと思ったので「もちろんやりますよ」と答えたのに、入ってみるとカメラ助手のことだった。私は恐ろしく不器用な人間で、もう失敗の連続でした。たった二か月で、撮影部署を降ろされてしまった。どうしよう、仕事を辞めようか……、悶々としていると、あるカメラマンが「岩波でテレビの仕事をやるから、アシスタントをやらないか」と声をかけてくれたので、仕方なくアシスタントを始めました。

テレビが映画と違うのは、毎週ペースで脚本が必要なことです。なんとなく面白そうだなと思い、元々作家志望で文章を書くのは慣れていましたから、自分で脚本を書いて応募してみました。そのころ小児麻痺が社会的な問題で、そ

**▼清水邦夫**
一九三六年生まれ、劇作家、演出家。演出家蜷川幸雄とのコンビによる作品が反響を呼んだ。代表作に「真情あふるる軽薄さ」など。

れをテーマにしたものです。するとそれが採用されたのです。私は撮影助手兼演出助手という立場で番組に携わることになった。

当時、日本ではヌーベルヴァーグというフランスの映画技法が流行っていました。ロケ中心、即興演出、手持ち撮影などが特徴です。日本のヌーベルヴァーグの映画監督として有名なのは大島渚▼です。ヌーベルヴァーグにかぶれていた私は、医学番組なのに全部手持ちで撮ってみた。ところがそのフィルムを演出家に渡したら、「こんなもの使えるか！　もう一回撮り直してこい！」と怒られてしまいました。それでプロデューサーに「撮り直したいので、制作費を下さい」とお願いしましたが、「そんなお金はない」と断られた。

さあ困った。責任を感じて追い詰められた私は、あきらめて辞表を書きました。そのとき例のラーメンを一緒に要求した同期の清水から、「どうせ辞めるなら、勝手に自分で編集したらどうだ」とけしかけられた。やる気になった私は、京橋のフィルムセンターに行き、ヌーベルヴァーグの映画を参考にしながら生まれて初めて自分で編集作業をしました。

完成してプロデューサーに見せると、「これはいけるかもしれない。放送しよう」ということになった。そして、なんとこの番組が賞を取ってしまったのです。人生はわからないものです。演出家にもプロデューサーにも駄目だしされ、辞表を書いて勝手に編集したものが、賞を取るなんて。これで私は、テレビ助手の失格を言い渡された人間にもかかわらず、いきなりテレビ演出家に

**▼大島渚**
一九三二年生まれ、映画監督。篠田正浩や吉田喜重とともに松竹ヌーベルヴァーグの旗手と呼ばれる。代表作に「日本の夜と霧」「愛のコリーダ」「戦場のメリークリスマス」など。二〇一三年没。

なってしまった。

## 「三流が一流を倒すには」

テレビ演出家になったものの、映画会社では自分の企画が会議で通らず、ジリジリした日々を過ごしていました。ある日、日本教育テレビという、いまのテレビ朝日で幼稚園の番組を作っている女性ディレクターから番組構成をやってくれないかと頼まれた。思いつくままにアイディアを口にすると「それで行きましょう！　台本を書いて下さい。今晩中にお願いします」。これには驚いた。映画の場合は、台本を書いては直し、直し、直し……、たくさん手が入ります。ところがその女性ディレクターに「本番はいつか？」と聞くと「明日です」というわけです。こんないいかげんな世界があるものか、いや、こんな無茶苦茶な世界なら、なんでも好きなことができるんじゃないか、とテレビの世界に惚れて、テレビ人になることを決意した。そして当時開局したての東京12チャンネル（現在のテレビ東京）に入社しました。「いいかげんだから良い」という私の読みは当たりました。テレビの世界は変わったことをやりたい自分にとても合っていた。

ところがまた問題が起きます。テレビ東京はいまではちゃんとしていますが、当時は完全に三流テレビ局だった。ＮＨＫやＴＢＳや日本テレビが一流で、テレビ東京は三流。たとえば、ロケに行くと、テレビ東京はディレクターである私とカメラマンの二人だけで大荷物を引きずっている。ところがNHKやTBSや日本テレビは大型のワゴンに運転手もいて、AD、撮影助手、録音助手など総勢五～六人いるわけです。制作費も、向こうはテレビ東京の十倍近い。制作費があるので、取材に日数をかけられる。こちらは制作費は安いは日数もかけられないはで、偏差値もおそらく負けていた。

そこで彼らとどう勝負すべきか考え、彼らが企画しない番組を作るしかないという結論になった。とはいえ、企画力は向こうが上です。それでも企画で上回りたい。日本テレビも、TBSも、NHKも企画しないものとは何か……。考えに考えてたどりついた答えが〝あぶない番組〟だった。下手をすると警察に捕まったり、放映すればクレームがどっと来るような。彼らに勝つにはそれしかない、そういう番組を作らないと話題にならない、と覚悟を決めた。当時のテレビ東京は〝テレビ番外地〟と呼ばれ世間に見向きもされなかったのですから。アブない番組で勝負する、これは賭けでした。

たとえばこんな番組を作りました。一九六八年、日本テレビが「木島則夫ハプニングショー」という生放送番組をスタートさせた。台本なしの型破りな番組です。第一回は新宿のコマ劇▼前に舞台を作り、若者たちを集めて集会を開こうという内容が予告されていた。そこで私は、当時新宿に大勢たむろしていたフーテン▼たちを誘い、「あの番組を潰してやろう！」と五千人ほどでワーッと襲撃したのです。大混乱になり、木島さんたちは逃げて近くの喫茶店でこそこそ番組を続けた。番

**▼新宿コマ劇場**
一九五六年から二〇〇八年まで新宿の歌舞伎町一丁目に存在した劇場。演歌コンサートやミュージカルなどが上演された。演歌歌手にとってあこがれの劇場だった。

**▼フーテン**
一九六〇年代から七〇年代、日本におけるヒッピーの俗称。定職をもたず、街をふらふらしている人たち。

組を潰せてバンザーイ！と喜んでいると、新宿淀橋署のパトカーが駆けつけ、「こんなこと誰がやったんだ！」と詰問する。私は正直に手を挙げました。そして捕まりました。

こんなふうに私は二度警察に捕まっています。二回目は、一九七一年の警視総監公舎爆破未遂事件を追って、無断で公舎前の中庭に入って撮影したとき。けれど、二度ともプロデューサーが警察署まで迎えにきて話を付けてくれて番組は放送しました。ようするに、テレビ東京の偉い人たちもNHKやTBSと同じ番組を作ったんじゃ太刀打ちできないしスポンサーも付かないとわかっていたので、自由にやらせてくれていたんですね。とても良い環境だった。テレビ東京という三流のテレビ番外地にいたことで、どんどん自由に番組を作ることができた。しかし、自由に番組を作りすぎて、結局、テレビ東京もクビになりました。四十三歳のときでした。

## 「タブーに切り込む」

ただし世の中は不思議なもので、私がやっていた破茶目茶なことを面白がってくれる人もいて、干された身ではありますがテレビ東京を退職してすぐに他の局から仕事の話が結構ありました。

一九八七年、テレビ朝日で「朝まで生テレビ！」という番組がスタートしました。いまも続く長寿番組です。みなさんも見たことがあるかもしれませんが、夜中の一時過ぎから朝の四時すぎまでぶっ通しで討論する番組です。夜中、なぜこんなものをやっているのか。

当時、テレビの深夜帯は再放送などが多かった。ところが、フジテレビがオールナイトフジ▼という番組をやって物凄くウケたんですね。それで夜中の時間帯をどうするかが、どこのテレビ局でもテーマだった。

そうしたとき、テレビ朝日の小田久栄門▼という編成局長から、「なにか面白い深夜番組を企画してくれないか」と相談された。夜中の番組にはふたつの難点があります。ひとつは制作費が安いため、有名タレントは出せないこと。もうひとつは中途半端な時間で終わると、出演者の送迎費がかかること。だから、できれば終電車で来て始発で帰れるくらいの、長い番組を企画しなければならない。

私は、テレビで一番面白いのは討論だと思っています。それも、命を懸けた討論。もし負けたら学者生命や政治家生命がなくなってしまうような、それくらい必死の討論番組をやったら面白いじゃないかと考えた。私は「無制限一本勝負」というプロレスの言葉を使い、とにかく三時間ワンテーマでダーッと真剣討論したいと編集局長に企画を出したら、「面白い！　それでいこう！」となった。

「朝まで生テレビ！」が注目されるようになったひとつのきっかけは、一九八八年に昭和天皇が危篤になり、世の中が自粛ムードに染まったときのこ

**▼オールナイトフジ**
一九八三年に放送開始した深夜の生放送番組。多くの女子大生が出演し、オールナイターズと呼ばれた。初期にはデビューしたてのとんねるずや、片岡鶴太郎らが出演した。一九九一年、四百四回目の放送をもって幕を下ろした。

**▼小田久栄門**
一九三五年生まれ。テレビプロデューサー。「木島則夫モーニングショー」「ニュースステーション」「サンデープロジェクト」「朝まで生テレビ！」「ザ・スクープ」「シリーズ真相」などを企画・統括。「テレ朝の天皇」の異名をとった。

とです。街のネオンサインも点けないという過剰な自粛ムードだった。私は、先ほどの小田久栄門に「いまこそ昭和天皇をテーマにしよう、天皇の戦争責任問題までやろう」と迫った。小田久栄門は「馬鹿野郎！　できるわけないだろう」と答えました。たしかに、どこも扱うはずのないタブーです。話し合いを二度、三度、四度重ねても「馬鹿野郎！」の一点張りでした。

ちょうど放映直前にソウルオリンピックが開催されました。「じゃあ、天皇をやめて「オリンピックの日本人」というテーマでやろう」と提案すると小田さんも「それはいい企画だ」と喜んだ。「ただし」と私は続けました。「ただし、そのテーマはやりますが、番組が始まるのは夜中の一時過ぎから四時だから、小田さんは寝てますよね。しかもこれは生番組だ。仮に、番組内容がさし変わっていたとしても、小田さんは気が付かないですよね」。小田さんは眼光を光らせながら「俺をだます気か」とすごみました。「いや、だます気はありません。でも仮にそうしても小田さんに責任はないということです」「冗談じゃない！」こういう話し合いを四回はやりました。

小田さんは、四回目の話し合いで、自分が騙されるらしいのを承知で、ＯＫを出してくれました。いよいよ本番です。新聞のテレビ欄には「オリンピックと日本人」と打ち出し、実際に番組の序盤はオリンピック選手などをゲスト出演させた。しかし三十分ほど経ったところで、私は「今日はこういうことをやる日じゃないと思う。やっぱり、昭和天皇のこと、天皇の戦争責任のことをとことん話したい」と切り出した。討論メンバーを入れ替え、ついに、天皇問題をまともに最後まで討論し通した。その回の視聴率は、なんと普段の三倍以上でした。私は翌週の月曜日に小田さんに謝りに行った。「申し訳ない。小田さんを騙してしまいました」。すると小田さんはこう言いました。「田原さん、悪いけど、大晦日にもう一回やって」。それほど評判と視聴率が良かったのです。

ふつうなら無謀な企画だと思いますが、私には勝算があった。「いける」と思ったのには理由があります。当時、右翼に野村秋介▼という男がいた。彼は、政治家の河野一郎の政策に反対して河野議員の自宅を放火し、刑務所に十年近く入っていた男です。野村と私はわりに話が合ったので、番組に出てくれることになった。野村は右翼にとても信頼があるので、野村くんが出てくれれば、街宣車が殴り込んでくることもないだろうと確信したのです。それで大晦日にもういちど天皇をテーマに討論するという無謀な企画が決行されました。

今年（二〇一六年）で「朝まで生テレビ！」は二十九年目です。三十周年まではぜひ続けようと思っている。タブーはいっさいありません。いろんなことを扱いたいと思っています。とにかくなんでもやる。私は、「朝まで生テレビ！」はテレビの解放区だと思っている。

私は、二年前に『塀の上を走れ』という自伝を書きました。テレビ東京にいた頃は犯罪すれすれのアブない番組ばかり作っていたので、ギリギリのラインを行くのは慣れています。この本のタイトルもそういう意味です。

▼**野村秋介**
一九三五年生まれ、日本の民族派活動家。一九六三年、河野一郎邸焼き討ち事件を起こし、懲役十二年の実刑判決を受ける。九三年、拳銃自殺。

「朝まで生テレビ！」で日本のタブーはおそらく全部やりました。右翼、天皇、原発、被差別部落……。そういう番組をいまも作り続けている。

話を聞いて、自分の意見を言う、質問をする。これがいちばん大切です。日本は質問が苦手な国ですが、アメリカやヨーロッパでは「質問が出来ない人は能力がない」と見られます。なんでもいいからまずは手を挙げて、がんばってみてください。私もそうしてきました。

**Q&A**

――現在の世界情勢から考えてこれからの日本はどうあるべきだと思いますか。

日本はアジアの国です。アジアの国々から信頼され、尊敬される国にならなければならない。いま日本をあまり信頼していない国の代表が韓国と中国です。韓国や中国と仲良くするためには、昭和の戦争、つまり満州事変、日中戦争、太平洋戦争で日本がやってきたことは間違いだったときちんと否定すべきです。なぜ否定すべきか、これがとても大事な問題です。

世界戦争は、第一次世界大戦と第二次世界大戦といいますね。ところが、こう呼んでいるのは日本だけです。アメリカやヨーロッパでは第一次世界大戦のことをthe Great Warと呼びます。the Great Warには、人類の歴史が始まってはじめて、ヨーロッパ全土が戦争になり、一般市民が一千万人以上死んだという、大きな意味が込められています。第一次世界大戦を終えるにあたり、「戦

争には良い戦争も悪い戦争もない」ということを各国で決意し合った。これが一九二八年のパリ平和条約▼です。

この条約に違反した国が日本とドイツでした。昭和の戦争は間違いだったと言いきるには、パリ平和条約の存在がとても重要だと私は思っています。間違いだったと言いきることで、韓国や中国とも仲良くできる。そしてアジアの国々から信頼され尊敬されることで、アメリカも、やっぱりアジアのことは日本に任せたほうがいいと思い直すようになる。そうするとアメリカに対する交渉権も生まれて来る。私はそう考えています。

**▼パリ平和条約**
パリ不戦条約ともいう。紛争は平和的手段により解決することを規定した多国間条約。一九二八年に、アメリカ、イギリス、ドイツ、フランス、イタリア、日本など六十三カ国が署名した。

## わたしの思い出の授業、思い出の先生

高校2年生の春だった。国語担当の教師に「なぜ、学校に通って勉強しているのかわからない」と、迷いながら疑問を投げかけた。

「何を、くだらないことをいっているのだ」と怒りはしない、話を聞いてくれそうな教師だと感じていたからである。

高校で勉強するのは、大学の入試に合格するためだろう。そして大学に行くのは、しかるべき就職をするためだろう。だが、何のために就職するのか、何のために働くのか、よくわからない。

この教師は、怒りも、めんどうくさがりもしなかった。そして高校時代はもちろん、大学に入ってからも、就職をしてからも、私の疑問につきあってくれて、京都の禅寺にも、何度も泊りがけで連れて行ってくれて、老和尚と夜を徹して話し合う機会をつくってくれた。教師を退職して、亡くなるまで、私の真の師であった。

# 世界を変える漫画の方法

竹宮惠子

二十五歳のとき『風と木の詩』▼の連載を始めました。いまはBL▼という漫画ジャンルが確立しましたが、当時はそんな時代が来るとも知らずに描いた少年同士の愛の物語です。いまや日本はあらゆるジャンルの漫画が生まれ、世界一の漫画大国になりました。そこで今日は、私の漫画作品を見てもらいながら、漫画は世界に対して何ができるかをお話しします。

## まずは自己紹介

最初は児童漫画家をめざしていました。「ポケットモンスター」や「アンパンマン」のような子どもに愛される作品を描きたかったのです。しかし、漫画家を志した一九六〇年頃は、児童漫画が日本の漫画界から姿を消しつつある時代でした。五〇年代に児童漫画を読んで育った子どもたちが大きくなるにつれ、「週刊少年サンデー」や「週刊少年マガジン」が相次いで創刊。「児童漫画はも

たけみや・けいこ＝一九五〇年生まれ。漫画家。京都精華大学学長。幼少期から漫画を描き始める。第四十一回日本漫画家協会賞文部科学大臣賞受賞、二〇一四年紫綬褒章受章。代表作に『風と木の詩』『地球へ…』、おもな作品に『ファラオの墓』『私を月まで連れてって！』『イズァローン伝説』『天馬の血族』などがある。

**▼『風と木の詩』**
一九七六年から一九八四年まで「週刊少女コミック」「プチフラ

う子どもっぽい」という風潮だったのです。

覚悟をきめて少女漫画に変更しました。でも実際に描いてみると、私は「いかにも少女漫画っぽいもの」が描けない性分でした。小さな子どもなら女の子でも男の子でも変わらないスタンスで描けるのに、それが「少年少女」になると難しい。というのも、私はずっと少年漫画で育ったからです。当時すでに神様のような存在だった手塚治虫▼先生や石ノ森章太郎▼先生の漫画が大好きで、少年漫画ばかりを追いかけていました。手塚先生や石ノ森先生の影響を深く受けた私の描く少女漫画は、どこか少年漫画寄りの型破りなものばかり。それでも、悲恋を描いたりしてなんとか普通の少女漫画に仕立てようと頑張りました。

ここで少し私の作品をご紹介します。私のこれまでの作品を網羅したビジュアルブック『竹宮惠子のカレイドスコープ』を見ながら進めましょう。

まずは私の代表作ともいえる『地球《テラ》へ…▼』。テラとはラテン語で地球のことで、近未来を舞台にしたSFものです。連載を始めた一九七〇年代は「スターウォーズ」や「未知との遭遇」などのアメリカ映画が日本でも爆発的にヒットしSFが盛んでした。それまでもたとえば手塚先生は、すごく夢のあるSFストーリー漫画を描いていらっしゃいましたが、現実世界の科学がどんどん進歩するにつれ「SFにリアリティが足りない」と言われるようになっていきます。特に少女漫画では、SF漫画でヒットを出すのは至難の業だった。その壁を映画が先に突破したといえます。そうしたSFがどんどん描ける気運の中で生まれ

ワー」で連載された漫画。十九世紀末フランスの男子寄宿舎を舞台に、思春期の少年たちの愛・友情・嫉妬が交差する。薄幸の美少年ジルベールとセルジュの愛は当時センセーショナルな衝撃を読者に与えた。

**▼BL（ボーイズラブ）**
日本における、男性同士の同性愛を描く漫画や小説のジャンルのこと。特徴として、作者と読者のほとんどは女性である。

**▼手塚治虫**
一九二八年生まれ、漫画家。戦後におけるストーリー漫画の第一人者で、『鉄腕アトム』『ジャングル大帝』『リボンの騎士』『ブラック・ジャック』などのヒット作を多出、〝漫画の神様〟と呼ばれる。日本のアニメーション文化の礎を築いたことでも有名。

たのが『地球へ…』です。

『私を月まで連れてって！』も同時期の作品です。当時は映画「私をスキーに連れてって」に代表される「～に連れてって」という言い方が流行りましたが、私は秘かに『私を月まで連れてって！』が火付け役だったと思っています。漫画にはそういう力があります。多くの人の意識のベースを作ることがある。つまり、それほど大勢の読者がいるのです。みなさんも友だちから借りて漫画を読んだ覚えがあるのではないでしょうか。「買わないけど読んだ」人まで含めると、実際の発行部数の三倍は読まれているといってもいい。たいへん浸透力が強い媒体なので、言葉を流行らせるにはもってこいです。

『疾風のまつりごと』は戦争の話を織り交ぜたファンタジーです。昭和が始まる頃の時代設定です。『天馬の血族』は中国大陸を題材に採りました。モンゴルに似た草原に生きる女の子の冒険譚です。『紅にほふ』は終戦後に満州から引き揚げた母と血の繋がらない養女姉妹の物語です。これは私の母親の実際の体験をモデルにしました。『吾妻鏡』は中央公論新社の「マンガ日本の古典」シリーズで描き下ろしたものです。国語の教科書にも載っていてずっと関心のある歴史書だったので、自分なりに解釈できて面白かったです。

『エルメスの道』は、エルメスの社史漫画です。もともと馬具を作る工房からスタートした会社です。「馬に乗れる人に描いてもらいたい」との条件で社長が漫画家を探していたところ、たまたま私が乗馬好きだと聞きつけて縁がつな

**▼石ノ森章太郎**
一九三八年生まれ、漫画家。SFや学習漫画など幅広くこなし、〝漫画の王様〟などと呼ばれた。代表作に『サイボーグ009』『さるとびエッちゃん』など。仮面ライダーシリーズをはじめとする特撮作品の原作者としても活躍した。

**▼『地球へ…』**
一九七七年から一九八〇年まで「月刊マンガ少年」で連載されたSF漫画。コンピュータが人間の出生から死まで管理するようになった未来を舞台に、主人公ジョミーがさまざまな運命に立ち向かう。『風と木の詩』とともに第二十五回小学館漫画賞少年少女部門をダブル受賞。

がりました。ケリーバッグという世界的な革製品が生まれるまでを描いています。この作品は「機能漫画」という手法で描きました。機能漫画とは「漫画の特性をフルに活かし、自ら依頼主にインタビューをし、眠っている資料を引き出し完成度の高い作品をつくる」という意味合いです。「実用漫画」もほぼ同じ意味ですが、実用漫画のほうは用意された資料をそのままこなすというニュアンスが強い。たとえば、説明されないのにわざわざ「エルメスの社長さん、いつから髪が後退しましたか?」と聞いてしまうのは機能漫画。私は実際にこう質問しました(笑)。失礼な質問に思えても、ストーリーのどの段階でキャラクターを変化させるかに役立つ重要なポイントです。あらかじめ「覚悟してください、色々聞きますよ」ときちんと説明することを欠かしません。こうした依頼主とのやりとりが、機能漫画では効いてきます。ちなみに、この仕事をきっかけにオーダーメイドの鞍を作りました。エルメス社の技術とセンスの詰まった鞍で、私の宝物です。

ここまで駆け足で私の作品を見てもらいました。

## 「それぞれの年代でやるべきこと」

さて、今日のテーマは「世界を変える漫画の方法」でした。

もしあなたが世界を変えるような漫画を描きたいと思ったなら、まずは「通じる言葉で話す」ことが大切です。

いま私の作品を見てもらいましたが、私自身を説明するには、私の漫画を知ってもらうのが一番だと思ったからです。みなさんのお父さんお母さんはちょうど私の漫画を読んでくださった世代ですが、まずみなさんに竹宮惠子とはどんな人物か知ってもらわねばなりません。

なぜ本のタイトルを『竹宮惠子カレイドスコープ』にしたかというと、私は幼い頃からカレイドスコープ、つまり万華鏡がすごく好きだったからです。五歳ではじめて万華鏡を手にしたとき、あまりにも綺麗で不思議だったので、すっかり魅了されてしまった。熱心に覗き込んだり、逆さまにしたり分解したり……。ある時たくさんの折り紙が筒に入っていることに気がつくと、もっと詳しく構造を知りたくなり、家にあった百科事典で万華鏡のことを調べました。「ふしぎ」という感情は年端のいかない子どもをそこまで駆り立てたのです。この好奇心が私の原点だと思っています。ですから、私自身をいい表す言葉としての「カレイドスコープ」なのです。

万華鏡の中身は小さな色紙の断片でしかありませんが、それがひとつの魅惑の世界を作り上げている。人間も同じです。幼少期の他愛もない出来事が、何十年もあとから影響してその人らしさを映し出す。これは人の本質はずっと変わらないことの証でもあると思います。私自身は二十代に「自分」をつくるのにたいへん苦労しました。周りに理解されないけれど、自分には信じるものがある。それをどう人に伝えればいいのか常に格闘していたのです。

十代は手当たり次第に吸収する時期です。勉強、趣味、友だち、先生……。高校三年間を終えると、少しは自分の好きなものや興味のあることが言えるようになってくる。

二十代は自分の本質はなんだろうと考えるのが仕事です。大学や専門学校で勉強も遊びもして多くの知識や経験を得たけれど、自分は本当はどういう人間なんだろうと考え始めるのがこの時期でしょう。そして「自分はこういう人だ」と他の人にも認めてもらう努力をしなければならないのもこの頃です。この努力が大切です。

三十代は自分の特性をしっかり確立し周囲に流布していく時です。たとえば会社に入社してどこかの課に配属されたとします。そこで力を発揮すると「○○課の△△さんはこういうことができる」と、今度は他の部署にも評判が聞こえるようになります。自分の能力が誤解なく伝わるようにしていく。
四十、五十代は自分の作ってきたものを刈り取る時代です。自分がこれまで社会に対して何をしてきたのかを客観的に見つめ、不備があればさらに足したり、違った伝わり方をしていれば訂正する。大きく言えば、少し離れて自分のしたことを判定・評価するというようなことでしょうか。
六十代はどうでしょう。私はいま六十七歳です。六十代は、第二の人生です。戦国時代に織田信長が「人生五十年」と詠ったのは五十年で人生が終わるという感覚だったかもしれませんが、いまは八十代、九十代まで生きられる時代です。若い時期に作ってきた自分は、五十代くらいでいちど終わらせて次のスタート位置に立つことができる。

自分を振り返ってみても、二十代は大変きつい時期です。けれども二十代に辛い思いをしておかないと、三十代で広がりが生まれません。二十代でしっかり苦労しましょう。わからないことがあったら理解しておく。知りたいことがあれば行ってみる。自分の手が届かないことはきちんと受け入れておくのも重要です。

## 「自分自身を認めてもらう」

私の二十代でいえば、『風と木の詩』の連載を勝ち取るまでさんざん苦労しました。冒頭にも述べたとおり、これは男の子同士の恋愛物語です。当時、そのような内容の漫画は日本に存在しません。かろうじて稲垣足穂▼さんが『少年愛の美学』を書いていたぐらい。でも、私はどうしてもそのテーマで勝負してみたかった。何かそこに可能性を感じていたのです。いろいろ調べていくと、昔から「衆道」といってお小姓を愛でる男性同士の恋愛話が武士の世界にはたくさんあるとわかりました。そういうことを知っていくうちに、自分の思い描く世界観があり得ない話ではないと確信に変わっていった。

▼**稲垣足穂**
一九〇〇年生まれ。小説家。天体や飛行機などの文明の利器を題材にした幻想的な作風で知られる。『少年愛の美学』で足穂ブームを呼んだ。作品に『一千一秒物語』など。一九七七年没。

いまでこそ当たり前になりましたが、当時は少女漫画誌でベッドシーンはほとんど描けない時代でした。漫画は絵ですから、ひと目でそれとわかり刺激が強いのです。反対する人も反対しやすい。いまでも覚えていますが、ある編集者から「弊社の本はすべて皇居に収めていますから、そんなものは描かないでください」と叱られました。

ただ、私たちの世代は「フラワーチルドレン▼」と呼ばれセックスやベッドシーンといったものを否定しない世代でした。七〇年代に隆盛をきわめたヒッピー文化と相まって、あらゆることを自由で開放的にしていこうとする若者文化が台頭していたのです。私は「ここで新しいことをしなければ少女漫画の扉は永遠に開かれない」と使命のように感じていました。この段階を超えないと、少女漫画はこの先ずっと精神的な恋愛しか描けない媒体になってしまう。漫画は本当はもっと深いものが描ける。『風と木の詩』を描いたのは、自分の主張を広げるためでもあったのです。結局、連載をしてもいいと編集者に認めてもらうまで八年間かかりました。

新しいことをすれば批判も受けます。「いやらしい」とか「下品」とも言われました。でも、ベッドシーンがまったくもって良くないものだと考えている人はむしろ少ないと感じていたのです。もちろん年齢や知識によって見てもよいかの判断は必要です。自分にあまり知識がないのであれば踏み込まない選択肢もありますし、あえて踏み込んでみて自分で思っていたのとどれくらい違う

**▼フワラーチルドレン**
六〇～七〇年代、アメリカで「武器ではなく花を」をスローガンに反戦を呼びかけたり、既成の道徳観や価値観から自由な生き方を提案した若者たちのこと。花柄の服を着たり、道行く人に花を配ったりした。

のか確かめる作業も大事なことです。そういうこともあって描きました。

この作品は私の転換点になりました。ようやく「竹宮惠子とはこういう人だ」と知ってもらえた。漫画とは便利なもので、その人が描いたものを読むと作者のことまでわかったような気持ちになることがあります。そういう感情を読者に想起させるものを描けるかどうかが、世の中に広く認められるかの分かれ目です。それは共感とも呼べるものでしょう。世に名前が出るためには、はっきりと「自分はこういうことを考えている人間だ」と言えることが必要です。

## 「少女漫画に革命を起こしたい」

『風と木の詩』は少年同士の恋愛を描いた物語で、BL漫画の元祖と言われますが、私は『風と木の詩』以降はもう少年愛を描くつもりはありませんでした。少女漫画界に新しい扉を開きたいその一心だった。そして友情や愛情が混在した上で人間同士が問題を乗り越えていくことを考えると、やはりベッドシーン抜きには考えられなかったのです。結果的に少女漫画の表現の枠を広めたので、いまのBLのような漫画ジャンルが生まれる土壌を作ったのかもしれません。当時は誰も踏み込んだことのないテーマですから、失敗したらその先はないと覚悟してできるかぎり上品に、美しく描いたつもりです。

『風と木の詩』の連載と平行して『地球へ…』も連載していました。なぜ同時期に連載をしていたのか。仕事量としては相当ハードだったはずですが、それを押してでも描きたいと思うほどに強いモチベーションがあった。というのも、『風と木の詩』は表現規制がたいへん多かったのです。たとえば、シーツの上で絡み合っている足が三本以上あると警察からお呼びがかかって編集者が始末書を書かされます。編集者の役目は作家が描いた作品に目を通して世の中に流布させること。とすると「公序良俗に反したことを世に広めている」と怒られるのは編集者なのです。担当編集者にはそのような迷惑をかけたくないと、神経を尖らせて描いていました。自分で自分に厳しい枷《かせ》をかけていたのです。

みなさんは「漫画なんて好きなようにのびのびと描いているだろう」と思うかもしれませんが、思っている以上に社会的な規制は大きいのです。「誰かの作品の盗用になる可能性はないか」「この言い回しは差別に当たるのではないか」といろいろなことに配慮する責任がある。『風と木の詩』ではとくに制限が多かったので、『地球へ…』を同時に描くことでガス抜きをしていたのでしょう。『地球へ…』は未来のSFの話ですから、いま現在の法律も常識も関係なく思いどおりの世界を自由に描けたのです。

ところで、私はひとつのレッテルを貼られてしまうのを恐れていました。『風と木の詩』は相当センセーショナルな内容だと当時から自覚して描いていたので、「竹宮惠子はこういうものしか描かない人」と決めつけられる怖さを感じていた。漫画家はあるひとつの作品によって固定イメージが付きがちです。

地球《テラ》へ…
●1977〜80年　月刊マンガ少年
1月号〜80年5月号　朝日ソノラマ
連載28回（全797ページ）
「地球へ…」扉絵原画
《星の生まれるところ》。
100

左頁：『風と木の詩』、右頁：『地球へ…』
『竹宮惠子カレイドスコープ』新潮社より

007

常に自分と社会とを客観的に見ながら、どう進むべきかを考えています。そうした葛藤によって新たな作品が生まれることもある。

『風と木の詩』『地球へ…』のふたつの作品で、小学館漫画賞をいただきました。この二作が同時に受賞できたことは私にとって予想外のご褒美でした。審査委員は『風と木の詩』を選ばないだろうと思っていたからです。どうしても男性の編集者は「男同士の恋愛なんて理解できない！」と拒否感を示していました。いまはＬＧＢＴ▼の存在が知られてきて、抵抗感も少しは減ったかもしれません。

**▼ＬＧＢＴ**
レズビアン、ゲイ、バイセクシャル、トランスジェンダーの頭文字を取った言葉。多様な性的アイデンティティの中の性的少数者を指して使われることもある。

## 「世界を変える」は自分を変えること

「はじめてのジャンル」に挑戦するのはとても大事なことです。私もファンタジー、歴史もの、戦争もの、あらゆるジャンルに挑戦しました。そのたびに新鮮で真摯な気持ちになれる。謙虚な態度に毎回戻ることができるのはすごく良いことです。

たとえばサッカー漫画ひとつ取っても、あれとこれと……、とすぐにいくつも思い浮かぶでしょう。それらはすべてアプローチ方法が違うことに気がつきますか。「チーム力を強調している作品」「天才キッカーを魅せている作品」「監督の立場から見せている作品」とか。これまで本当に多くの作家が描いていま す。でも、もうやり尽くされたとあきらめずに、「これはまだ誰も描いていない」

というアプローチを見つけ出して、果敢に攻めていかねばなりません。人の感性はそれぞれまったく違うのですから。

私はいま大学で漫画を教えていますが、方法論ではなく漫画への向き合い方を教えるようにしています。方法を教えても「竹宮惠子2」ができ上がるだけで、それを何人増やしてもなんの意味もないのです。それよりも、人間の才能はすべて違うと知ってもらいたい。他の人より絵が下手だとか、私が描かなくてもいいと感じる必要はありません。

以前、「いま流行っているCMをテーマに四コマ漫画を描く」という授業を行ないました。たとえば「インテル入ってる」など誰でも見たことのあるCMです。すると同じCMなのに、コマ割り、アップやロング、人の向き、セリフもまるでバラバラでした。オノマトペを使う人もいれば、ある場面にフォーカスして描く人もいる。神妙に見せる人も、コミカルに見せる人もいる。そのシチュエーションを作り上げるのはそれぞれの感性とセンスです。なぜこのセリフを選び、なぜそのシーンを描き、なぜその構図にしたのか。その理由が、その人自身なのです。この独自性に気づくと、自分が自分であることを否定しなくなります。「世界を変えたい」という意気込みで漫画を描いている人はたくさんいますが、じつは、世界を変えるとは自分自身を変えたいという願望でもある。

自分を否定しないこと、これこそが世界を変えるための第一歩です。自分を否定しないとは、自分を変えないことでありません。むしろ、自分が少しずつ変化していくことを容認する。この変化を、成長の一過程として受け入れていく。成長している最中は不安定です。けれど、それは一過性で、いつかは大きなものに繋がっていく帰着点が見えてくるはずです。もちろん「いま」が辛いんだと、この瞬間に痛みを抱えている人もいるでしょう。しかし時間はみなさんの味方です。いまいろいろな問題を抱えていても、絶対にその先には道が続いていていて違う所にいける。それだけは間違いなく保証されています。若いということは、無敵なのです。

## 「通じる言葉で話す」

伝えたいものが見つかったら、今度は自分を外に出す。一度失敗しても、手を変え品を変え、何度も挑戦してください。自分の伝えたいものが、世の中に通じるのかを頑張って試してほしい。自分自身を、通じる言葉で世界に伝える。表現手段は言葉だけではありません。ボクシング、将棋、ファッション……、表現方法はなんでも良いのです。

その次は心を通じ合わせられる相手を探してください。自分のやりたいことを話せる人の存在はとても大きい。私の場合は漫画のことを話せる同志です。「このペン、使いやすくて好きなんだ」なんてやりとりは漫画仲間でないと通じません。

そういうことを十代、二十代のうちにやっておいて欲しい。まずは伝えたいことを見つけるのが何より大事です。それがなければ、扉を開こうという動機は生まれません。内面を豊かにして知識がたくさん入ってくると、自然と伝えずにはいられなくなる瞬間が訪れます。みなさんはいま、それが満ちるまでたくさん溜め込む時期です。

誰もが知っているような大ヒット漫画は、伝えたいことと伝える努力が揃っています。ひとつの作品で人気を保ちつづけることの大変さは、やってきた人間からするとわかります。並大抵でない努力があってはじめてヒットが続く。もちろん偶然のヒットも中にはあるかもしれませんが、伝えたいものがはっきりないと人気を長く保つことは不可能です。そういう漫画家の作品はだんだん絵が荒れてきて、嫌々描いているんだなあとすぐにわかります。

ヒット作品には、ヒットするための要素が一生懸命揃えられていて、毎回毎回が挑戦なのだと、そういう気持ちで向き合ってみてください。熱意ある作品は、当然ながら読む人をしらけさせません。伝えたい事が明確で、通じる言葉をもっている。そのふたつが揃うと、ものすごいパワーが生まれます。

漫画には双方向の力があります。作者の発信力と、読者の受け取る力です。世界中の読者が作品に同感してくれたから、自分の経験で補いながら読み取ってくれたから、ヒットが生まれる。漫画は共有することで成り立っているということをみなさんもぜひ考えてみてください。

**Q&A**

――出版業界に興味があります。出版業界では、言葉の自主規制が増えていると聞きます。それは読者が言葉に敏感になりすぎているということでしょうか。

私は、言葉の自主規制はあまり好きではありません。基本的には開放されているほうが良いと考えています。しかし、その言葉で傷つく人がいるのであれば、言い換えることも必要です。日本語は他の言語にくらべて類義語の数がはるかに多いので、工夫次第でいかようにもできる。ただし、単に自分たちが怒られたくないからとか、対象者との交渉を避けたいとかの理由で自主規制を行なっているとしたらそれは表現の可能性を狭めています。

私はずいぶん編集者と喧嘩をしてきました。漫画は直接言葉を使わなくても、絵で差別や暴力を表現できます。たとえば、ある人をからかったり、石を投げたりするシーンを描くと「石の数をあと四個減らしてください」と出版社からわけのわからない注文がつくこともあります(笑)。若い頃は「それに何の意味があるんだ」と嚙み付いたりもしましたが、結局は折衝することに意味があると納得するようになりました。折衝することで、その表現がどこまで許されるか、編集部が何を恐れているかが見えてくる。そうして自分の知識が広がっていくのです。

## わたしの思い出の授業、思い出の先生

高校２年のクラス担任だった古文の先生。背が小さくて頼りなげにも見えましたが、私がクラスノートに綴った創作童話に気づき、ずっと続きを読んでくれて、評価してくれたのです。それだからこそ「漫画家になりたい」と初めて話せた先生になりました。「児童文学はどうですか?」とも言ってくれて、私の創るものをまともに扱ってくれていることがよくわかりました。「こんな時期から将来を見つめている、あなたは素晴らしい」という肯定の言葉は、次の一歩を踏み出す偉大な力になりました。

そのせいで古文・漢文が大好きになり、後日「吾妻鏡」を描くに至ったと思っています。学問とマンガの距離が、私の中で近くなったのは、この先生のおかげです。若い頃の価値観はこうしたことでいくらでも変わる。可能ならすべてのことを肯定的に捉え、自分の糧にすることが人を育てると思うのです。

# 数学を通して人間を考える

森田真生

こんにちは。今日はこれから数学の話をいろいろとさせていただきますが、実はぼくも高校生の頃は、数学の面白さにまだ目覚めていませんでした。受験数学は同じような問題のくり返しで、自分の人生にとって深い意味のある科目だとは思えなかったのです。

数学の魅力を知ったのは、大学に入ってからのことです。大学の数学は受験数学とはまるで違い、徹底的に基礎まで遡って考え抜く面白さがありました。「数とは何か」「空間とは何か」「計算とは何か」。そういう根本的な問いを追究する学問であることを知り、ぼくは興奮しました。大学には当初いわゆる「文系」の学生として入学したのですが、どんどん数学が面白くなってきて、最終的には数学科に転向することになりました。文系の学部から数学科に移ってみると、見える風景がすごく違って、最初は、まるで異文化の中に潜入している文化人類学者のような気持ちになりました。とにかく毎日が新鮮な驚きと発見の連続だったのです。

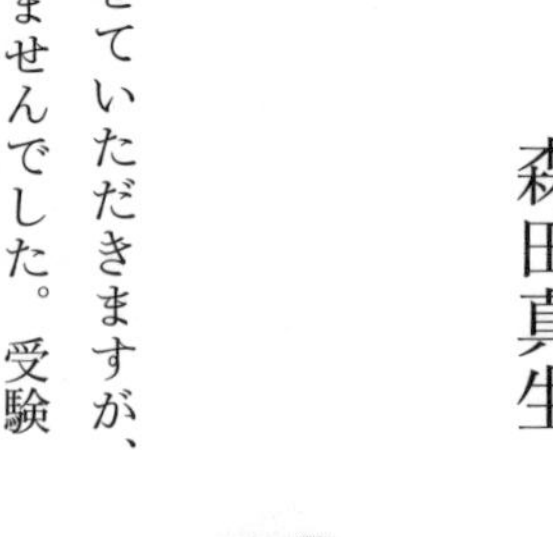

もりた・まさお＝一九八五年、東京都生まれ。独立研究者。東京大学理学部数学科を卒業後、独立。現在は京都に拠点を構え、在野で研究活動を続ける傍ら、全国各地で「数学の演奏会」や「大人のための数学講座」などライブ活動を行なっている。『数学する身体』で小林秀雄賞を受賞。岡潔『数学する人生』を編集。

いまでも印象に残っているのは、数学科の飲み会に参加したとき、下駄箱が素数番から埋まっていったときのことです。当時はびっくりしましたが、勉強していくうちにだんだん素数の魅力がわかるようになり、いまではぼくも、ホテルの部屋の番号が素数だとちょっとテンションがあがります（笑）。

「数」ってよく考えると不思議です。なにしろどこにも存在しないものなのですから。3本のペンや3匹の羊はあっても「3そのもの」なんてどこにもないですよね？　にもかかわらず、人は数について研究できる。これってすごいことだと思いませんか。数学は、物理や生物や化学とは違って、存在すらしないものについての科学なのです。

## 「数の発明」

数はそもそも、人間が発明した道具です。その証拠に、数を持たないサルやカラスや、あるいは人間の赤ちゃんは、大きな数量を厳密に区別することができないことがいろいろな実験で確かめられています。考えてみれば当たり前のことですが、そもそも16と17を区別できることは、動物として地球上で生き残る上で、それほど重要な能力ではありません。たとえばイノシシの群れが襲ってきたとして「あれは16匹かな？　17匹かな？」なんて考えている暇があったら、早く逃げた方がいいですよね。

人は思考するときに脳を使いますが、脳はそもそも、数学をするための器官ではないのです。厳しい自然界の中で、何とか生き延びるための有効な行動を生み出すことが、脳の最大の使命です。計算するよりも、危機を察知して逃げたり、美味しそうな果実に手を延ばして掴んだり、そういう行為を生成するために脳は進化してきたのですから、急に「801の約数は?」なんて聞かれても、脳は面食らうだけです。多くの人が「数学が苦手」と感じるのは、ある意味、当然のことなのです。

たとえば数字のデザインを見ると、それが人間の脳に寄り添うようにうまく設計されていることがわかります。漢数字で「一」は横線が1本。二、三までは横線がそれぞれ2本と3本ですね。ところが「四」は横線が4本ではなく、まったく違うデザインになります。ローマ数字もそうで、「I」は線が1本、「II」は2本、「III」は3本ですが「IV」からデザインが変わります。インド - アラビア数字の「2」や「3」も、もともとは漢数字の「二」や「三」に似た形が変形したものだと言われていますが、「4」からはやっぱりデザインが変わる。どうしてこういうことが起るかというと、先ほども申し上げた通り、人間がぱっと見で大きな数量を把握する能力を持たないからです。

漢数字の16が、横線16本だったら困りますよね(笑)。なぜ困るかというと、人間の認知能力の限界を超えてしまうからです。人間がぱっと見で数量を把握できるのは、せいぜい3か4くらいまで。それを超えると、数の助けなしには、正確に数量の把握ができません。何気なく使っている数字のデザインに、人間の性質が投影されているのです。

文明がある程度発達し、私的に所有している財産を正確に管理したり記録したりする必要が出てきたときに、数のような道具の必要性がはじめて高まったのでしょう。実際、初期の数の一番大切な役目は、数量を「記録」することでした。いまでは数は「記録」するためだけではなく「計算」するためにも使われますが、かつては数はあくまで記録のための道具でした。計算は算盤や小石のような、別の道具を使って行なわれたのです。英語のcalculation（計算）という言葉も、ラテン語のcalculus（小石）という語から来ていると言われています。「計算用の数字（＝算用数字）」を発明したのは、インドの人たちです。いまから千三百年以上前のことです。計算するために、いちいち小石を並べ替えたり、算盤をいじったりする必要がなくなったわけですから、これは大きな進歩でした。いまでは「筆算」は小学生でもできますが、算用数字が発明される前は、二桁のかけ算をするだけでもかなり大変なことでした。

「自然数」という言葉がありますが、数字ひとつとっても実は決して自然の産物なのではなくて、気が遠くなるような試行錯誤の歴史を通して、少しずつ形作られてきた人工物なのです。

## 証明の始まり

数学にとって「数」が大切なことは言うまでもありませんが、数が発明されただけでは数学になりません。数を記録したり、計算したりするだけでなく、数のさまざまな性質について「証明」するようになったとき、はじめて学問としての数学が誕生したと言えるでしょう。

では人はいつから「証明」をするようになったのか。いま残されている資料からわかる範囲では、おそらく二千五百年前のギリシアにおいて、証明の文化は開花したものと考えられています。この時代の数学を象徴しているのがユークリッド▼の『原論』です。実はユークリッド以前にも『原論』はいくつか書かれていたようなのですが、現代にまで受け継がれているのは、紀元前三〇〇年頃に編まれたとされるユークリッドの手による『原論』なのです。これは、聖書に次ぐベストセラーとも言われていますが、不思議な本で、前書きや、著者の挨拶もなく、いきなり淡々とした「定義」の羅列から始まります。

ちなみに、読んだことのある方はいらっしゃいますか? あまりいませんね。せっかくなので、冒頭の部分だけちらっと覗いてみましょう。

　点とは部分のないものである。
　また、線とは幅のない長さである。

**▼ユークリッド**
紀元前三〇〇年頃のギリシアの数学者。生歿年不詳。『原論』のほか『光学』『音程論』などの著書がある。

また、線の両端は点である。……

はい、このような調子で、最初は二十三の定義が並びます。一見したところ、とてもベストセラーになりそうには見えませんね（笑）。

ところが、ここからが肝心で、定義の羅列のあとに「アイテーマタ」と呼ばれる文が列挙されます。「アイテーマタ」は「要請」を意味するギリシア語ですが、いまは「公準」と訳されることが多いようです。平たく言えば「お願い」のことです。ユークリッドは定義を羅列したあとに、なぜか「お願い」を始めるのです。

「すべての点からすべての点へと直線を引くこと」――これが最初の「要請」です。その次に、「有限な直線を連続して一直線をなして延長すること」、「あらゆる中心と距離をもって円を描くこと」など、全部で五つの要請が並びます。ユークリッドはこれらの要請をいったい誰に宛てて述べたのでしょうか。これについては諸説ありますが、ハンガリーのアルパッド・サボーという数学史家が、面白い説を唱えました。彼は、ユークリッドの「要請」の背景には、当時の哲学者たちの影響があったのではないかと推論したのです。

当時のギリシア世界では、パルメニデス▼という人を始祖とする「エレア派」と呼ばれる哲学者集団が活躍をしていました。パルメニデスは「あるものはある、あらぬものはあらぬ」ということを主張したことで有名な人です。あ、そ

**▼パルメニデス**
古代ギリシアの哲学者。生歿年不詳。エレア学派の祖。「あるものはあり、あらぬものはあらぬ」という命題を掲げ論じた。弟子にゼノンがいる。

れなら俺も有名になれるかも、っていま思った人いますか？（笑）

あるものはあるし、ないものはない。だからさっきまでなかったものが突然生じることもないし、さっきまであったものが忽然と消えることもない。この考えを敷衍して、エレア派の人たちは「変化」や「運動」の可能性そのものを否定しました。世界は本来永遠不動で、動いているように見えるのは幻想だと、彼らは考えたのです。

結局、『原論』が書かれた当時、点と点があればその間に直線が引けること、などはけっして万人の認める真理ではなかったのです。直線の作図はまさに「運動」ですから、エレア派の哲学者たちに厳しく糾弾される可能性がある。数学者はただ数学をしたいだけなのに、作図を始めた瞬間に、エレア派の人たちに突っ込まれてしまう。「ああ、きみはこの世に運動があると思っている系の人なのね」みたいに（笑）。

だからこそ『原論』の作者は、「エレア派のみなさまのおっしゃることはわかりますが、ここはひとつ、数学をする上で、点と点があるときは、その間に直線を引かせてもらってもいいでしょうか」と、丁重にお断りをしておく必要があった。サボーはこのように推測したのです。

サボーの説については、その後いくつかの問題が指摘されていて、それが丸ごと信じられているわけではないですが、ユークリッドが冒頭に「要請」を並べておくことで、「数学についての」議論を「数学そのものの」議論から排除したという点は重要です。こうして数学が、学問としての自立性を勝ち取ったのです。

「点と点の間に線を引くことができる」という要請を了解している人だけが幾何学に参加できるのです。数学に参加するためのルールがあって、それを踏まえた人だけがプレーできる。そこに固有の知的空間が育まれていくのです。

考えてみれば、エレア派を持ち出すまでもなく、線を作図することなんて不可能です。実際に描いた線は必ず幅を持ってますから。その幅のある長さを、幅のない長さと思いなすことで、目の前の「線もどき」が「本当の線」になるのです。舞台を見ているときに「あの王様役をやってるのは俺の近所のおじさんだ」と思って見てても面白くないわけで、とりあえず「あれは王様だ」と思うことにしますよね。それと同じで、作図するとどうしても幅は生じてしまうのだけど、それをあえて「線だ」と思うことにするのです。そこに線や円など、いろいろな図形が「上演」される。

現実の線は幅があるから「ちょうど一点で交わる」ということもあり得ない。そうすると厳密な幾何学はできません。ユークリッドの要請を引き受けて幾何学をしているものにとっては、線は本当に幅がないので、そうすると二つの線は本当にちょうど一点で交わることができるのです。ありもしない図形について推論をしているから、逆に現実にはあり得ないくらいの精度で推論ができる。

逆説的なようですが、「まったく現実的ではない」ことによって、ギリシアの幾何学は、それまでの幾何学にはあり得なかったような推論の厳密性を勝ち取っているのです。

## 「岡潔との出会い」

この写真［左頁］を見たことある方はいますか。古代ギリシアから一気に二十世紀に飛びますが、これは日本を代表する世界的な数学者、岡潔▼の写真です。見るからにただ者ではないことが伝わってくる写真ですね（笑）。

岡潔は一九〇一年に生まれて一九七八年に亡くなりました。ぼくが生まれたのは一九八五年なので、残念ながら本人にお会いしたことはありません。ですが、ぼくは彼が書いたエッセイをきっかけに、数学への転進を本格的に覚悟しました。ぼくがいままで最も大きな影響を受けた人物です。

岡潔は生涯に十篇だけ論文を発表しています。これは数学者としては例外的と言っていいくらい少ない数です。彼は本当に出版に値すると思う論文しか発表しなかった。しかも、最初の論文を発表したのが三十六歳のときですから、これも異例の遅さと言っていいでしょう。

彼は研究生活の大部分を故郷の和歌山県紀見村というところで過ごしました。途中で大学も辞めてしまって、実質的に無職無収入の状態で、子供三人を養い

**▼岡潔**
一九〇一年、大阪生まれ。数学者。京都帝国大学卒業後と同時に同大学講師。二九年から三年間フランスに留学、多変数解析函数論に出会う。三二年に広島文理科大学助教授に。四〇年同大学を辞任、郷里の和歌山県紀見村に戻り、世間との交渉を断って研究に打ち込む。四一年に北海道大学に赴任。のち奈良女子大学教授。数学の中心は「情緒」にあるとした。雪の結晶の研究で知られる中谷宇吉郎は親友。一九七八年逝去。おもな著書に『春宵十話』『風蘭』『一葉舟』、『人間の建設』（小林秀雄との共著）など。

**左頁写真　岡潔**
写真提供：朝日新聞社

ながら、数学と農耕に耽る暮らしをしていた。その集中力たるや凄まじく、ある日、自分の解こうとしている問題があまりにも難解で、「まるで歩いて海を渡れというようなものだ」と思った彼は、「実際にそれがやってみたくなった」と言って、台風の襲来が予報されたその日に、海に向かって歩いていってしまうのです（笑）。こういう岡先生の破天荒な逸話はいくらでもあります。

彼の名が世界中に広まっていくのは戦後のことです。十篇のうち七番目の論文が、湯川秀樹という物理学者の手を介してフランスにわたり、フランスの数学会の機関誌に掲載されることになったのです。するとたちまち岡潔の名が海外でも知れ渡るようになっていきます。そうした評価が逆輸入されるような形で日本での評価も高まり、一九六〇年には文化勲章を受章されます。

この写真は、一九六三年の週刊朝日のお正月特集号に掲載された巻頭グラビアの写真です。当時アメリカで「ジャンポロジー」という怪しい理論が流行ったそうで、曰く、人はジャンプすると顔の筋肉が緩む。だから、その人の本性が知りたければ、ジャンプさせてみればいいという。そこで週刊朝日の企画で、各界の著名人をジャンプさせてみようということになった。

ぼくは当時の記事を読んでみたことがあるのですが、取材はなかなか大変だったみたいです。記者が奈良の岡先生の家に着くと、まず「ジャンポロジーを学問だと思うことが、アメリカ流のきわめて浅い考えにもとづくものであること」を一時間にわたって説教された（笑）。その後、宗教、文学、政治、教育などあらゆる話題について岡先生は鋭い論旨をもって嘆かれ、なかなか撮影に至らなかったそうです。ところがやがて、岡先生は「この企画に協力を惜しむものではない」と記者たちに告げて、ようやく撮影が始まります。清貧で知られた岡先生の家は屋内外に撮影のスペースがなく、結局、岡家の前を通る農道で撮影が執り行なわれることになりました。ここに映っているのはそのとき通りがかった野良犬です（笑）。この記事が話題になって、野良犬にもらい手が現れたことを、岡先生は後年とても喜んでいたそうです。

とにかく、文化勲章を受章したあとの岡先生は、メディアから引っ張りだこになりまして、数学や人間について論じたエッセイも多数発表されるようになりました。ぼくが岡潔の言葉に出会ったのも、そのようなエッセイ集のひとつを通してです。

いまでもよく覚えていますが、大学生のとき、神保町の古書店街を歩いていました。そのときたまたま、理工系の書籍を専門に扱っているある本屋さんに入った。そこで、難しそうな専門書がたくさん並んでいる中に、『日本のこころ』▼と題された文庫が目に入った。著者は「岡潔」とありました。たしか百円だったように記憶していますが、気になってぼくはそれを買って帰ったのです。これがぼくの運命を変えました。

ぱらぱらと読み始めてみると、その中にすごく印象的な一節がありました。曰く、数学の本質は、「主体である法（自分）が客体である法（まだ見えない研究対象）

▼『日本のこころ』
岡潔の随筆集。一九六七年刊行。人生、情緒、教育の三部構成。二十一編の随筆を収める。

に関心を集め続けてやめない」ということである。「法」というのは仏教の言葉で、数学を語るのに仏教の言葉が出てくる時点でかなりユニークなのですが、要する数学の本質は、知りたい対象にじっと関心を集め続けることなのだというのです。そして、そういう精神集注を続けていると、やがて「内外二重の窓がともに開け放たれることになって、『清冷の外気』が室内にはいる」と書いてあった。ぼくはこの一行にすっかり感動してしまったのです。もちろん、意味がはっきりとわかったわけではないですが、「この先に、ぼくが本当に知りたい世界が広がっているのではないか」と、そのように直観したのです。

ぼくは当時、それこそ「自分」と「世界」を隔てる「内外二重の窓」の厚さに苦しんでいました。「自分」が見ているのはあくまで主観的な世界で、それは肉体の死とともに滅びてしまう。要するに、それとは関係なく、「本当の世界」は、自分の外で淡々と進行している。自分の内側と外側が画然と分けられてしまっている世界像の中で、どうやって生きる希望を見出したらいいか、わからなくなっていたのです。そんな中、数学者の語っている言葉がなぜかものすごく深く胸に響いてきた。どんな哲学書を読んだときよりも深い感動があった。ならば、数学を勉強してみるしかないではないかと、決意が固まったのです。

岡潔は「多変数解析関数論」という分野を切り拓いた人です。高校までの関数論と大学以降の関数論の最大の違いは、関数が実数の上ではなく、複素数の上で定義されるということです。

実数は0であるか、そうでなければ0より小さいか大きいかのいずれかですよね。だから、0を中心とする直線の上に自然に並べることができます。それが「数直線」という考え方です。ところが、複素数は、直線ではなく、平面の上に並んでいると考えるのが自然です。例えば、2乗すると-1になる「$i$」という数がありますが、これは、1を九〇度回転させた場所にあると考える。すると、$i\times i$は「九〇度回転を二回する」ということですから、1を一八〇度回転させたところにある-1と一致することになり、$i\times i=-1$という演算のルールとうまく符合します。-1×-1が1になるのも一八〇度回転をくり返すと三六〇度回転になり、もとの位置に戻るからですね。このように、平面の中で数を見てやると、代数的な計算と図形的な直観がうまく噛み合うのです。こうして生まれたのが「複素平面」の考え方です。

十九世紀も後半になると、数は直線の上ではなく平面の上に住んでいると考えるのが常識になっていきます。そうすると関数も、いまみなさんがやっているように、平面の上のグラフとしては描けなくなる。なぜなら、$x$軸や$y$軸そのものが実は二次元だということになるわけですから、一変数の関数のグラフを描くにしても四次元の空間が必要になる。ましてや岡潔の研究していたのは変数が二つ以上ある「多変数」の関数ですから、グラフを描くためには、最低でも六次元以上の空間が必要になることになります。

こういう次元の高い空間の中で、関数の振る舞いを調べようとすると、いろいろな困難が生じるのですが、関数論の面白さは「局所的（local）」な関数の様子と「大域的（global）」な関数の性質が相互に影響し合うことです。具体的に数式で書き下せるのは関数の局所的な性質だけであるということもしばしばなのですが、そうした局所的な記述をうまく貼り合わせていくと、関数の大域的な性質について推論できることがある。岡潔は「不定域イデアル」という独創的な概念を編み出し、それが「層」という現代数学でも重要な概念のひとつに結実していくのですが、層というのは、数学において局所と大域を結びつけるための非常に強力な道具立てなのです。

物事を局所と大域の両面から見るという視点は、数学のみならず、岡潔の晩年の人間像にも通じているように思います。岡潔のエッセイは、数学の理論について語るよりも、人間の心や生き方について語っていることが多いのですが、人の心にも局所的な面と大域的な面があるのだということを、岡潔は言葉を尽くして説いています。彼は「情」と「情緒」という言葉を使うのですが、これがそれぞれ、心の大域的な面と局所的な面に対応しているのではないかとぼくは受け取っています。

「情」というのは独特な言葉です。情が湧くとか、情が通い合うとか、情が移るなどと言うように、「情」は簡単に「私」の手元を離れてしまう。「情」は「こころ」とも読みますが、「こころ」を意味する英語のmindとは、ニュアンスがだいぶ違います。mindは湧いたり、移ったりしませんね。ego（自我）に固着したmindに比べると、「情」は自在に自他の壁をすり抜けてしまうのです。このように、小さな自我には束縛されないような、大きな心があるのだと岡潔は考えました。その「大きな心」を「情」と呼ぶのです。

一方で人は、生まれて死んでいく肉体を背負って生きています。その肉体は、病や傷み、あるいは家族との関係や母語とのかかわり、さまざまな制度や習慣の制約のもとにある。そうした特定の文脈に拘束された身体に宿る、局所的な心の様相がある。それを岡潔は「情緒」と呼ぶのです。肉体を「緒（いとぐち）」として、そこに現れる「情（こころ）」のことです。

肉体を超えて躍動する大きな「情」を踏まえた上で、それでも小さな文脈を背負って、自分なりの「情緒」を表現していく。それが生きることなのだと岡潔は言います。

彼はこんな例え話もしています。一人ひとりの人間は、大きな樹の大きな枝の先の、小さな枝に生えた一枚の葉のようなものである。一枚の葉に過ぎない自分が、「俺は樹だ」というのは言い過ぎである。かといって、自分はたかが葉だ。樹と自分は関係ない、というのも間違いである。大きな樹の一部である一枚の葉。それが一人ひとりの人間のありのままの姿だ。「俺が大宇宙そのも

のだ」と言い切ってしまうのも飛躍があるが、かといって「肉体だけが自分だ。だから死んだらそれまでだ」というのも間違いなわけです。自分より大きなものに支えられていながら、それでも小さな自分を生き抜く。それが人生なんだと岡潔は説きました。

## 朋と出会うこと

みなさんの世界にはたくさんの意味が溢れていると思います。好きな本を開いてドキドキしたり、旅に出る前にワクワクしたり、夕日を眺めながら誰かのことを思い出したり……。みなさんの世界は、みなさん一人ひとりしか感じることのできない意味に彩られていると思います。

人間って、同じ景色を見ていても、そこにそれぞれ違う意味を読み取っているのです。学ぶことの楽しさは、学べば学ぶほど、同じ景色に、いろいろな意味が読み込めるようになるということです。たくさん学び、いろいろな行為に挑戦をしていくうちに、日々経験される「風景」は、いくらでも豊かになっていくのです。

帰り道にたとえば「あの花いいな」と思ったら、ぜひ立ち止まってみてください。その花のよさってどこにあるのでしょうか。同じ花を見てもちっともいいと思わない人もいるでしょう。その花のよさこそ、あなたの情緒です。花のよさは、自分と花のかかわりの中に生じる。日々の何気ない風景は、すべてみなさんの心と環境との共同の創作物です。立派な論文を書いたり、美しい絵を描いたり、そういう表現ができることも素晴らしいですが、実は「あの花いいな」と、あるいは「あの人いいな」と思った瞬間、そう思える世界をつくっているのは自分なのです。世界はただ与えられているのでも、ただ妄想されているのでもなく、自分と環境が、互いに互いを支え合いながら、絶えずその場に生み落とされ続けているものなのです。

ぼくにはいま、九か月になる息子がいます。彼はまだまだ、世界の意味を模索中です。おもちゃの意味がわからず、咥えたり投げたりしています。椅子が座るものだとも、コップが飲むためのものだとも知りません。とにかく試行錯誤をしながら、少しずつこの世界の意味を見つけようとしています。いや、見つけるというより、行為しながら、彼は世界の意味を、いままさにつくり出そうとしているのです。

みなさんはもう高校生なので、世界の意味もだいぶ安定してきていると思います。椅子は座るものですし、コップは水を飲むためのものです。椅子の下をくぐったり、コップを投げ飛ばしたりすることも、いまさらもうないでしょう。だけど、行為をしながら世界の意味をつくっているのは、赤ちゃんも大人も同じです。世界の意味は、行為を通して、絶えずつくられ続けているのです。新しい世界とのかかわり方を見つけたら、そこから思わぬ世界の新たな意味が、生まれてくることだってあるはずです。

冒頭で述べた通り、数学は、脳にとってすごく不自然な行為です。厳しい自然界の中で生き延びるために進化してきた脳にとって、数学は、これまでとはまったく違った種類の行為です。数学するということは、当たり前の行為の習慣、思考の習慣を手放すということでもあるのです。だからこそ、人間がいままで経験したことのない、新しい発想や思考、さらには未知の意味がそこに生じる。数を数え始めたばかりの人類にとって、平面上に並ぶ複素数だなんて、想像もできなかったことでしょう。いまもまさに、世界のあちこちで、誰も知らなかった新たな意味をつくり出そうと、数学者たちは奮闘しています。大人になってもまだまだ、意味不明の世界を楽しめる。まるで赤ちゃんに戻ったかのように、意味がまだわからない世界の中を一生懸命動き回れる。そうしているうちに、少しずつ、自分が知らなかった新しい意味が見えてくる。これが数学の醍醐味ではないかとぼくは思うのです。

もちろん、学ぶことは、良いことばかりではありません。情緒を深めていくことが生きることだと岡潔は言いましたが、自分だけが背負った文脈を深く掘り下げていけばいくほど、それを他者に理解してもらうことは難しくなっていきます。表面的な話題であればいろいろな人と盛り上がれるでしょうが、真剣に学び、自分なりの探究を深めていくと、その同じ「風景」を見れる仲間を見つけるのが難しくなっていくのも事実です。

ただ、自分の心に照らして「これはいい」と思えることを追究していると、道中、思わぬ朋《とも》に出会えることがあります。代替不能なはずの生の経験を、深く分かち合える人と巡り合えることがあるのです。そんな朋との出会いこそ、ぼくは人生だと思っています。

世間的な成功が必ずしも幸せをもたらすわけではありません。日々の当たり前のこと。日常の風景。そこにこそ、人間の本当の創造の現場があります。だから、自分を超えた大きな生命を実感しつつ、みなさんにはぜひ、自分を取り巻く小さな、局所的な文脈を精一杯生き抜いてほしいと思います。そうやって情緒を清め、深めていく時間の中で、いつか大事な朋に出会える日が来るはずです。

みなさんの人生が、豊かな風景と、そして素敵な朋との出会いに彩られることを心から願って、この講義をそろそろ終わりにしたいと思います。またどこかでお会いしましょう！　さようなら。

**Q&A**

——わたしは文系で数学は限られた部分しか学んでいないのですが、先生が高校Ⅰ・A・Ⅱ・Bで一番すばらしいと思う分野を教えてください。

高校の数学には、数学の歴史の精髄が圧縮されていますので、本当はすべて面白いです。教科書をどこか一ページ開いてくれたら、ぼくはそれについてきっと何時間でもしゃべれると思います（笑）。

数学はただのパズル解きではなくて、あらゆる概念の背景には、数学者の人生があり、考え抜かれた思想があります。たとえば、放物線のグラフを描くとき、みなさん $x$ 軸や $y$ 軸を引きますよね。ああいう「座標」という考え方を使うことで、図形を方程式で表せるということを発見したのはデカルトなんですが、これひとつとっても、世界史が変わってしまうくらいの大発明です。

それまでの数学者たちは、図形の性質は実際に作図してみて、その姿を目で見ないとわからないと思っていたのですが、デカルトは、図形の形を見なくても、方程式を正しく操作すれば、図形の正しい知識は得られるんだということを見抜いた。だから、目に見えるものに拘るよりも、むしろ目に見えない世界について「考える」ことが大事なんだと言った。そこから彼の独創的な哲学が生まれてきます。

いまの物理学は、モノの見た目とか匂いとか味よりも、物質が空間の中を移動するときの「法則」に注目しますよね。こういう考え方のおおもとに、デカルトの数学があるんです。

だから、数学は、数学以外の科学や哲学や、あらゆる人間の営みと繋がっている。教科書にはそこまで書いていないんですが、本当はそういう壮大な知の関係性がある。それをひとたび知ってしまうと、高校の教科書に書いてあることだって全部面白いんです。

ぜひ教科書に書いてあることだけで満足せずに、いろいろ調べてみたり、自分で考えてみたりして、自分の知の世界を広げていってください。

## わたしの思い出の授業、思い出の先生

**Q1: 思い出の授業を教えてください**

中学生のときに数学の先生が「放物線はすべて互いに相似であることを証明しなさい」という問題を出してくれたことをよく覚えています。

**Q2: その授業が記憶に残っている理由はなんですか?**

教科書にはないような問題を、自分で自由に考えてみて発表するのが楽しく、いまでも印象に残っています。

**Q3: その授業は人生を変えましたか?**

その授業をしてくれたのと同じ先生が、高校１年生のときに、教科書の範囲を超えて複素平面の話をしてくれました。そのときすごく感動したのを覚えています。あのときの経験が心のどこかに残っていなければ、大学で文系から数学に転向する決断はつかなかったかもしれません。そういう意味では、いまふり返ってみれば、人生を変える授業だったのだと思います。

# 第2章

# 私の生き方、私の出会い

# 人、人に会う

加藤典洋

かとう・のりひろ＝一九四八年山形県生まれ。文芸評論家。早稲田大学国際教養学部名誉教授。主な著書に『アメリカの影』『敗戦後論』『さようなら、ゴジラたち』『人類が永遠に続くのではないとしたら』『戦後入門』など多数。

## 1 できごと

今日の話は、人との出会いをめぐる話です。

人は生きていくうちにどんな経験をするのでしょうか。また、どんな経験が、人を変えるのでしょうか。つまり、人を作り替えるのでしょうか。ということは、人を作るのでしょうか。

簡単にいうと、何かが与えられること、獲得されること、そして何かを失うこと、何かを奪われることが、そのうちの大きな要素だと思います。ですから、ふたつです。それをふつう私たちは、「できごと」と呼びます。

でも「できごと」にはとても長く緩慢に進行するために、それができごとだとは気づかれないものと、突然にやってくるために、そのできごと性が強烈に意識されるものと、ふたつあります。皆さんがいま学校で学んでいること、学習ということもひとつのできごとで、緩慢な進行のうちに、それが「できごと」であることが気づかれにくい例です。あんまりのんびりしているので、つい、眠っちゃう、というような経験のある人も多いでしょう。でも、もし、ある日、友人や自分に交通事故などが起こったり、重い病気だということがわかったりしたら、大きなショックを受けて、それが「できごと」であることをいやおうなしに意識します。

その違いを自分で取り出すひとつの方法があります。教えましょう。四月に、教科書が渡されるでしょう。数学の教科書は、例外かもしれませんが、他の教科書は、だいたい、一冊の本です。ですから、それを一冊の本として受けとって、一日か二日で読んでみるのです。私の友人に、そういうことをする人間がいました。えっ、もう読んだよ、そんなには面白くないけど、ま、面白いところもあったな、今年は、生物の教科書が、おすすめだな、などと、四月の下旬には、もう大半の教科書は読み終わって、うそぶいているのです。

教科書を、本として読むと、だいたい、一冊、二日で読めます。するとそれは「読書」という「できごと」になります。それを、「一年かけて、みんなで、先生とともに読む」というようにスローモーションにして読むことが、「学ぶ」ことで、もうひとつ別の「できごと」なのだということが、よくわかるようになるので、一度、やってみるとよいかもしれません。

そうすると、昔、江戸時代に寺子屋でやっていた、論語を「子曰く」、とみんなで素読する、それも口に出して読む、そして意味がなくとも、その文句を身体で覚える、ということも、もうひとつの「学び方」として、大変興味深いものであることが、わかるかと思います。

学ぶ、ということも「できごと」なのですね。いまはあまりありませんが、眠っていて気づかずにひどいやけどを負う電気アンカの低温やけどとか、少しずつ水の温度をあげていくと、カエルが飛び出す機会を失って、死んでしまうという茹でがえるの話なども、「できごと」がスローモーションになって、効果を深める、という例です。

## 2　人と出会うこと

さて、今日は、できごととして、私にもっとも大きな経験だったと思われることについてお話ししてみます。私の場合、自分にとっての大きな経験、大切な経験は、もう六十代も後半ですから、人生上での苦労、失敗、喜びなど数多くあります。また、そのうち、何かを与えられることで自分が大きく変わったものにも、若い時分の、読書、本と出会うこと、音楽、映画、美術、いわゆる好きなものごとと出会うことなどがあります。しかし、自分が変わるうえで一番大きなモーメントとなった「できごと」は、「人と出会うこと」だったと思うのです。

私の場合は、そうだった、ということです。人と会うことで、大きく変わった。あるいは、一番大事なことを学んだ、という気がするのです。

## 3 化学反応

ここでは、人と出会うということが、どんなことか。それがあるばあいには、どんなに大きな意味を、人に与えるものか、ということをお話ししたいと思います。なぜこういう話をするかというと、黙っていても、人とは出会えない。人と出会うには、自分の方に用意がなければ、ダメなんじゃなかろうか、というのが、私が経験的に、思うことだからです。

つまり、世にすぐれた人は沢山います。ここにきわめてすぐれた人物がいるとしましょう。しかし、どんなにすぐれた人で、ふれた事物をすべて金に変えることができたとしても、ふれた人をすべて金に変えることは、できないだろう、というのが私の考えです。なぜなら、人は、事物、木石ではないからです。そこに起こる化学反応は、相互的なのです。どんなにすぐれた人と出会っても、それが「出会い」になるとは限らない。こちら側にも用意がなければならない。「人が、人と出会う」、そしてそこから「学び」ということが起こるには、その双方に、理由と準備がなければ、ダメなのです。

## 4 鶴見俊輔、1979〜1980、モントリオール

この人と会うことで、自分はやはり完全に変わった、と思えるのは、私の場合、カナダのモントリールというところで、鶴見俊輔という人と会ったことでした。この人と会って、考え方が変わりました。

このとき、私はもう三十一歳で、子持ちで、国会図書館というところからカナダの大学に所属する東アジア研究所というところに派遣されて日本関係の図書館というか、図書室を、作る仕事をしていました。モントリオール大学というカナダのフランス語圏で一番大きな大学で働いていたのですが、赴任して二年目に、隣のマッギル大学という、こちらはカナダで一番古い英語の大学に、この鶴見という人が日本のことを教えに客員教授として二学期間、やってくることになったのです。この人を呼んだのが、マッギル大学で准教授をしていた友人で太田雄三という人でした。向こうで親しくなった人ですがすぐれた比較文学者です。それで、一緒に空港に迎えにゆき、自分の仕事の便宜もあり、偽学生として、授業を受けさせてもらうことにしたのです。

鶴見俊輔という人は、去年、亡くなりました。一九二二年生まれですから、九十三歳でした。私が会ったのは、一九七九年のことですから、鶴見さんが五十七歳のときです。知っている人もいるかもしれませんが、この人は戦後の名高い知識人です。戦争期にハーバード大学を卒業して、十九歳で日米交換船

という一種の捕虜交換船で一九四二年に帰国、その後、軍隊に取られて、戦後は、『思想の科学』という雑誌を刊行し続け、六〇年代には、小田実という人などとベ平連という市民主体の反戦運動を作り上げ、七〇年代以降、ついこのあいだまで、吉本隆明などとともに戦後思想の知識人の双璧に数えられてきました。私が会った頃も、むろん有名で、その頃には、もう最初の立派な著作集も出ていて、リベラルな知識人の代表的存在でした。

## 5 国会図書館、1972、連合赤軍事件

ところで、私はというと、国会図書館に勤務し、そこから派遣されていたとはいえ、もと大学にいたときは、全共闘という学生運動をやってきた一人です。全共闘というのは、全学共闘会議の略で、一九六〇年代末から七〇年代初頭に日本中に広まった学生反乱、大学闘争の担い手として、それぞれの大学に、無党派の学生を中心にてんでに勝手に作られ、その大学でのストライキ闘争などを主導した集団です。

それまで、運動の主体としては、政治的なグループが中心でしたが、六〇年代末になって、どこの政治組織にも属さず、自由に参加し、運動が終われば解散するという形の新しい運動体が生まれました。それが無党派の学生を中心とした全共闘という組織でした。

▼『思想の科学』
一九四六年から半世紀間、刊行された思想誌。ある思想的立場から転向することの共同研究や、学者や著名人ではなく市井の人びとからの論文投稿を広く受け入れたことなどで知られる。

▼小田実
一九三二年生まれ、作家。わずかなお金しかもたずに出かけた世界一周旅行の体験記『何でも見てやろう』はベストセラーになった。

▼吉本隆明
一九二四年生まれ、詩人、評論家。戦争に前後する文学者の行動の是非を問うた『文学者の戦争責任』や、言語の特質を追求した『言語にとって美とはなにか』、消費社会を論じた『ハイ・イメージ論』など多数の著書で戦後思想を牽引した。

私はもともと、文学好きで、政治にはあまり関心のない学生だったのですが、この時期、そういう組織の一員として、ストライキに参加し、反政府運動みたいなことにも足を踏み入れました。ベトナム戦争というものがあって、アメリカのやり方がひどくて、それに日本も加担していた。南ベトナムの坊さんたちが、何人も、抗議の焼身自殺をしていました。日本でも、そういうことが起こっていました。そんななかで、国の政策に反対し、大学当局側とぶつかり、大学では二年留年したほか、大学の授業にもあまり出なかったこともあり、二度、大学院に落第し、最後の年は、就活で受けた出版社にも全部落ちて、ようやく試験が、十月と遅い時期にあった国会図書館というところに、拾われたという状況だったのです。

もう少し続けると、大学に入学したのが一九六六年で、就職したのが、一九七二年。二年の留年ですが、このうち、一年半ほどは、大学がなかったのです。友人たちと、勝手にいくつも読書会などを作って、勉強したり、遊んだり、本を読んだり、書いたり、映画を見たり、あと、大学や街頭で、政治的な運動、デモなどに参加する日々でした。学力不足だったのですが、何しろ卒業論文の指導教官を決めよ、と何度も学部長名で呼び出されていたけれども、行かなかった。それで、指導教員ナシで、卒論を提出して、面接では教師にかなり意地悪な質問を受けました。前田陽一▼という立派なパスカル学者が、見かねて私をいじめる若い面接官の助教授をたしなめて、擁護してくれるほどでした。

▼**前田陽一**
一九一一年生まれ、フランス文学者。戦前、フランス政府給費留学生として渡仏、戦後東京大学教授。パスカル研究で世界的に知られる。

そういう状態で大学院をめざすというのが、無茶だったわけです。

四月に就職しますが、その年の二月に連合赤軍事件というものが起こります。連合赤軍という最左翼のグループが武装闘争を計画し、最後、追いつめられて、山岳キャンプというところで、内部解体を起こし、十六名もの活動家が、同じ仲間に政治上の姿勢などを問われて、一種の内輪もめでリンチに遭い、殺害され、その後、残った一部のメンバーが、浅間山荘というところに管理人夫妻を人質に立てこもり、機動隊と銃撃戦をし、そこでも機動隊員などに死者を出したという事件です。これに身体の底から震撼され、その直後、四月に就職したのです。

国会図書館では、入ってしばらくして、すぐに馬脚を現して、それ以降、完全な札付きの職員となりました。後で君は、あまりになまいきなので、見せしめだったんだ、といわれましたが、六年間、単純労働の部署にはりつけられ、それを続けました。もう本当に日本にいるのがいやになり、たまたま募集のあったカナダのフランス語系大学の新しい研究所の図書館作り、という派遣のポストに応募し、向こうに選んでもらい、モントリオールに来ていたのです。

ですから、気分としては、すさんでいました。それ以前、学生の頃から、雑誌に原稿などを書いていたので、親しい大学の先生がたとえば名高い作家を紹介するぞ、なんていってくれても、いや、けっこうです、などと自分から断るくらい、なまいきだったうえ、その後、就職し、結婚し、こどもができ、もうにっちもさっちもいかない、というあたりで、外国に飛び出し、表面はおだやかにしているものの、内側では、この世界、くそ食らえ、と思っていました。ですから、鶴見俊輔が来ると聞いたときにも、は、ベ平連のリベラルな紳士的な知識人が来るのだろうな、くらいにしか、思っていなかったのです。

## 6　後藤新平（1857〜1929）、鶴見祐輔（1885〜1973）

というのも、鶴見という人は、母方のおじいさんが、後藤新平といって、明治期に、内務大臣、外務大臣などいくつもの大臣を歴任した歴史上の重要人物です。関東大震災直後の東京を復興した際には東京市長となり、台湾では最初の総督となり、朝鮮統治では南満州鉄道会社の総裁として、その後、大きな役割を果たす満鉄調査部を創設しています。鉄道院総裁のとき、東京帝国大学の法学部を最優等で銀時計をもらって卒業したエリートを鉄道省に入れ、このエリートに長女を嫁がせますが、そのエリートというのが鶴見祐輔という、その後、やはり戦前の政治家で、大臣を経験したうえ、小説家・著述家・演説家としてもならし、英語の抜群にできた戦前の大有名人でした。鶴見俊輔は、その長男ですから、きわめつけのエリート家族の出です。何しろ、戦争中に、十九歳でハーバード大学を優等で卒業したというし、その頭の良さ、博学ぶりでは、名高かったのです。

一方の私はというと、もと全共闘のひねくれた人間というわけで、好きで読んできた書き手といえば、小説なら、大江健三郎、あとは外国の文学者、大学に入ってからは、吉本隆明とか、埴谷雄高といった左翼系の戦後知識人が主でしたから、最初は、いろいろと鶴見さんには、いやがられるようなことをいったり、したりして、悪さをする受講生だったわけです。

しかし、そうこうしているうちに、この鶴見という人間は、どうも思っているような温厚で品のいいだけの知識人ではないぞ、ということがわかってきて、大きく、こちらのほうが、変えられる結果になりました。

## 7 エピソード～道順、受講生たち、話の終え方、話し方

たとえば、こんなことがありました。

一度、私の働いている図書室に来て、現在作っている図書、雑誌の蔵書構成などに関するアドヴァイスをしてもらうことになって、道順等を説明し、待っていたのですが、道に迷い、だいぶ遅れて鶴見さんが到着するということがありました。研究所は、できてまだ五年ほどで、大学のキャンパスの外のもと小学校の校舎を改築した建物の一角を占めていたので、わかりにくい場所にあったのです。私は、自分が間違って道順を説明したとは思っていなかったので、鶴見さんの勘違いかと思い、そういったのですが、鶴見さんは、自分が勘違い

▼大江健三郎
一九三五年生まれ。東京大学在学中に芥川賞を受賞した「飼育」でデビュー。『個人的な体験』『万延元年のフットボール』『ピンチランナー調書』『懐かしい年への手紙』『沖縄ノート』など多数の作品がある。九四年ノーベル文学賞受賞。

▼埴谷雄高
一九〇九年生まれ、作家。戦後、雑誌「近代文学」創刊に参加。大長篇小説『死霊』は四五年に第一章が発表され、九五年に第九章が発表された。全十二章の予定だったが未完のまま九七年、逝去。

したのではなく、私の説明が間違っていたという態度なのです。そしてそこには、有無を言わせぬものがあるのです。

私はそれまで、自分の思い込みというものをかなり頑固に信じる質だったので、いや、この道をまっすぐ、といいましたよね、みたいに念を押すのですが、「いや、違います」と言い方こそ穏やかなのですが、相手は「鉄の壁」のように「固い」。頑固というか、どこかに強烈に「動かしがたい」ものがあり、何なんだ、このオッサンは、と感じたことを覚えています。

また、こんなこともありました。

授業は英語です。学生は、六名ほど。それに私の友人の准教授と、私の勤めているフランス語系の大学の博士課程にいる米国人の友人、その友達でボストンから毎週、教えに来ている米国人の講師など、外部からの聴講生が四人くらいいて、全部で十人ほどでした。米国人の友人はロバート・リケットといって、当時、ベトナム戦争のときに軍籍を捨てて脱走し、その後、フランス、イギリスと逃げながらカナダまで来ていたもと脱走兵の学者で、カーター大統領のときに大規模な特赦があり、もう米国に戻れることになっていたのですが、米国を忌避し、英語を忌避し、カナダでフランス語で暮らし、日本の三里塚の農民の運動▼の研究をしていました。アメリカ人なのに、フランス語と日本語でしか話しませんでした。その後、日本に来て、博士論文を仕上げ、在日韓国・朝鮮人の指紋押捺拒否運動▼に連帯して、米国人で初の指紋押捺拒否者になった、そ

▼**三里塚闘争**
別名成田闘争。成田国際空港建設に伴う立ち退きに対する反対運動は住民に活動家が加わり過激化。空港開港後の現在も用地内に未買収地が残っている。

▼**指紋押捺拒否運動**
日本ではかつて外国人登録の際、指紋の押捺が義務づけられていた。人権侵害としてこれに反対する運動が起こり、一九九九年に一度すべての外国人に対する指紋押捺は撤廃された。

ういう頑固な人間ですが、ふつうはとても温厚で底抜けに親切なのです。このあいだまで、二十年あまり、和光大学の教授をしていました。もう一人の講師は、アラン・ウルフといって、米国人ですが、奥さんはフランス人で、カナダに来てフランス語で講義をしている太宰治などの専門家でした。その後、オレゴン大学の教授になり、気鋭の研究者として注目されました。頭脳明晰でシニカルな男でしたが、やはり親切でした。残念ながら四十代で病気で、亡くなりました。また、学生に、やはり多くの経験をへて日本から抜け出し、この大学で学んでいた当時二十代の若者がいて、彼はその後、コーネル大学の博士課程に進み、文化人類学者となります。「キャンドル・ナイト」などエコロジーの運動で知られる、いま明治学院大学で教えている、辻信一という学者、活動家です。七〇年代の末という時期もあったでしょうが、いろんなことをやって来た人間が、吹きだまりのように、こういうところに集まってきていたのです。

当時准教授の太田さんも東大の院を出てそのまま助手というエリートコースを、外国人の奥さんとの生活を優先してやめて外国の大学に移ってきたという、気持ちのよい人でした。

こういう人間が、授業が終わった後、鶴見さんを囲んで、最初は、大学の学生会館のロビーなどで、談笑するのです。私などは、授業の時間は、まだまだ英語が苦手で、よく飲み込めないところなどもある。その後の談笑は、日本語なので、それが楽しかったわけです。それで、勝手にいろいろ言って、鶴見さんの話を聞く。それが面白い。みんなでガハハなどと笑って盛り上がる。すると、急に鶴見さんは立ち上がり、えっとあっけにとられる私たちを尻目に、「家事がありますから」などといって、一人スタスタと帰るのです。

ふつう、私たちはもうそろそろ時間だな、と思うと、話しながら時計などを見たりします。それで、座もそのことを以心伝心で感じ、いまでいえば、「空気」を読んで、じゃあ、もうそろそろ、今日はこれくらいで、となります。しかし、それがないのです。

このときも、ガーンと、ガラスの扉に気づかずに頭をぶつけたときのような衝撃を、私は感じました。ちょうど「話」をみんなで胴上げしていると、その中心人物がふいにその座を離れる、動きが止まる、そこにその「話」が落ちてきて、「話」が腰を強打する、といった感じだったのです。

日本風でも外国風でもなくて自分風なのです。あくまで穏やかで、温和に笑っているのですが、日本語で電話をすると、受話器の向こうで「はい、鶴見です」と答える。ここ、微妙なのですが、「はい、鶴見ですが」とは言わない。やりとりも、何というか日本風でない。生活の隅々まで、その鉄というか「有無を言わせず硬いもの」にふれているという感触が消えないのです。

奥さんは横山貞子さんという英文学者として知られた方ですが、日本語で会話するときには相手を、「汝」と呼んでいました。

会ってしばらくして、これはどうも自分の思っていたような人間ではない、リベラルどころか、ふつうの人のふりをしたとんでもない狂人なのだ、と思うようになりました。

それから、それまでは数えるほどしか読んでいなかったこの人の本を何冊も、猛烈に読み出しました。

わかったのは、次のようなことです。

## 8 『北米体験再考』、『わたしが外人だったころ』
### ～母との葛藤、自殺未遂、退学、放校、アメリカ、収容所

この人は、先にいったような名家の出です。俊輔という名前は、伊藤博文の幼名から取られています。この名前のうちに、末は一国を率いる首相にでもなれ、という使命が刻印されているのです。この少年は、まず母親との葛藤に苦しみます。母は、後藤新平の長女できわめて潔癖で厳格な人で、長男の俊輔少年を自分の思い通りの高潔な人間に育てようとします。息子はそれに死にものぐるいで反抗します。最初はマンガだったようですが、密かに一日に四冊は本を読むという決まりを作り、それを小学校のときから実行していたらしいです。とにかく本を読む。しかし、反抗して学校はさぼりまくる。小学生で近所の中学生と組んで万引集団を結成し、悪事を繰り返し、授業のときは、性的なことで頭がいっぱいで、黒板の前の教師のペニスがズボンの右側にあるか左側にあ

るかなどとばっかり考え、上の空だった、と書いています。結局、どうも本当らしいのですが、小学校で歓楽街に出入りし、女給やダンサーと肉体関係を持ったりもしたらしい。すべて母親への反抗だったようです。小学校のときに、五度、自殺未遂を繰り返しています。鶴見さんのお姉さんは、これも秀才の誉れの高い鶴見和子▼という名高い学者ですが、著作集の月報に、自殺未遂の弟の救急車に同乗し、病院に向かうときの切ない気持ちがどうだったか、という話を載せています。

成績は「いつもビリに近いところにいた」ため、当時の名門校である東京高等師範学校附属中学校、いまの筑波大附属中には推薦されず、別の学校に進みますが、いまでいう十八禁のエロ本めいた「性に関する文献」を膨大に学校のロッカーに置いていたことが発覚して、退学処分を受け、その後、別の中学に転校したあと、結局中退しています。

そして、とうとう、父親の鶴見祐輔が、思いあまって、この手をつけられない息子を、一九三八年、十六歳のとき、アメリカに送るのです。

このとき、鶴見はほとんど英語は話せなかったと言っています。この少年を託された父親の友人の歴史家でハーバード大学教授であるアーサー・シュレジンジャー・シニア▼は、当時、やはりよそから単身で独力でやってきてハーバード大学に学び、最優等の成績をあげ、卒業後そのままハーバード大学の講師に抜擢されていた日本人の若手学者に、この少年の世話を託します。それが、経

**▼鶴見和子**
一九一八年生まれ、社会学者。南方熊楠や柳田國男の研究で知られる。著書に『漂泊と定住と』『南方熊楠』『南方曼荼羅論』など。

**▼アーサー・シュレジンジャー・シニア**
一八八八年生まれ、歴史家。息子ジュニアはケネディ大統領の補佐官を務め『アメリカ史のサイクル』『アメリカの分裂』などで知られる歴史家。

済学者として名高い、もと一橋大学の学長もつとめた、後の都留重人▼です。

私は、明治学院大学の教師になったおり、この都留さんと同僚となり、後に鶴見さんにいわれて都留さんから長大な聞き書きを行なったのですが、はじめて鶴見少年に会ったとき、この少年は、自分は小学校一年からはじめたいと頑強に小学校一年への転入を主張して、これを思いとどまらせるのに苦労したとのことでした。結局、いまならプレップというだろう大学進学用の予備学校のようなところに入学し、全寮制の寄宿舎で九か月勉強して、試験に合格し、ハーバード大学に入ります。

もともと、不良道を究めることをめざした間も、一日四冊という読書のルールを貫いた、というような人なので、沢山本は読んでいるのです。それで母親への反抗の重石がなくなり、朝から晩まで、猛勉強したようです。予備校の最初の数か月は、まったく英語ができなかった。何をしゃべっているのかまったくわからなかった。しかし、数か月後、高熱を発して倒れたとき、自分の身体から、金の粉のようなものがハラハラと落ちていく幻覚をおぼえたそうです。数日後、回復したら、英語が聞こえるようになっていた。そして英語が口をついて出てきた。その代わり、三年後、日本に帰ると、自分の中で日本語が一度、死んでいて、すぐには出てこないことに気づいたといいます。

その先のアメリカでの生活のことは、『北米体験再考』という本に書かれています。これは、名著です。文章がよいのです。机の中にチーズときゅうりを

▼**都留重人**
一九一二年生まれ、経済学者。一橋大学名誉教授。資本主義下における公害の問題を扱った『公害の政治経済学』などで知られる。

入れておいて、あとは主に四合瓶に入った牛乳を飲んで、朝から晩まで勉強したようです。クワインとか、カルナップという当時世界の最先端に位置していた若手の学者にほぼ一対一で学び、飛び級して三年で最上学年に入ります。しかし、日米が開戦すると、ほどなく、ＦＢＩの捜査官が下宿の部屋に入ってくる。そのまま逮捕され、敵国人収容所に入れられます。日米開戦の直後、移民局に呼び出され、この戦争についてどう思うかと聞かれ、自分は無政府主義者だから、このような帝国主義戦争ではどちらの国家も支持しないと答え、アナーキストと登録されて、危険な敵国人と判定されたのです。同じ時期、こちらは優等生として米国に留学していた姉の和子によるタイプ打ちの協力を得て、収容所内で、夜、ほかの四人仲間が寝静まったあと、便器のふたをテーブル代わりに書きかけの卒業論文を書きついで完成させる。そして姉経由で提出された卒業論文を、ハーバード大学が試験官を留置所に派遣し、特例として出張審査した結果、日米交換船でアメリカを離れ、日本に帰る日、卒業していることを知るのです。

そういうわけで、十九歳で卒業、日本に帰る途中に二十歳になり、日本に帰国するのですが、日本に帰ると、名家の子弟だというので目をつけられ、召集令状がすぐに来て、日本での学歴が小学校卒であることに準じて、軍隊に編入され、今度は、最下級の軍属として、インドネシアに送られるのです。小間使い的な仕事のほか、語学ができるので、英国の放送を聞いて、翻訳し、情報を

**▼ウィラード・ヴァン・オーマン・クワイン**
一九〇八年生まれ、論理学者。論理学の観点から経験主義を批判し、現代哲学の潮流を築いた。著書に『経験主義のふたつのドグマ』『ことばと対象』など。

**▼ルドルフ・カルナップ**
一八九一年生まれ、論理学者。科学的な論理学としての哲学を追求し、二十世紀前半に大きな影響をもった論理実証主義の代表的哲学者。著書に『世界の論理的構成』など。

上に伝えるのが主な仕事でした。このころのことは、晩年、佐々木マキという人が絵をかいて、『わたしが外人だったころ』という絵本になっています。これもまた面白い本です。小学生向けだといってよいでしょう。むろん、皆さんでも面白く読めます。去年、亡くなる直前に、復刊されています。

この帰国については、日米交換船というものが取り決められ、しばらくして、一人ひとり、米国の係員から帰国するかどうかの意思確認の面接があったそうです。たとえば南博という心理学者は、そのとき、米国に残っています。ですが、鶴見は違った。そのときの理由を、こう述べています。

自分には、この無謀な戦争で日本が負けることは火を見るよりも明らかだったが、日本が戦争に負けるとき、その負ける側にいようと思った。そうでないと、戦後の日本の立ち直りにしっかりと関与できなくなる、と感じた、と。

## 9　三〇センチのものさし

まあ、これくらいにしますが、こういう人だったわけです。ですから、私が会って一か月くらいして、これはただ者ではない、と思ったのも無理はなかったのです。

そうそう、最後にひとつ、付け足すと、そのとき、マッギル大学准教授をしていた先の友人、太田さんに聞いた話にこういうものがありました。

父親の鶴見祐輔は、戦前から戦後に続けての政治家で、五〇年代には厚生大臣も務めますが、その後、病気に倒れ、一九七三年、闘病生活の後、亡くなります。その葬儀に、天皇の勅使が「祭粢料《さいしりょう》」、これは功労のあった国民に下賜する金員のことですが、これをもってきた。クウェーカー教式の葬礼が進行中で、参列者全員が起立し直立不動で勅使を迎えるなか、鶴見さんは起立しないで椅子に腰を下ろしたままだったそうです。しかし、立たない。それで、最後の晴れと肱で立つように促したらしいです。脇で、お姉さんの和子がくいくいの場に父の顔に泥を塗ったと、当時、葬儀に出席した保守党の議員にだいぶ憎まれたらしいのです。このとき、鶴見さんは、五十一歳です、だいぶ、常軌を逸しているというか、まあ頑固ですね。天皇の使いが来ても、直立不動にならない。座ったまま。こういう日本人は、少ないでしょう。

私の直覚は正しかったわけです。

それで、この人と出会い、この人を知ったことは、どう私を変えたか。

私は、私で、それまで、とにかくこの世にはろくな人間はいない、大した人間はいない、特に有名人などといわれている人間がそうである、と思っていて、いってみれば、世の中をなめていたというか、タカをくくっていました。

しかし、この人を知るようになって、反省しました。深く反省したのです。この世を馬鹿にしてはいけない。この世には、自分の思いもよらないようなすぐれた人間がいる、謙虚に生きねば、と思い知ったのです。

当時、私はヘビー・スモーカーでした。一日に二箱吸っていました。カナダでは、禁煙運動が盛んになっていましたが、私は、図書室に、大きく、禁煙と記し、ただし図書館員を除く、と書いて、自分のいる個室セクションでは、喫煙をやめなかったのです。ここのルールは、自分が作る、などといって、やめようと思えばいつでもやめる、でもやめようという気持ちにならないのだ、などとうそぶいていました。

しかし、鶴見さんと会ったあと、どこでも禁煙で、煩わしいこともあったからですが、思いたち、一月一日を期して、禁煙しました。そのときは、吸っている途中の、あいたタバコを机の前に置いて、いつでも吸えるようにして、意思して、やめてやろうと思い、そうしました。最初の数週間は、禁断症状でとても生活できるどころではなかったのですが、それでも、やめました。鶴見さんに出会ったことから生まれた深い反省が、これくらいには、身にしみていたのです。

あとになって、それを私は、こう感じました。自分は要するに、はじめて、自分と世界のあいだの関係をはかる三〇センチのものさしを、この鶴見という人物にもらったのだ、と。これがあれば、いま自分がどこにいて、何かをしようと思ったら、どこからはじめるか、どう考えていけばよいか、わかる。はじめて、自分と世界、自分と社会のあいだに小さな橋をかけることができた、という感じでした。自分の小ささ、また、自分の生きる場所の深さ、広さが、そこからはよく見えるわけで、はじめて、ゆったりと呼吸ができる気がしました。これさえあれば、相手との距離を測れる。地球を越えて、月にまで行けるのだ、と思いました。

それで、はじめて、力を入れないで、ふつうの呼吸法で、安心して、ものを考える、ということを覚えました。はじめて、考える、ということが、どういうことか、どういうことでなければならないかを、知ったのです。

考えるということは、生きるための方法なのですね。

## 10 「うさんくさいということを、おもしろがる」

カナダにいて、すぐにこの人に学んだのは、うさんくさいということを、おもしろがれ、ということです。私は、日本にいる頃、ちょっと変な人、知ったかぶりをするような人、いい加減なことを言う人に、けっこう厳しい判断を持つ人間でした。でも、カナダなどにくると、学生の半分は、もう二十代の後半以上くらいです。男女ともにそうです。大学一年生は、大半が、十八歳、ないし、一浪して、十九歳、などという日本とは、まったく違うのです。みんな、そういう意味では、うさんくさいのです。

あるとき、日本語の授業で、何人かの聴講生のおじさんくらいの年代を交えた学生たちが、討議していて、侃々諤々の議論になったことになります。みんなな勝手なことを言うなあ、と思って聞いていたのですが、数日後、そのおじさんの一人が、フランスの高級紙である「ル・モンド」という新聞に、こんなことを書いているよ、と後でそのときの参加者の一人に記事を見せられました。そのおじさんは、世界的に名高い言語学者で、ちょっと日本語も勉強しようかと、そこに顔を出していたのです。でも誰もが、そうだとわかっていても、そのおじさんを、しっかりと、ちょっとうさんくさいおじさんとして、つきあっているのです。誰も態度を変えない。そしてそのおじさんも、しっかりと、うさんくさいままなのです。まあ、民主主義が身についているわけです。

鶴見さんは、彼自身が、ちょっと訳のわからない人です。名家の出なので、庶民、などというが、本当に庶民のことがわかっているのか、君なんかより僕の方がずっと、わかるよ、と政治学者の友人の丸山眞男▼に指摘されて、ぐうの音も出ない、などという場面も残っています。奥さんを「汝」なんていうのも、おかしい。聞いていると、えっ、と思うでしょう。うさんくさい（笑）。

でも、人がうさんくさいということは、化学の用語でいうと、いわばイオン化しているという状態なのです。イオン化というのは、単純化していうと、$H_2O$が$H^+$と$OH^-$の二つのイオンに分かれ、不安定化し、別のものと結びつきやすくなっている状態です。また、深い意味でいうと、そういう人は、自分を自分に対して、うさんくさくしている、のでもある。少し、自分からずれて、立っている。すると、いろんなものと、化学反応を起こしやすくなります。安

**▼丸山眞男**
一九一四年生まれ、政治学者、思想史家。東京大学名誉教授。戦後の政治学、政治思想史研究を牽引した。戦争末期、大学助教授ながら招集を受け、広島で被爆。「超国家主義の論理と心理」でファシズムを生んだ日本の政治的風土を批判的に論じた。著書に『日本の思想』『日本政治思想史研究』『戦中と戦後の間』『「文明論之概略」を読む』『忠誠と反逆』など。

定していない、という状態になる。それがうさんくささの本質なのです。

そんなことをいったら、思春期にある人、若い人というのは、つまり、ここにいるみなさんは、みんなうさんくさい。でも、その方が面白い。また、そう思うと、世界が広くなる。また、深くなる。当時、私が勤め先の国会図書館に送った友人たちの出していた館内ミニコミ・ペイパーへの寄稿文を、最近、見る機会があったのですが、そこに私は、「うさんくさいこと」はいいことだということを、いま、学んでいる、と書いていていました。

## 11 「自分をイオン化の状態におくこと」

その後、私は、鶴見さんに、フランス語系の自分の大学にも日本から先生を呼びたいが、誰がよいだろう、と相談して、もと、鶴見さんと一緒に仕事をしていた京都大学の多田道太郎▼さんに来てもらいました。そして、日本に帰ったあと、数年して、文芸評論などの仕事をはじめた私を、その多田さんが明治学院大学の新設学部の国際学部というところに呼んでくれて、大学で教えるようになります。

鶴見さんは、戦後、京都大学の人文科学研究所の所長となる桑原武夫▼に呼ばれ、二十代後半という異例の若さで助教授となりますが、その後、鬱病となり、精神病院に入院し、大学をやめます。自分が名家の出であることから、やっかみ、

▼多田道太郎
一九二四年生まれ、フランス文学者。文化論でも知られ、著書に『遊びと日本人』『しぐさの日本文化』『変身　放火論』など。

▼桑原武夫
一九〇四年生まれ、フランス文学者。学際的な共同研究を主導した『百科全書』の研究や、俳句を批判的に論じた『第二芸術論』など幅広い著作と多くの文化人を育てたことで知られる。

のようなものを過敏に感じ、幻聴なども聞くようになったようです。桑原武夫さんから、しばらく大学をやめないで、休めといってもらった。そうでなければ、自殺していただろう、と後に聞いたことがあります。そこを生き延び、さらに東京工業大学の助教授となりますが、一九六〇年の安保闘争時に、政府の安保条約改定に抗議して、東工大もやめ、さらに京都の同志社大の教授となりますが、七〇年前後、同志社大が学園闘争で学生排除に機動隊を導入したのに抗議して、同志社大もやめています。以後、亡くなるまで、在野の評論家、哲学者として生きました。それ以前に、五〇年代に京大助教授のときに、スタンフォード大学から招聘を受け、応じようとしますが、反米的だというのでビザが下りませんでした。以後、一度も米国には行きませんでした。米国が好きだから、いまの米国の行き方に反対する、という立場を貫きました。

私の、日本に帰ってからの鶴見さんとのおつきあいは、帰国後、鶴見さんが中心に発行していた雑誌「思想の科学」の編集会議に顔を出すことからはじまります。それがやがてこの雑誌の編集委員となって、恒常的なものとなります。

そこでもいろんなことを学びましたが、ここで申し上げたいことは、こういう人との出会いとは、どういう経験なのだろうか、ということです。

よく人生で大事なことは、みんな幼稚園の砂場で学んだ、とか、いろんなことがいわれますね。それでいうと、私は、人生で大事なことは、何人かとの人とのつきあい、出会いによって学んだ、という気がしています。

私は、三十一歳で、偽学生としてモントリオールで英語の授業に顔をだして、はじめて、学ぶとは、こういうことなのか、と心の底からわかりました。学ぶとは、全身的なものだ、ということです。泳ぐのと一緒。手でコチャコチャとやってはダメ、最初の頃は溺死のリスクもある。全身を使い、呼吸法をおぼえないといけないのです。でも、なぜこの出会いが可能だったのか、と考えてみると、そのとき、自分が、言語的にも不自由な場所で、ある意味では、たった一人でそこにいたからだ、ということに気づきます。

そこは、日本ではありませんでした。また、私が鶴見という人と知り合ったのは、自分がたった一人でその新しい世界に飛び込んだからでした。先に、この授業を受けた友人たちをちょっと紹介しました。この友人たちに私は誰かから紹介されたのではありません。鶴見さんだけではなく、他の友人も、みんなそこで一人でいました。見るに見かねて助けてもらったり、偶然出会ったり、こちらが助けたり、そういうことがきっかけになって、できた友人たちでした。一人でいないと、一人には出会えません。それは、化学反応でいう、安定した化学式から離脱して、イオン化の状態に自分を置くということです。人と出会うには、自分を「イオン化の状態に置くこと」が必要です。自分を他人にうさんくさく思われるような場所に、投げ込むことが必要なのです。

## 12 高さと深さ

鶴見という人はなぜ、私をひっくりかえしたか。この人の知識、博識は、例外的です。頭のよさは、天才的ですが、それ以前に、一個の人間として、まあ、天才だったでしょう。人柄の高潔さもただものではありませんでした。とにかく、生活上のことでも、人の世話にはならない。授業が終わる、一か月くらいしてからは、さきほどいった五〜六人で、酷寒のモントリオールの街の坂道をくだって、いつもの喫茶店に行く、そこでだべる。コーヒーとケーキで。いつも全額鶴見さんが支払う。私たちは、もう、礼もいわない。それがふつうになってしまうような人格なのです。

人間には、高さの力と、深さの力があると私は思っています。建物の高さと、井戸の深さ、というときの、高さと深さです。この違いが何かわかりますか。高さは、どんなに遠くからでも見える。高ければ高いほど、そうです。しかし、深さは、見えません。河ですら、深い川は静かに流れる、というように、深くなると、いよいよその姿は見えなくなるのです。

私が鶴見という人にこの人は大きい、と思ったのは、この人から、この人はよくよく苦しんだ人だ、という感じを受けとったからです。どことなく、うさんくさいのですが、苦しんだ、ということとの気配が、とにかく深かった。深さの力がただごとではなかった。すぐれていたから、だけではありません。高いだけでなくて、深かった。高いというより、まず、深かった。その気配が、私に、ああ、この人はキチガイだ、敵わない、という感じを与え、この人を好きにさせたのでした。

## 13 何もいえない、という回答

一度だけ、この人に、人生上の相談をしたことがあります。私は、自分の個人的な問題、困ったことなどを、人に相談する質の人間ではありません。よくだんまりなんとか、といいますが、私もそのほうで、だいたいどんなことでも、人には言わず、ポーカーフェースですませます。しかし、人生は、生きているといろんなことがあります。私にも、にっちもさっちもいかない苦難に見舞われ、どうしたらいいかわからなくなり、絶望に近い心境になり、四十代の半ばだったと思いますが、一度だけ、鶴見さんに手紙を書いて、自分はいま、こういう目に遭って、苦しい、と助けを求めました。返事はほどなく届きました。家を出ようとしたら、団地の地階の郵便受けに鶴見さんからの封筒が届いていたのです。駅に向かって歩きながら、それを開き、歩きながら、読みました。そこには、手紙を読んだ、とあり、しばらくあって、自分には何もできない、何もいえない、と書いてありました。それを読んだら、歩いていて、どんどん元気が出てきました。歩行が力強くなりずんずん歩いてゆきました。私の問題は、家族とか、病気とか、それが直らないとか、そういうことに関係していたことなので、それがどうすることもできないことであるのは、私にもわかっていたのです。ではなぜ手紙を書いたか。自分の苦しみを知ってもらって、要するに、誰か自分の信頼する人間に、「受けとめてもらいたかった」のだ、とこの返事を読んで、気づきました。「何もできない」、こう書かれてあるのを見て、自分の苦しさが、しっかりと、この人に受けとめてもらえたとわかり、救われる思いがして、元気が出てきたのです。

## 14 犬も歩けば棒にあたる

人との出会いが、どういうものであるか、それを知ってもらいたいと思って、こんな話をしてみました。

よく、人との出会いを大事にしろ、というでしょう。しかし、大事にするにも、それはめざして獲得されるものではありません。

私がみなさんにいいたいのは、違うことです。

このとき受けた英語の授業が、その後、英語の著作と日本語の著作になって出ています。このうち、日本語の著作は、『戦時期日本の精神史　１９３１〜１９４５』、『戦後日本の大衆文化史　１９４５〜１９８０』となって、朝日新聞社の大佛次郎賞を受賞しています。文庫本の解説の一つは私が書かせても

らっています。これも名著中の名著で、日本の近代史を勉強しようと思ったら、基本書として、とても訳に立ちます。わかりやすい、そして深いです。

このときの授業について、後に鶴見さんは、この小さな授業での学生がそれまで自分が教えた中で一番、すぐれた生徒たちだったと書いています。私は、偽学生だったので、そこには入らないと思いますが、ここまでに述べてきたことからわかるように、学生の一人ひとりが、「一人」で「選んで」この場所に来ている。自分一人の運命を切り開いて、そこに実にいろんなところから集まっていた、ということと、この感想は無関係ではないと思います。

たとえば正規の学生に一人、きわめて優秀なカナダ人の女子学生がいましたが、鶴見さんがこの後、何をしたいか、と尋ねたら、看護師になりたい、と述べたそうです。アメリカなら、考えられない答えです。何しろマッギル大学は、カナダのハーヴァード、といわれるところで、その女子学生は、その大学の最優等生の一人なのです。アメリカでの優等生は、さらに社会的に上昇して、活躍しよう、という人がすべて、ではないが、ほとんどでしょう。

でも、カナダの、それもフランス語圏のケベックというところは、ちょっと違います。

モントリオールで、パーティをやると、フランス系の学生がワインを持参します。そしていうのです。これは、オレが作ったワインだと。また、どこかからハーブを採集して、それをお茶にしたものをもってきます。自分の作ったハーブを持参して、ふるまうのです。別れのパーティを開いたときには、親しかった大学院生が、「詩」を書いてもってきました。そして数人のパーティのなかで読み上げました。

なんとうさんくさいことか。私はその場で、涙がこぼれるようでした。

私が言いたいのは、次のことです。

犬も歩けば棒にあたる、ということわざがあります。「人、人に会う」というのは、動物学者コンラート・ローレンツ▼の本『人　イヌにあう』のもじりですが、最初はこちら――「イヌ、人に会う」――を演題にしようと思ったくらいです。最初はどんな意味でしょうか。ことわざ事典などを見ると、最初の意味は、「犬がうろつき歩いていると、人に棒で叩かれるかもしれないというところから、でしゃばると災難にあうという意味」。それがいまでは、「当たるという言葉の印象もあってか、何かをしているうちに思いがけない幸運がある」という、反対の意味で使われている、とあります。

最初は、歩くとリスクがあるぞ、という意味で、それが後には、歩くと、チャンスがあるぞ、に変わったというのです。しかし、私は、イヌは歩くと、よいことにも、悪いことにも会う、というようにこれを解したいと思います。よいことに会うことも、悪いことに会うことも、ともに意味がある。双方が、よいことなのです。人との出会い、が大事だ、それを探そう、という姿勢では人には出会えません。「できごと」には出会えません。しかしイヌになって歩くと、

▼**コンラート・ローレンツ**
一九〇三年生まれ、動物行動学者。鳥の刷り込み現象の発見で知られる。著書に『攻撃　悪の自然誌』『ソロモンの指輪』など。

「棒」に当たる。それが「人と出会う」という「できごと」の奥義なのです。

イヌになって歩くとは、何か。

自分をうさんくさい存在にしなさい、うさんくさい場所に自分を投げ込め、ということです。すると、同じようにして流れてきた人と「ぶつかり」ます。

私はもう大学をやめたのですが、学生には、つねに、人から「後ろ指を指されるようになれ」、そのようにして生きろ、と言ってきました。それも同じ意味です。つねに、分かれ道があったら、「自分をイオン化させる」ほうの選択を行なう。自分をイヌにしてみては、どうでしょうか。

ありがとうございました。

**Q&A**

——世界とは、日本の「外」に広がっているものと考えるべきなのでしょうか。

面白い質問だと思います。私の答えは、イエス、そしてノーです。イエスの意味はこうです。昔、長く日本を留守にしてカナダから帰国した私に、日本は窓一つない映画館のようだと感じられました。映像がとても鮮明なのでちょっと誰かが出入りすると光が漏れ、するとすぐに「早く扉を閉めろよ!」と声がかかります。ぼけた映像にたえられない。センスがいい。コミュニケーションの質が高い。でも、「映像」と「現実」は違う。その意味で、日本の「外」には見たこともない世界が拡がっています。

一方、ノーの意味はこうです。日本では、日本の外を「世界」だと思っている人が多い。だから「外」を見てきた人のことを有り難がる風潮がだいぶ強かったのです。でも、別の国から見たら、日本も「世界の一部」でしょう？ 日本の中にも世界はあるし、日本とよその国は、ともに「世界」という地下水の層の部分で繋がっているのです。これってイヤだな、と思うことに、日本も世界もない、誰だってそう思うはずだ。それが、私たちの中に生きている「世界」の感覚です。世界は私たちの中にある。そうでなければ、どこにも世界なんてあるはずがないんです。

## わたしの思い出の授業、思い出の先生

**Q1: 思い出の先生を教えてください**

大学１年のときのクラス担任の仏文学者、平井啓之先生です。

**Q2: その先生が記憶に残っているのはなぜですか？**

書いた文章がきっかけで、深いつきあいをさせてもらいました。サルトル、ランボー、プルーストの専門家として知られた人ですが、ともに中原中也が好きだったこと、先生が戦争で若い頃、親しい友人を失っていたことなどから、いろんなことを話し、教えられました。

**Q3: その先生は人生を変えましたか？**

対等につきあって下さいました。卒業後、数年間、私の一方的なわがままから「絶交」までしています。先生も、大学紛争時、東京大学をやめています。

その後、再び、手をさしのべてもらいました。君は文章を書け、と20歳前にこの先生にいわれたことで、その気になりました。全身で、一人の人間として、一人の人間に対して下さいました。教えられる人間として、また、教える人間として、さらに、ものを考える真摯さにおいて、大事なことを教えてもらいました。

# 「知る」ことと「考える」こと

佐伯啓思

さえき・けいし＝一九四九年生まれ。経済学者、思想家。京都大学名誉教授。一九八五年『隠された思考』でサントリー学芸賞、九四年『「アメリカニズム」の終焉』で東畑記念賞、九七年『現代日本のリベラリズム』で読売論壇賞を受賞。二〇〇三年に正論大賞を受賞。主な著書に『西田幾多郎　無私の思想と日本人』『従属国家論　日米戦後史の欺瞞』『さらば、資本主義』『反・民主主義論』など多数。

高校一年生のとき、ぼくはニーチェとドストエフスキーに出会いました。まずニーチェとの出会いから話します。

中学三年ごろから西洋の有名な本を読んでみたいと思うようになったものの、ぼくの住む奈良の街には小さな本屋がかろうじて二軒あるのみ。読みたい本は置いていなかった。どうしようかなあと考えていると、ちょうど中央公論社から「世界の名著」シリーズが出版されました。ソクラテスやカントなど世界の哲学者や思想家の古典が収められた、全八十一巻のシリーズです。パンフレットを見てこのくらい立派な本なら田舎の本屋にも入るだろうと、発売日を楽しみにしていました。

## ニーチェにかんする違和感

最初の配本ではニーチェが目当てでした。ニーチェについて当時ぼくが知っていることといえば、十九世紀後半のドイツを代表する大哲学者であることと、大・変人だったことくらい。彼は天才で、それ以前のヨーロッパの思想をすべて破壊するようなことを考えましたが、あまりに非凡だったためか最後の十年間は精神が狂ってしまった波乱の人です。

　ニーチェに惹かれたのはふたつ理由があります。そのころぼくはクラシック音楽をよく聞いていて、とくにワーグナー▼が好きだった。ニーチェとワーグナーは同時代の人物で、ニーチェははじめワーグナーを崇拝していましたが、ある時から「ワーグナーはインチキだ」とひどく嫌悪するようになります。それは一体なぜなのか、知りたかったのです。

　もうひとつ、作曲家リヒャルト・シュトラウスの「ツァラトゥストラはかく語りき」という交響曲があります。スタンリー・キューブリック▼監督の映画「2001年宇宙の旅」の主題曲に使われて一躍有名になりました。その当時、この曲もぼくは大好きだった。だから、ほぼ同名の『ツァラトゥストラかく語りき』という本を書いたニーチェの存在が気になっていたのです。

　そういうわけで発売日にさっそく買って読みました。読んでみてどうだったか。これがもう、さっぱり理解できませんでした。なぜこれが名著とされるのか。唯一の収穫は、本の冒頭に掲載されていた写真［図1］に心を奪われたことだけです。それはイタリアのジェノヴァ近郊のまばゆいブルーの地中海でした。ニーチェは、世の中を呪い西洋文明を根底から否定しようと闘って狂い死んだ

**▼フリードリヒ・ニーチェ**
一八四四年生まれ、ドイツの哲学者。文献学者として出発、神や真理、理性などの既存の概念を独自に捉え直し、キリスト教的世界観を超えた人間の生を追求する哲学を生み出した。主な著作に『悲劇の誕生』『悦ばしき知識』『善悪の彼岸』『道徳の系譜』などがあり、実存主義など後世の思想に多大な影響を与えた。

図1
『世界の名著46ニーチェ』中央公論社より

人です。そんな悲劇的人生を送った人の本に、どうしてこんなに美しい写真を載せるのだろう。しかしその違和感は、そのときはそのままになっていました。

ニーチェは「ニヒリズム」という言葉を哲学のキーワードとして世に広めました。ニヒリズムは日本語で「虚無主義」などと訳されます。大雑把に説明すると、結局この世に確かな価値など存在しない、という考え方です。ふつう道徳的なものの考えでは「これは良いこと、これは悪いこと」と価値に順番をつけます。でも本当は何がよくて何が悪いかなんて理由はどこにもない。それは、道徳を生み出した者の力の表現に過ぎない、とニーチェは考えたのです。

このニヒリズムというものに、ぼくはなにか心ざわめくものを感じた。「ぼくが理解したニヒリズムには、もう少し別の含みがあるのではないか」という予感です。たんに暗い気持ちで「こんな世の中は面白くない、大人の言うことはすべてでたらめだ」と反抗するだけではない、もう少し別の意味がニヒリズムにはある気がしていたのです。

地中海の綺麗な写真とニヒリズム。このニーチェの本にまつわる違和感の理由を問い詰めることなく月日は経ちました。結論からいうと、その答えは大人になってようやく回収できたのです。解決編は最後に話すことにして、ニーチェの話はいったん終わります。

**▼リヒャルト・ワーグナー**
十九世紀ドイツの作曲家。歌劇「さまよえるオランダ人」「タンホイザー」「ローエングリン」、楽劇「ニーベルンクの指輪」など、ロマン派楽劇の頂点を極める数々の大作でヨーロッパ文化全般に大きな影響を与えた。

**▼スタンリー・キューブリック**
一九二八年生まれ、アメリカの映画監督。製作全般に対する徹底的な完璧主義で知られる。主な作品に「ロリータ」「2001年宇宙の旅」「時計じかけのオレンジ」「バリー・リンドン」など。

## ロシア人と日本人ではドストエフスキーの読み方が違う

もうひとつ、高校生のときに読んで感動したのがドストエフスキーです。こちらは中央公論社の「世界の文学」シリーズで読みました。ドストエフスキーも、ニーチェ同様に大変な人生を歩みました。政治犯として処刑されかけたり、癲癇の病気に悩まされたり、狂人と常人の境目を歩いた人物です。いま考えると当時のぼくはそういう人に惹かれる傾向にあったようで、あまり明るい高校生とはいえません（笑）。『罪と罰』と『カラマーゾフの兄弟▼』を読み、とくに『罪と罰』にはとても感銘を受けた。この本のテーマは「人間に罪はあるのか」です。

念のためにストーリーを紹介すると、役立たずで世の中に害ばかり与えている金貸しのおばあさんを、ラスコーリニコフという大学生が殺してしまいます。彼は「こんなおばあさんはいない方が世の中のためだ」と考えていた。ところが、殺したあとで大きな罪の意識にとらわれます。これは、先ほどのニーチェのニヒリズムとも深く関連しています。ラスコーリニコフは「道徳というものは一体どこから出てくるのか。ある事柄は善であり、ある事柄は悪である。その基準はどこにあるのか」と考えた。典型的なニヒリズムの問題です。

ヨーロッパの思想のベースには一応キリスト教がありますから、聖書に書かれている教えがヨーロッパ人の道徳の基準です。ところが『罪と罰』は「神が本当にいるなんて、誰が証明したの？　神がいないならば、何がいいか悪いか

**▼『カラマーゾフの兄弟』**
ドストエフスキーの最後の長篇小説。長兄ドミートリイ、次男イワン、三男アレクセイを軸に複雑な人間関係を描く。『罪と罰』と並ぶドストエフスキーの最高傑作とされ、『白痴』『悪霊』『未成年』とあわせて後期五大作品と呼ばれる。

の基準がなくなってしまう。それならば、何をやっても許されるではないか」という主題に真っ向から立ち向かった本です。『カラマーゾフの兄弟』も、同じテーマをもう少し壮大にした内容です。

ドストエフスキーの書いた本は小説でもあり哲学書でもある。ニーチェと違い、理解しやすくてとても面白かった。ぼくはドストエフスキーのことをかなり理解したつもりでした。ぼくなりにラスコーリニコフや『カラマーゾフの兄弟』の登場人物や物語の情景をイメージできていたのです。

ところが三十歳過ぎに、ソ連製の映画「カラマーゾフの兄弟」を観たときに少しショックを受けた。思っていたイメージとかなり違うのです。登場人物の顔つき、喋り方、動き方、全体の情景もなにからなにまで想像と違った。そのときこう思いました。「ロシア人が『カラマーゾフの兄弟』を読んで感じるものと、ぼくがそれを読んで感じるものとでは、そうとう違うのではないか?」

たとえば、ぼくら日本人でも聖書やマタイ伝など読めば、イエス・キリストの苦難の人生を理解でき、イエスの人物像を頭の中でイメージすることは可能です。もし神がいなかったら、ヨーロッパの道徳の基準もないんだなと、頭ではわかる。ですが、ロシア人が、キリスト教やロシアの正教会といったものについてもっているリアリティはおそらくもっと直観的で切実なものです。神という存在は、教会や神父や信仰を通して常に彼らの傍にいて、常に救いを求められる。「神」の概念が、日本人の抱くものとぜんぜん違うのです。そこから生まれる罪や罰の道徳観念もとうぜん違ってくるでしょう。

ここで言いたいのは、我々が何かを本当に理解するのはたいへんに難しいということです。本を読んで頭で理解することは、それはそれで踏み込んだ行為です。ドストエフスキーは人間の本質を語っていますから、頭だけで理解しても面白く、感動もする。ただ本当の意味で、ドストエフスキーが描きたかったものやロシア人が感銘を受けたり反発したりする気持ちまでは、おそらく我々には響きません。そこにはどうしても文化の違いがある。「何かがわかる」ということも文化のコンテクストを無視できないのです。この違いはかなり大事なことだと、ぼくはある時から感じ始めました。

## 「学問はつながりで見る」

ぼくは長年、経済学や社会学や政治学をやっていますが、それらの学問はすべてヨーロッパから入ってきたものです。戦後になるとほとんどアメリカから入ってきます。日本発祥の学問はほぼありません。そういうものに二十代半ばからかかわり続けてきて、五十歳をすぎた頃から、大学で政治学や経済学を教えることがどうも面白くないと感じ始めました。ヨーロッパやアメリカでできた上がったものを、読んで理解し、その知識をぼくなりに整理したり、変形したものを学生たちに話すということはつまり、ぼく自身が何も考えていないことなのです。いわば〝変電盤〟のようなもので、右のものを電圧を変えて左に送っているにすぎません。じつは、日本の学者の多くはその変電盤なのです。

四十代ではじめてイギリスに行く機会がありました。実際に暮らしてあちこち歩いてみて、ぼくらが勉強してきたヨーロッパ発の概念が、そこでどのように生きた意味をもっているかに気づきました。民主主義、市民社会、市場経済……、これらの概念は現代を生きる我々の基本的なタームです。これをリアリティをもって説明するのはなかなか難しいですが、ヨーロッパの街を歩けば、その意味はすぐにわかる。

たとえばヨーロッパの街の構造はどこも似ています。まず市庁舎があり、その前が広場。広場をはさんで、教会や大聖堂が立っている。これが基本構造です。街によってはさらに王宮があり、少し離れて大学があります。都市はこれらが全部そろっているのが完成形といえる。市庁舎は市民的自由、王宮は権威の象徴です。教会は人間の精神や魂、大学は知識にかかわるところです。広場は多くの場合、マーケット・プレイスと呼ばれバザーなど経済活動が行なわれている。広場をはさんで教会と市庁舎が対峙しているのはつまり、お互いに牽制しながら均衡を保っているということです。

学問も同じです。日本の学問では政治学、経済学、社会学を分けて学びます。しかしバラバラにしたら意味がない。大きな塊として見ることが重要です。経済学者は市場経済の話しかせず、政治学者は政治に関心をもち、宗教学は宗教の歴史ばかりを研究していては深く理解できません。ヨーロッパが生み出した概念がなにひとつわからないままでしょう。

## 「世界は不平等にできている」

イギリスでこのような経験をしました。

あるとき、日本から来たひとりの研究者の家族と喋っていると、奥さんがこんな話をしました。「うちの娘の通う学校で世界地理の授業があり、クラスの子どもたちが世界の国になぞらえてあなたは中国人、あなたはハンガリー人、あなたはアメリカ人……、と配置された。その国の特産物や文化などを調べて自国の強みをさぐり、他の国と交渉し貿易してくださいという課題が出たのです」。面白い授業ですね。ところがその日本人のお嬢さんは、アフリカのある国に配属されたものの、特産物が全然なく、授業からはずれて泣いていたそうです。それをお母さんに相談すると、翌日お母さんは学校に「先生は日本人を差別しているのか。なぜうちの子がそのような役割を振られたのか」と抗議したそうです。

この話を聞いたとき、その教育の素晴らしさと日本人の母親のレベルの低さにぼくは唖然としました。その先生は「日本はとても豊かな国だと聞いている。だからこそ貧しい国に行けばどれだけ苦労するかを勉強してほしかった」と答えたそうです。イギリスの先生のほうがはるかに立派です。

戦後の日本人は、何もかも平等でなければならないと思い込み過ぎています。だから「自分の子が差別されている」と感じてしまうのです。イギリス人の先生は、世の中が不平等にできていると最初からわかっている。現実の不平等を前提にして、そこでどうするか、と考える。そこには正解はありません。

平等や自由や人権の概念は、基本的にイギリスやフランスで生まれて日本に入ってきた思想です。我々がいくら「人間は平等でなければならない」「すべての人は人権をもっている」と頭の中で理解したとしても、実際の世界は誰が見ても不平等にできています。不平等だと知ったうえで、どうしたらよいか。そこから一歩踏み出すところまで至ってはいません。我々は、平等は与えられるものだと思っていて、それが与えられていないとなると、パニックをおこしてしまうのです。

もうひとつ、この話から学ぶことがあります。この授業では「私の国にはこういう商品があります。いくらで取引きして下さい」と生徒に演じさせていますが、これは一種の国際貿易です。貿易の話が、政治や国益の話と不可分だということを教える授業です。貿易で経済を上手くまわすのは、外交能力――つまり人（他の国）を説得する能力です。これは政治家が持たなくてはならない、たいへん重要な能力です。「市場競争をすれば万事うまくいくから政治は一切口をだすな」という建前論ではだめなのです。

現代の日本社会では、政治＝秩序、経済＝交換と分け、政治と市場競争は分離されていると考えていますが、各分野をつなげて考え、どのように貿易を行なうかはその国の利益に直接かかわってくるのです。

## 西洋の概念は借りもの

先日イギリスが国民投票でEUから脱退する意志を示しました。世の中的にはあれは間違いだとする意見が多いですが、ぼくは正しい選択だったと思います。少なくとも、イギリス人がそういう決定をしても不思議ではありません。イギリスはドイツとフランス中心の経済運営に嫌気がさし、自国の本来持っている政治力を立て直そうと思ったのでしょう。こう決断できる感覚は、我々にはやはり理解しにくい。

たとえば、「民主主義」という言葉があります。民主主義は、英語に訳すとデモクラシーです。では、デモクラシーという言葉をもう一度日本語に再翻訳するとどうなるでしょうか。

デモクラシーの元々の語源は〝デモス（民衆）〟と〝クラシー（支配する）〟を組み合わせたギリシャの言葉で、「民衆支配」という意味です。これを我々は「民主主義」と訳しています。ニュアンスが変わっているのです。民主主義とはひとつのイデオロギー的概念です。「主義」とは英語で〝イズム〟と言います。キャピタリズムは資本主義、ソーシャリズムは社会主義、リベラリズムは自由主義。とすると、デモクラティズムを民主主義と訳すなら自然ですが、デモクラシーですから、主義はほんとうはおかしい。

我々日本人はデモクラシーというものに理想を込めています。もっといえば、民主主義は素晴らしいもの、民主主義でなければならないという思い込みがある。本来、デモクラシーとは「民衆が自分の力で政治をするシステム」を指す言葉です。そこのニュアンスがずれているのです。

我々は国民主権こそが民主主義だと疑いもせず考えていて、このふたつはほとんど同一視されています。しかし、よく考えると「国民主権」とはどういうことでしょう。英語に訳せと言われてもピンときません。しいて言うなら、〝ポピュラー・ソブリニティ〟とか〝ピープルズ・ソブリニティ〟ですが、こんな言葉はふだん耳にしませんね。つまり、英語圏では国民主権はそこまでポピュラーな概念ではないのです。これがどういうことなのかすこし考えてみましょう。

みなさん、イギリスの主権者は誰だか知っていますか。じつは国王です。国民ではありません。イギリスは立憲君主国ですから、国民はすべて国王の臣下なのです。だから英語に「国民主権」の概念が弱いのは当たり前なのです。

ではイギリス人にとって実質的な政治の中心はどこでしょうか。それは、議会です。元々イギリスはノルマン・コンクエスト▼によって征服され、王朝を作りました。すると王様があまりにも勝手なことをしたので、有力貴族たちが怒って議会らしきものを作りました。しかしいろいろな不満が出てきて、さら

▼**ノルマン・コンクエスト**
一〇六六年、ノルマンディー公ギヨーム二世によるイングランド征服のこと。ヘイスティングスの戦いに勝利したギヨーム二世はウィリアム一世としてイングランド国王に即位、イングランドを完全に統一し、強大な征服王朝を築いた。

に下の方の有力な地方貴族や新興ブルジョワジーらを中心に新たに議会を組織した。そのうち議会と王および王の側近が対立するようになり、王の権力を弱めて、王の決定は議会の承認が必要だということにします。こうして議会政治が確立していったのです。

議会は拡大してゆき、二十世紀には下院は選挙によって、民衆によって選ばれるようになります。民衆が、選挙によって自分たちの代表を議会に送り込んだ。これが民主主義です。したがって民主主義とは、大衆の代表が選挙によって議会に送り込まれるということです。その議会で議論・審議し、物事を決定するわけですから、議会はきわめて重要です。そして王宮や教会ともバランスを取り合わねばなりません。先ほどのヨーロッパの構造を思い出して下さい。市庁舎、王宮、教会がそれぞれ均衡を保っていましたね。

ついでに触れておきますが、アメリカの政治形態はイギリスとはまったく異なります。アメリカの場合、権力が大統領と議会の二本立てになっています。議会は通常は上院と下院です。みなさん誤解しやすいのですが、アメリカの大統領と、日本の総理大臣ではどちらのほうがトップの権限が強いと思いますか？　じつは、システムからすると、アメリカのほうがトップの権限は弱いのです。権力が二本立てですから、大統領が何かを決定するには議会の承認がなければなりません。たとえば、オバマ大統領は保険制度を導入するのに苦労しましたが、それは議会がずっと反対していたからです。つまり、大統領はまず議会を説得するのが重要な仕事なのです。先日、トランプ氏▼がアメリカの新大統領に就任しましたね。彼はとんでもなく差別的な発言をしてあちこちから反発を買っていますが、選挙で選ばれたということは少なくともアメリカ人の過半数は彼を支持しているのです。これも先ほどの話と同じで、ぼくらが思うトランプと、現地のアメリカ人が受け取るトランプのイメージは違うということでしょう。ぼくらから見ると「突拍子もない事をいっている変人」でも、向こうではひとつのアメリカ人の典型的なモデルなのです。

一方、日本は国会で多数派の政党の総裁が総理大臣になりますから、日本のほうがはるかに権力が集中しています。数さえ集めてしまえば、首相は議会を特に説得せずともやりたい放題できるのです。それなのに、日本の政治はなかなか物事が決定できないから、アメリカの政治体制を導入しようみたいな意見がでてくる。これも、先ほどと同じように日本とアメリカの実際の違いをよくわかっていないのに、ともかくアメリカをモデルにしようと考えてしまうのです。

▼**ドナルド・トランプ**
一九四六年生まれ。アメリカの実業家、政治家。第四十五代アメリカ合衆国大統領。ホテルやカジノ、オフィスビル開発で成功を収め、不動産王の呼び名を取る。オバマ大統領の後任選に共和党の候補者として出馬、移民問題などで排他的で極端な発言を繰り返し世界的に物議を醸すも、民主党のヒラリー・クリントン候補を破って当選。就任後も全米各地で反トランプデモが大々的に行なわれている。

## 「わからない」を考えつづける

ヨーロッパにしてもアメリカにしても、キリスト教の影響をそうとう強く受けています。そして彼らの心の中には、イスラム教に対するある種の恐怖感があるようです。なぜならそれらは元々同じところから出発した宗教だからです。

ユダヤ教も同じです。ですが、神の扱い方や解釈の仕方が全然違っている。そうすると、彼らの間で争いはものすごく激しくなる。一種の宗教戦争になる。しかし、西洋人がイスラム教徒に対してもつ恐怖心や、それと共存しなければならないジレンマの感覚は、我々には簡単には理解できません。逆に、イスラム側からすると、アメリカやフランスは世俗化して堕落したと考える。その憤りは我々には理解がむずかしい。そこにアラビア半島をめぐる西洋とイスラムの抗争がずっとあります。それが彼らの長い歴史をかけて得た皮膚感覚を生み出しているのです。

作家の遠藤周作▼は戦後の若かりし頃、フランスに留学しました。そこで「自分はなにもわかっていない。そもそも日本人にフランス文学が研究できるのか?」という絶望感にとらわれたそうです。それほど奥深いものがフランス文学の底に流れていた。その難しさの理由の大半は、やはりキリスト教にあった。

キリスト教では神と悪魔の闘いは大きなテーマです。ところが我々は得たいの知れない妖怪やおばけはイメージできても、悪魔のイメージは漠然としています。神と悪魔がなぜ対立するかを理解しなければ、フランス文学は真に理解できない。そう遠藤周作は考えた。これは『留学』という本に書いてあります。我々の知りうることの限界を知ることは大事です。理解できないことが山程あるとわかった上でフランス文学やドイツ文学をやらないと、外国の書物を日本語に翻訳して自分を権威づけ、一流の学者になったような顔で威張っていると

▼**遠藤周作**
一九二三年生まれ。小説家。幼年期を旧満州大連で過ごし、神戸に帰国後十二歳でカトリックの洗礼を受ける。代表作に『海と毒薬』『わたしが・棄てた・女』『沈黙』『侍』『深い河』などがある。自らを狐狸庵先生とするユーモアエッセイも多く発表した。

いうような情けない事態に陥ります。

こうした苦悩を、大昔にすでに体験した人がいました。夏目漱石です。彼は英語にすぐれ、文科省の留学生としてイギリスに派遣されます。彼はイギリスで深い絶望感にとらわれてノイローゼになり、二年で日本に召還されました。漱石は「このイギリスの凄さを日本人が理解できるはずがない。上っ面だけ真似て英文学者だといったところで何の意味もない」と感じたのです。

帰国後は東京帝大（いまの東京大学）に迎え入れられますが、すぐに辞めて作家に転身します。英文学を偉そうに教えている自分が恥ずかしくなってしまった。それよりももっと日本人に即した日常的出来事の中で、日本人のもっている感情の揺れ動きや葛藤、家族の関係を通して人間の深い矛盾を描いていこうとした。こういう気持ちになった漱石は、きわめて正直な人だと思います。

漱石に「現代日本の開化▼」という有名な講演があります。その中で「日本人は西洋のものを取り入れて、西洋に追いつこうとしているが、それは表面だけのことで、それで一等国になったような気分で威張っている。これは馬鹿げている。西洋に追いついたところでまた西洋は先にいくのだから、日本はまた追いかける。いつまでたっても表面をつるつる滑っているだけだ。こんなことを続けても、日本人はただ神経衰弱になるだけだ」というようなことを言っています。「向こうから来るものを受け入れる外発的開化ではなく、自分たちの必要に応じて文明を作っていくような内発的開化が必要だ」と。この問題は今日

▼**「現代日本の開化」**
一九一一年に漱石が関西で行った四回連続の講演。イギリス留学体験に裏づけられた日本の近代化の問題点や未来予想などが語られ、漱石の時代認識がよくわかる。

にあっても決して終わってはいません。

　とにかく我々は今日までヨーロッパの文明を受け入れて社会をつくってきました。戦後はアメリカです。もちろん、それを間違いだったと忘れてゼロからやり直す必要はありません。大事なことは、それをどこまで理解できているのかをいつも自問することです。問いかけるという行為が、考えるということなのです。考えることにより人間の頭は鍛えられ、精神にある種の緊張感がでてくる。与えられたものをただ勉強して頭の中で「知っています」というだけでは、本当の意味では人間の精神は鍛えられません。

　正解はありません。自分なりに考えて出した答えが正しいかどうかわからないけれど、まず正しいと仮定してみてください。考えることである種の勘が養われます。自分自身の経験や、自分を支えてきた日本の文化、美意識、人生の中でどんな風景にであい、どんな映画やテレビを見てきて、どんな本を読んできたか。そういうものから人間の感覚は養われます。そういう感覚を養っておかないと、ある事柄が正しいかどうかを自分で判断することができない。だから、できるだけ美しいもの、芸術的なものに接してみることは大事なのです。「人はどうかわからないけれど、自分はこういうものが好きだ。何かそこにものすごい真実がある気がする」というものを発見できればそれにこしたことはないでしょう。それがぼくの場合はニーチェでした。

## ニヒリズムの真の意味

さあ、ここでやっと冒頭の青い地中海の写真の話とつながります。

ニーチェは三十五歳のときにイタリアのジェノバに移住します。故郷のドイツでは、誰にも認められず、天才的だと言われながら二十八歳で学者も辞めてしまい、物を書いても全く売れず、最愛の女性からもふられた。そのニーチェが絶望の淵をさまよいながらイタリアまでやってきて、あの目に染みるように鮮やかな青い地中海をみた瞬間、いいようもなく感動したと思うのです。ああ、これで自分は救われた、と。

これこそがある意味では別の意味でのニヒリズムなのです。ニヒリズムは、人を絶望に陥れると同時に、ある種の救いでもあるのです。絶対的な善も悪もなければ、「自分の生き方に対して自分で責任を持てる」ということです。神も王も、誰も生き方を押し付ける者はいない。自分で自分の生き方を決める。それは、ひとつの解放だったのでしょう。そのことを、地中海を見たニーチェは感じたのではないかと思いました。ニーチェはジェノバ滞在中に十日間で『ツァラトゥストラかく語りき』を書き上げたといいます。高校一年生のときに気になったことが腑に落ちるまで、私は四十年かかりました。

こういう経験は誰にでも起こりえます。自分なりにひっかかるテーマが若いうちに見つかればそれはそれで良いし、なければないでいつか自分の問題にぶち当たってテーマを見つける日がくるだろうと思います。ただ、いまのうちにそういう準備を少しずつしてほしい。受験勉強も大事です。自分の好きな作家や芸術家や、音楽を見つけ、自分なりに納得できるテーマを探求してみてください。

**Q&A**

――「わかる」ということに関して質問です。わからないものをそのままにしておいてはいけないのでしょうか。

わかるための努力はしたほうがいいと思います。だけど、それでもやはりわからないものはわからない。大切なのは「わからない」と自覚することです。いちばん最初の哲学者はソクラテスです。ソクラテスは「自分がわかっていないという事実を知りなさい」と繰り返しいいました。当時のギリシャには、たいへんな物知りの人が威張っていたのです。いまでいうテレビのコメンテーターです。なんでも答えられるような顔でワイドショーに出ている（笑）。ソクラテスはそういう人たちを相手にして、一人ひとりに「知らないと知ることが大事なんだ」と説き伏せていきました。自分は何も知らないと知っているからこそ謙虚になれます。知っていると思った人はそこで成長が止まってしまう。だから、あなたがわからないことも、ある程度知ろうとする努力はしたほうがいいでしょう。でも頭の中だけだと必ず限界がくるでしょう。知らないということの自覚を持続させることは大事なのです。ついでにいえば、できるだけ信頼できる友人や知人と話

をすること。そしてできれば海外に行ったりして他国の人と話をしてみて下さい。

### わたしの思い出の授業、思い出の先生

「思い出の授業・思い出の先生」ということなのですが、じつは、私には、高校時代の思い出の授業はありません。ほとんど退屈な授業でした。学校にもあまり愛着がわかず、悶々とした高校生活だったのです。しかし、それはこちらの事情で、学校そのものはよい高校でした。まず基本的にきわめて自由で、受験勉強の類は一切なく、すべて生徒の自主性に任せていました。ですから、私も、数人の気の合う友人とよく話をしました。数学のやたら得意なものや文学に造詣の深いものがいて、大きな刺激になったのです。もうひとつ、高校1年の時の担任は体育の先生で、この先生とは個人的によく話をしました。自宅へ呼んでいただいたり、妙に「人生」について意味不明なことを聞いてもらったものです。

# 宮沢賢治の冒険

鈴木貞美

今日の授業のタイトルを「宮沢賢治▼の冒険」としました。賢治は詩と童話で冒険しています。生き方そのものも冒険でした。それから思想的な面でも普通の人が考えないような挑戦をしている。

宮沢賢治は明治時代の終わりの一八九六年、東北地方の花巻に生まれました。ここは賢治で有名になったといってもいい所ですね。一九三三年、まだ第二次世界大戦が始まる前に亡くなっています。生前に出したのは詩集『春と修羅▼』と、短編集『注文の多い料理店▼』のみ。新しい傾向の詩を書いている人は「すごい人が出てきた」「こういう童話が欲しかった」といって褒めていましたが、一部の人に知られていただけでした。戦後、有名になってファンが増えていった人です。

賢治が童話を書きはじめたのは一九二〇年前後で、大正時代の終わりの頃です。それまで童話といえば子どもたちに教訓を与える内容のものがほとんどでした。たとえば、こういう行ないをすると良いことが返ってくるとか、こういう悪いことをすると罰が当たるとか、単純なお話が多かった。ヨーロッパでも

すずき・さだみ＝一九四七年、山口県生まれ。日本近代文学研究者。国際日本文化研究センター名誉教授。著書に『宮沢賢治 氾濫する生命』『鴨長明 自由のこころ』『「日記」と「随筆」』『日記で読む日本文化史』など多数。

**▼宮沢賢治**
一八九六年生まれの詩人、童話作家。岩手を地誌の上に「イーハトヴ」という想像の時空を重ねて、想像力豊かな文芸を繰りひろげた。

日本でも、子ども向けの話はそういうパターンが普通だったのです。

　ところが、この頃からそれまでとは趣がだいぶ違う童話が、ヨーロッパでも日本でも流行りはじめました。賢治は、不思議な世界に連れていってくれる『不思議の国のアリス』▼が好きで、極端な言い方をすると、日本で最初にそういうのを書きはじめた人だと考えてください。賢治は子ども向けの童話を書いた人ではありません。彼自身、「少年文学」という表現で、ちょうど君たちくらいの人に向けて書いています。

　彼は、簡単にいうと早すぎました。賢治といえば『銀河鉄道の夜』▼ですね。リアルなお話ではなくて、ファンタジー。新しすぎて、「こんなの童話と違う！」と思われた。むしろ、これが新しい行き方だと思った若い大人のファンがいたようです。

『風の又三郎』▼という作品は知っていますか？　不思議なお話ですけど、わざわざ賢治は小学校の教室にいる子どもたちを見に行って、それを材料にして書いている。『銀河鉄道の夜』と違って、実際の子どもたちの様子をふまえた児童文学が新しく書かれはじめたときにこれを書いた。

『注文の多い料理店』や『どんぐりと山猫』▼は、「いったい何が言いたいの？」と思ってしまいますね。賢治の作品がわからないと思う人がいて当然。新しいものに挑戦したという意味で、まさに「冒険」なのです。

『どんぐりと山猫』を少し掘り下げて紹介してみましょう。この作品はどんぐ

**▼『春と修羅』**
一九二四年、賢治が生前に刊行した唯一の詩集。口語自由詩。岩手の風景を詩にしたものや、妹トシの臨終を描いた「永訣の朝」などを収める。

**▼『注文の多い料理店』**
童話としては賢治の生前に出版された唯一のもの。一九二四年、自費出版同様に千部出版。書名には「イーハトヴ童話」という副題があった。

**▼『不思議の国のアリス』**
イギリスの作家ルイス・キャロルの児童小説。一八六五年刊。幼い少女アリスが白ウサギを追いかけて不思議の国に迷い込み冒険を繰りひろげる。

りがいっぱい出てきて、それぞれが背の高さや形の良さやふくよかさを自慢していさかいをしている。森の王様の山猫はそれをなんとか解決したい。それで一郎くんを呼んでくることになります。一郎くんは山猫に、こういったらいいとアドバイスします。「このなかでいちばんばかで、めちゃくちゃで、まるでなってないようなのが、いちばんえらい」。普通はそんなことといわない。価値観を逆にしてしまいました。そう決めたら喧嘩がおさまった。

仏教の教えに近いところがあるのですが、世の中の一般の価値観と逆のことをいうと争いがなくなる、その逆転のおもしろさがあります。しかし、現実はそうはいかない。当時、世界のあちこちで戦争が起こる。テロなんかも起こる。賢治の思想はまわりの誰も受け入れてくれないけれど、せめてお話を通して楽しんでもらいたかったのでしょう。

昭和に入って、一瞬の錯覚や勘ちがいをよろこんだり、普通の価値観を逆転させる遊びが流行りはじめます。多くの人が世の中の出来事にむしゃくしゃしているときに、嫌な気持ちを晴らして笑い飛ばす。いまのように映画や演劇やテレビやラジオが普及していない時代、そういうもので憂さ晴らしするのがうんと流行ってくる少し前に、賢治は童話で遊んで世の中の不安や不満を笑いとばしていたのです。

そのおもしろさは作品一つひとつで違っている。『銀河鉄道の夜』も『グスコーブドリの伝記』▼も『風の又三郎』もぜんぜん違います。動物のお話、学校

▼**『銀河鉄道の夜』**
孤独な少年ジョバンニが友人カムパネルラと銀河鉄道の旅をする。賢治童話の代表作のひとつとされる。完成前に亡くなったため未定稿のまま遺された。

▼**『風の又三郎』**
ある風の強い日に転校してきた不思議な少年は、級友たちにさまざまな刺戟を与え、小学校を去っていく。現実と幻想の交錯した心象風景を描いた物語。

▼**『どんぐりと山猫』**
『注文の多い料理店』収録。山猫から届いた手紙で呼び出された一郎が、どんぐりたちの言い争いを解決してしまう。

▼**『グスコーブドリの伝記』**
飢饉で両親を失ったブドリは妹と生き別れるも再会。しかし冷害を食い止めるため、火山局の技師として火山を人工的に爆発させ、ひとり犠牲になる。

のお話、神様の話、本当に多彩な童話を書いている。それだけではなくて、詩でも農業でも実にさまざまに新しい挑戦をしています。びっくりするくらい一人でいろんなことをやっている。

## 新しい技法を次々と取り入れる

日清戦争▼の後、日露戦争▼で日本はいちおう勝つことは勝った。その後の時代に、一人ひとりが天からもらった才能を全面的に発揮するのを推奨する考え方が流行りました。下手でもいいから、絵を描いたり詩を書いたり歌を歌ったり全部やってみるのがいい。それぞれに秘めた才能をもっているので、それをすべて発揮してみましょうと。

賢治も挑戦をしました。作詞作曲もし、チェロも弾いています。本当にやりたいのは農業技術者としての仕事でしたが、詩を書き、童話を書き、絵を描いている。あらゆることをやったという意味でも冒険をしています。

賢治の世界の不思議なところなのですが、とんでもなく変なことを考えている。「小岩井農場▼」という詩のパート9で、ユリアとペムペルという存在が登場します。人の名前のようですが、大昔の恐竜がいたくらいの時代の友達だといっている。そんな人間はいないのだけれど、想像上の巨人に、ユリアとペムペルと名前をつけて、久しぶりに会ったね、なんていっています。現実の世界

**▼日清戦争**
一八九四年から一八九五年にかけて行なわれた、主に朝鮮半島をめぐる日本と清の戦争。大国清に圧倒的に勝利した日本は、国際的地位が向上した。

**▼日露戦争**
一九〇四年から一九〇五年に日本とロシアとの間で発生した戦争。戦争には勝ったが、賠償金を取れないなど予想外の戦果だったため、暴動が起こった。

**▼「小岩井農場」**
約六百行におよぶ賢治の最長の詩作品。岩手山の南麓に広がる小岩井農場は、明治中期に拓かれた西洋式大規模農場で、賢治がこよなく愛した。

ではないのだけれど、こういう人たちが隣の世界にいる。そんなことを信じていると頭が狂ってしまうのを承知のうえで書いています。

恐竜の化石とまではいきませんが、花巻の北上川の川原ではいろんな化石が出てきました。中学生や高校生くらいの年齢の生徒たちと一緒に、化石の採集に行ったりしています。実際に賢治は世界でも珍しい種類のカシワの実の化石も見つけている。少年の頃から植物採集とか鉱物採集も大好きで、先生になってからも続けていたようです。

一九二〇年頃は若い詩人たちがいろんな新しい試みをしていました。わかりにくい比喩をわざと用いて、それを楽しむのが盛んだったのですが、賢治は広く世界のいろんな芸術に反応して、それらの動向を取り入れています。読者に思いもよらないような新しいイメージを浮かばせる。それが楽しめればいいと考えたのですね。

では、賢治が描いた絵を紹介していきます。**図1**の絵はたぶん岩手山と太陽ですね。実際とは違う。賢治の水彩画は幻想的だといわれています。**図2**の絵はお月さんと風に揺れている草かな。少し気持ち悪いかもしれない。**図3**は丸があって線が走っている。顕微鏡で見たものかもしれない。これらは世界の芸術潮流とつながっている。お月さんと草に見える**図2**の絵は表現主義といわれている作風で、有名な例はムンクの『叫び』〔図4〕ですね。人間が苦しくて叫び出している絵。その叫んでいる人にとっては世界が歪んでいることを絵にし

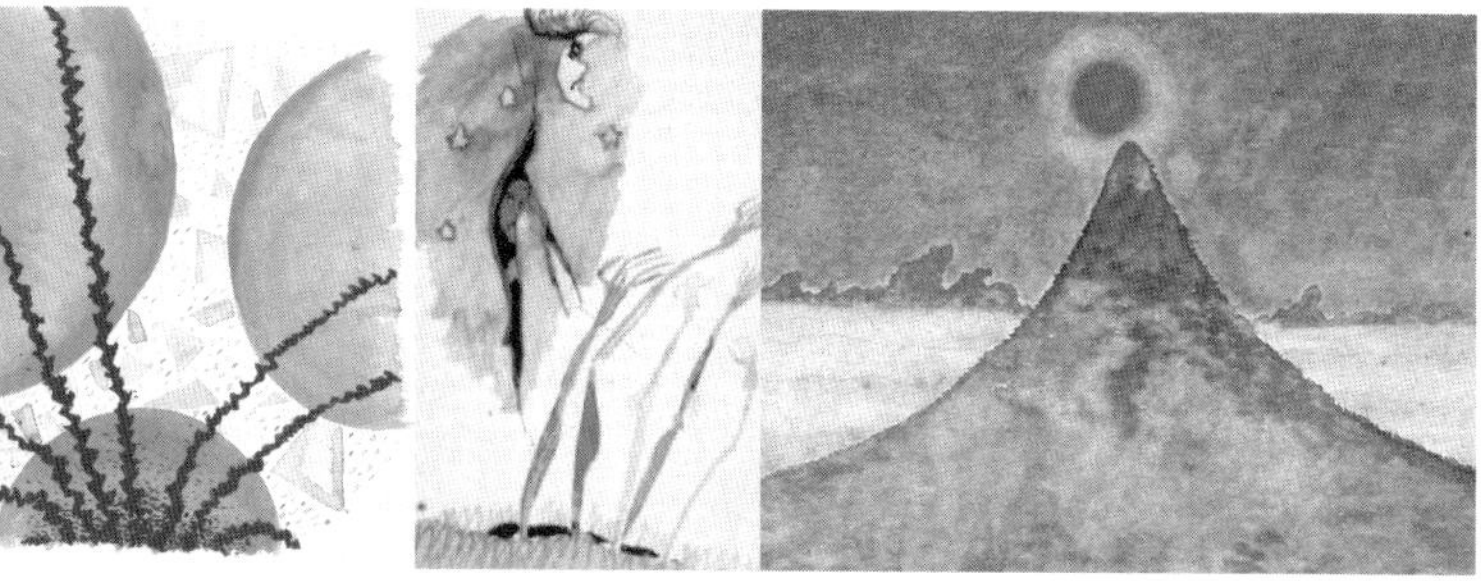

**図1、2、3　宮沢賢治の水彩画**
『新校本宮澤賢治全集』第十四巻、筑摩書房より

た。感情を外側へ表現しています。丸と線で描かれた図3の絵は構成主義といわれている作風です。代表的な作家、カンディンスキーの絵〔図5〕は三角とか丸とか弓矢みたいな形がありますね。実際の物を描く静物画ではなくて、幾何学模様を組み合わせて色彩と形で描く方法です。

図6はパリのエッフェル塔の形。図7は雨が降っている。塔の形や雨の降る様子を詩の言葉の文字で表現しています。これはアポリネール▼という人がはじめたのですが、日本でもごく一部の人たちがこれらを見てはじめました。賢治は「春と修羅」でこれを真似ています。図8の四行目「風景はなみだにゆすれ」。涙が出てきて風景が揺れだす。十二行目「かげろふの波」。陽炎が立っていて揺れている。八行目「ZYPRESSEN」はドイツ語で針葉樹のカシワのこと。その上を歩いている自分は修羅、つまり怒っている神様なんだといっている。世の中はみんな媚びへつらいだけで、こんなのは嫌だ。まっすぐに生きたい。それで怒って泣いていて風景が揺れている。それを文字の列で表しています。

賢治は童話で挑戦したように、詩でも「こんなのは詩じゃない」といわれるのを知っていて、新しいことをしています。

そのとき頭に浮かんだイメージを書き溜め記録をつける。見たり聞いたり感じたこと、意識のあるがままに書いていくことをやろうとした。そうすると頭の中の研究ができると彼はいっています。新しい哲学が十九世紀末から二十世紀にかけて起こってきて、人間はどうやって考えているのか、世界中の哲学者

図4 エドヴァルド・ムンク「叫び」

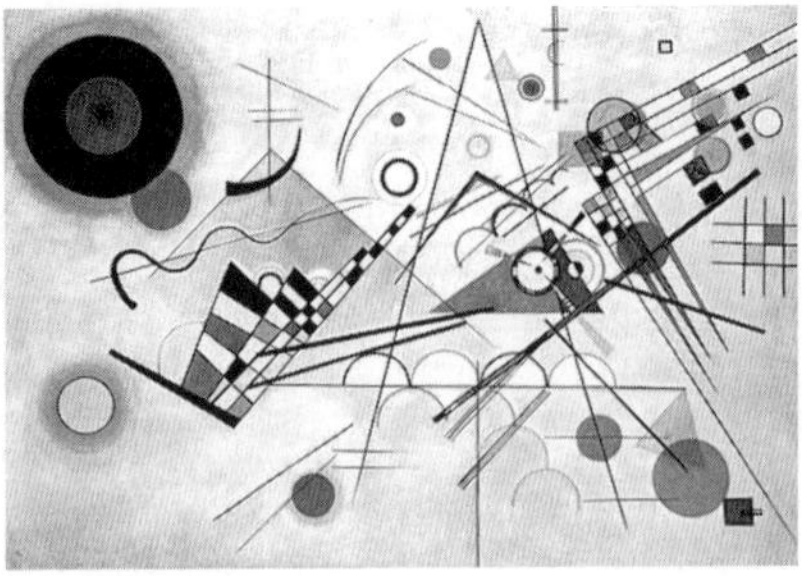

図5 カンディンスキー「コンポジションⅧ」

たちが考えはじめました。賢治はそういう動向をキャッチして、心に浮かんだイメージの世界を書き留めたのです。それを「心象スケッチ」といっています。とりあえず即興的に書いて後でまとめるメンタルスケッチ。「春と修羅」は一回書いてから「(風景はなみだにゆすれ)」を後で入れている。そのとき自分に向けられた内面の声を描いていきます。たぶん思い出して入れているのですが、後で手を入れ、詩の形に整えている。これを「メンタルスケッチモディファイド」といっています。思いもよらない新しいイメージを浮かばせるので、たしかにわけがわかりません。読者はこんなのが想像できたら楽しいなと思えばいい。

その中には、自然科学の新しい知識がけっこう入っているし、仏教の諸宗派やキリスト教、当時の社会思想の要素も入っている。さまざまな断片がいっぱい入っているので、一つひとつの詩の意味を理解するのは至難の業です。

## 賢治の詩の謎を紐解く

数ある賢治の謎のうち、私はいままで解けていないことを解いてきたつもりですけれども、まだまだわからないことがたくさんある。さまざまな分野の専門家が、賢治はこう考えたのではないか、こういう本を読んでいたのではないか、とずっと挑戦してきた。謎がいっぱいあってそれを解明するのがおもしろ

図6　アポリネール『カリグラム』より「エッフェル塔」

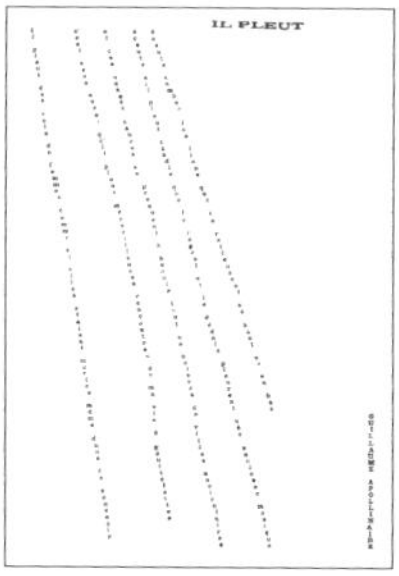

図7　同「雨が降る」

▼**ギヨーム・アポリネール**
一八八〇年生まれ、イタリア出身のポーランド人の詩人、小説家、美術批評家。パリで活躍し、印象派の後に現れたキュビスムの先導者のひとり。「シュルレアリスム」という語は彼の作品から生まれた。

いから、多くの人が賢治のことを研究しています。

賢治の作品がよくわからないという人は、いま読んで考えてもいいし、大学に行って勉強してもいいし、ときどき本を取り出して楽しんでもいい。一見、矛盾しているところがあるので、なかなか理解しづらいかもしれませんが、知れば知るほど納得できるはずです。

**わたくしといふ現象は仮定された有機交流電燈のひとつの青い照明です**

これは何をいっているのかわからないよね？ 私の考えではこうなります。たくさんの人が一個一個、電燈みたいに光っている。それは交流電燈なのでみんながつながっている。「有機」とは「有機物」のことで、無機物に対して命のあるもの。その全体を命が流れている。電流に例えてそういうことをいっているのだと思います。

当時、生命エネルギーが世界全体を動かしているという考え方▼がイギリスからはじまって、フランスやアメリカ、日本にもあった。それを賢治がこういうふうにイメージしたと私は考えている。

人間は見たり聞いたりしないと、外のことはキャッチできませんね？ そのキャッチしたものが心の中の風景となり、頭の中に記録として積み重なってい

四月の気層のひかりの底を
唾し　はぎしりゆききする
おれはひとりの修羅なのだ
（風景はなみだにゆすれ）
砕ける雲の眼路をかぎり
　れいらうの天の海には
　　聖玻璃の風が行き交ひ
　　　ZYPRESSEN 春のいちれつ
　　　　くろぐろと光素を吸ひ
　　　　　その暗い脚並からは
　　　　　　天山の雪の稜さへひかるのに
　　　　　　（かげらふの波と白い偏光）
　　　　　　まことのことばはうしなはれ
　　　　　雲はちぎれてそらをとぶ
　　　　ああかがやきの四月の底を
　　　はぎしり燃えてゆききする
　　おれはひとりの修羅なのだ
　　（玉髄の雲がながれて
　　どこで啼くその春の鳥）
　日輪青くかげろへば
　　修羅は樹林に交響し
　　　陥りくらむ天の椀から

**図8「春と修羅」より一部抜粋**

**▼大正生命主義**
日露戦争前後から、哲学・科学・文学・芸術・政治・社会・宗教などあらゆる世界で生命を本位とする思想が渦巻いた。

く。歴史とか地理とか、もうみんな記録して「論量」になっていた。論量とは簡単にいうとデータのことですが、みんな一緒に同じものを感じているのだと。これは新しい哲学です。物はあるけど、それは人間が感覚でキャッチし、意識しないとわからない。当時、着目されはじめてきたことを極端な表現にして賢治はいっているわけです。

## すべてがわたくしの中のみんなであるやうにみんなのおのおののなかのすべてですから

これも何をいっているかわからないと思うのですが、こう考えたらいいのではないでしょうか。私の頭の中にみなさんの一人ひとりが映っている。みなさんの頭の中にも私を含めたみなさんが映っている。それがお互いに照らし合っている。そういう図が仏教の華厳経の中にあります。これがとても美しい。一人一個なのですが、それぞれに全部が映っている。一人ひとりが全部を抱えていて、お互いに照らし合っています。

そういう華厳経の考え方をなんとか言葉にしようとしたのではないかと思っています。というように一つひとつ追っていくと、とんでもなくいろんなことが出てくる。それでたくさんの研究者が挑戦しているのですね。

## 古い考えとの闘い

妹のトシを結核で亡くしていますが、賢治もかなりひどかったと私は推測しています。結核はいまでも怖い病気で、第二次世界大戦後はストレプトマイシンという抗生物質で治るようになったけれども、昔は治らなかった。

ただ安静にして栄養をいっぱい摂っていれば、けっこう長生きできたし、場合によっては治ることもありました。ところが、賢治は野良に出て農民のために一生懸命働くから、治るわけがなかった。そんなの承知のうえで命をかけて農民のために働きながら、彼らの古い考えとぶつかっています。

賢治は農業学校で新しい農業技術を学んでいます。日照りや冷害から東北の農業を救うことに生涯をかけた。新しい肥料で冷害に強い田んぼや畑をつくる方法を勧めるのだけれども、それを受け入れずに昔ながらの方法を変えない農民がほとんどでした。それでも一生懸命説得しようとして嫌われています。冷たい目で見られても、手伝ってくれる仲間もいて、そういう中で格闘した人です。

賢治は幼いときから山野を駆け巡り、昆虫や鉱石の採集に夢中になった。ちょうど二十世紀に入る頃から、裕福な家の子どもたちのあいだでそういう遊びが広がっていきます。日本で最初の昆虫図鑑や鉱石図鑑ができ、標本を作るのも流行った。いま植物の生え方がどう変わったのかわかるようになったのは、賢治がいた頃に植物の採集をした人がいたからです。賢治もお金持ちのお家だったのでそういうことをしていた。

仏教の信仰が深くなると昆虫採集はやめて虫を殺さなくなりました。もっとも自分の妹や弟たちが虫で遊んでいるのを見て、やめろとは言わなかったようです。子どもは最初みんな虫で遊び、そういうことで自然に接して、いろんなことを憶えていくのだからということだったようです。

父親とは同じ仏教でも宗派が違って、信仰をめぐって対立しました。長男なのに家を継がないで、東京に出て独立しようとした。それもまた冒険。だけど妹トシが結核になり看病しに花巻に戻ってきて、農業を教える学校で先生になったわけです。それから青年たちのクラブをつくってレコード鑑賞をしたり、エスペラント語▼という世界共通語の勉強をして他の人に教えたり、労働者や農民の組合運動を支援しました。

当時の農村は資本主義化していきます。農業を続けるのに、たくさんのお金が必要になる。明治政府は肥料を入れて生産量を上げるように指導していました。それに対して、農村では、商品になる果実をつくったり、共同で肥料を買ったり出荷をやったりしてコストを抑える工夫をします。いまの農協のようなことが始まる。その頃は外国から借金をして戦争をやっている時期。日本は返済しないといけないので国民には税金の負担がかかってきた。

そういう時代の情勢を知っていないと、賢治がどういう冒険をしたのかがわからない。他の人が考えないようなことをしているのだけれども、大きな意味

▼**エスペラント語**
一八八〇年代にラザロ・ルドヴィコ・ザメンホフによって創案され、最初の文法書、単語集は一八八七年に発表された。母語の異なる人びとの間での意思伝達を目的とする国際補助語としては最も世界的に認知された人工言語。

では世の中のいろいろな思想の流れに乗っているわけです。

## 科学と宗教の一致点を探す

ぼくが賢治について一番感心するのは、人間が生きていることは深い矛盾を抱えているというのを強く感じてきたことです。そこから人間をどうやって救うかを考えた。現実に農村を救うことと、心を救済することを考え続けた人です。現実を良くするには科学が必要だと考えて心を救済するには仏教の教えを中心に考えた。

「風景とオルゴール」という詩を見てみましょう。

**わたくしはこんな過透明な景色のなかに**
**松倉山や五間森荒っぽい石英安山岩《デサイト》の岩頸から**
**放たれた剽悍《ひょうかん》な刺客に**
**暗殺されてもいいのです**
**(たしかにわたくしがその木をきったのだから)**

木を切った人間は処罰されてもしかたがない。木を切るのはその山の命を犯しているということです。

## これは張り渡す晴天の下に
## まがう方《かた》ない原罪である

これは「若き耕地課技手のIrisに対するレシタティヴ」という詩の最後の部分で、地図を作る技師になったつもりで書いている。種山ヶ原というところで、鉄道の路線を作ったり畑や田んぼの土地を切り取ったり岩を砕いて二枚の地図をこしらえるための測量をしている。原罪とはキリスト教の考え方で、人間は生きているかぎり罪を犯しているという考えですが、賢治は測量技師が地図を作ること、開発すること自体、罪だと思ったのです。

『なめとこ山の熊』▼にも出てきますが、熊を殺して生きている猟師も本当は殺したくない、というお話につながってくる考えですね。熊を殺す、木を切る、大地を耕す。これ自体が自然を傷つけていることなんだ、という罪の意識をあちこちで詠っています。

『よだかの星』▼は知っていますか？　よだかがハムシを食べている。そのよだかを鷹が食べる。そういう食物連鎖の中からよだかは抜け出したい。ダーウィン▼が、生物の世界は生存闘争で生き延びた種が残っている、といっていますね。それが強く賢治の作品に表れています。虫の命を奪っていることを嫌悪し生きることに絶望するよだかが、居場所を失い夜空を飛び続け、いつしか青白く燃

▼**『なめとこ山の熊』**
猟師小十郎の前に、あるとき大きな熊が現れる。小十郎は撃とうとするが、熊が「二年ばかり待って呉れ」という。人間と熊の生命をかけた深い交流を描く。

▼**『よだかの星』**
よだかは本来は美しいはちすずめやかわせみの兄なのに、みにくいといわれ、名前も勝手に「市蔵」とされる。絶望するよだか。力をふりしぼり空にのぼり、よだかは星となる。

▼**チャールズ・ダーウィン**
一八〇九年、イギリス生まれの自然科学者。一八五九年に『種の起源』で、すべての生物種が共通の祖先から長い時間をかけて、自然選択のプロセスを通して進化したという説を提唱した。

える「よだかの星」となったというお話です。

『銀河鉄道の夜』で蠍が「こんなふうに生きているのは嫌です」と神様に頼んで蠍座にしてもらう話がありますが、このときお願いするのはキリスト教の神様。ジョバンニのところにもやってくる。でも『よだかの星』の場合は違います。読み比べてみると、いろいろな思想が賢治の世界には溢れています。

その『銀河鉄道の夜』の最後のほうで後光が輝く電気リスが出てくるのですが、いったい何だろう？　電気を帯びたリスなんているわけないのだけれど、たとえばリスの毛が逆立っているのは太陽の光を浴びて後光が輝いているみたいだと想像する。仏教の世界ですね。キリスト教の世界と隣り合っている。いろいろな世界がこの地球、あるいは宇宙にはあるのだという考え方がもとになっています。

アインシュタイン▼は仏教が最も自然科学に近くて、世界はひとつではないと考えていました。そういうさまざまな考えが賢治は頭の中にひしめいていました。万物流転や輪廻転生から食物連鎖、生存闘争論、エコロジーに近い考え方まで出てきます。

最後に賢治の代表的作品のひとつ『グスコーブドリの伝記』の話をしましょう。溶岩の流れを変えたり潮の流れで発電しようとするアイデアが一九二〇年代にフランスで出てきましたが、そういった自然を利用する考え方から発展させて、火山から吹き出る噴煙が肥料の雨になって畑に降り注ぐと農民たちは自

▼**アルベルト・アインシュタイン**
一八七九年、ドイツ生まれの理論物理学者。二十世紀最大の物理学者。ニュートン力学の世界を根本的に変えるさまざまな理論を打ちたてた。特殊相対性理論と一般相対性理論が有名。一九二一年、ノーベル物理学賞を受賞。

分で肥料をやらなくてすむというＳＦみたいな世界になっています。

これは、徹底的に科学の力で自然を変えようとしているわけです。実際に降るのは硝安という窒素肥料ですが、これは化学肥料なので、有機農業が普及しているいま見ると駄目ですよね。ただし調べてみると硝安は土にあまり害を与えない。賢治はわざわざそういうのを選んでいます。

さらには、冷害から救うために地球を暖かくしようとしている。これは地球温暖化になるので、いまでは皮肉な考え方になってしまった。気温が低くて作物ができなくて農民が困るから暖かくしようと思ったわけですけど、地球がオゾン層の破壊でこんなに気候が変になるとは賢治の時代には考えられなかった。いま考えると当時の状況と食い違いはあるのだけれど、徹底的に人間が自然をコントロールする考え方に賢治は立っています。

最後は主人公が火山の溶岩を止めに行って、ひとりで犠牲になる。自分ひとりで世界を救うという考え方をかなり若いときからもっています。自分が死んで涅槃の世界に入るときには、すべて自分と一緒に別の世界に入るという考え方を、強く思っていた。みんなと協力しなかったら、世界なんて救えないのだけど、ひとりで頑張ってしまおうとするところが賢治にはあります。

どうやって救済するかというと、科学と宗教とが最終的には一致する地点があるという考え方にもとづいています。これは別に珍しいことではなく、ヨーロッパではキリスト教の教えと自然科学とが最終的に一致するはずだという見方はけっこうあります。有名な科学者でそう考えている人もいる。日本では仏教の教えと自然科学は違うと考えるのは当たり前でしたが、科学が発達していくと仏教の世界観に近くなっていくはずだと賢治は最後まで思っていました。

普通の人が考えないようなこと、最初から無理だと思うようなことを本気でずっと考えつづけた。それが賢治の特徴です。

「雨ニモマケズ」▼という言葉は自己犠牲の尊さを詠うので、実は戦争中に利用されました。全体への奉仕は大事なことだと思うけれども危ないところもある。全体主義▼の時代においては、賢治の責任ではないけれども利用されてしまう。自分を犠牲にして、全体に奉仕する考え方については、私は半分、宮沢賢治に賛成です。

そんなのずるいと思うかもしれませんが、半分同感というのは賢治から教わりました。『猫の事務所』▼という作品があります。いじめが横行する猫の事務所に獅子がやってきて解散させてしまう。それは本当の解決にはならないので、最後に賢治はこう書いている。「ぼくは半分獅子に同感です」。それを真似して、私は半分、宮沢賢治に同感です。

**Q&A**

——賢治はなぜ一番怖いものであるはずの死を爽やかに書けるのですか？

仏教では生きている世界を解脱することが大きな目標としてあって、死んで

▼**「雨ニモマケズ」**
賢治の歿後に発見されたメモ。賢治の代表作のひとつと考える人もおり、広く知られている。復興に向かう心を支える詩として東日本大震災ののちにも広く読まれた。

▼**全体主義**
個人のすべては国家や民族の全体に従属すべきであるとする思想または政治体制。一九四〇年代に「雨ニモマケズ」などが利用されていった。

▼**『猫の事務所』**
一九二六年に雑誌「月曜」に掲載された、賢治の数少ない生前発表童話のひとつ。猫の歴史と地理を調べる猫の事務所の四番書記かま猫は、差別やいじめを受けて泣いてしまう。ところが同僚はそんなの知らないというように面白そうに仕事をする。そこに獅子が現れる。

別の世界にいくことは嫌なことではありません。そういう考えが賢治の中には強くあった。妹トシが死んだときには魂がどうなったか想像していたのですが、やがてそれをやめてしまいます。妹ひとりのことばかり考えていてはいけない。みんなの苦しみや死とどうやって向き合えばいいのか、賢治なりに考えたのでしょう。命について考えた詩人や作家は他にもいます。それぞれの時代背景でその人はそう考えたのか、いまならどうか、と読み比べて考えてみることをお勧めします。

### わたしの思い出の授業、思い出の先生

中石孝先生のこと

授業ではないが、高校2年の終わり頃、国語の中石孝先生から呼ばれて、梶井基次郎の短篇『闇の絵巻』について感想文を書くようにいわれた。私がバスケットボールの部活に夢中になっていたときで、わざわざスポーツ少年を選んで作文を書かせるのは不思議な気がしたが、小説のテーマが「歩く」ことにあったからだろう。

中石先生も小説を書いていたが、私が大学の文学系に進み、小説を書きはじめたのも、卒業してから梶井基次郎の研究を長く続けたのも、それがあってのことだ。本当に教わったのは、誰かに課題を投げかけることの大切さだと思う。

# 第3章

# 私を見つめる

# 考えはどこから生まれてくるのか

内山節

うちやま・たかし＝一九五〇年東京生まれ。哲学者。立教大学教授。東京と群馬県上野村を往復する暮らしと釣りをとおした自然や時間、労働をめぐる考察で知られる。著作に『山里の釣りから』『時間についての十二章』『森にかよう道』などのほか『内山節著作集』全十五巻。

考えはどこから生まれてくるのか、その話にたどり着く前に、ぼくがどんな風にして哲学をすることになったのか、そのことから話を始めましょう。

子どもの頃、ぼくは魚釣りばかりしていました。小田急沿線に住んでいたので多摩川の流れる登戸の辺りにはしょっちゅう遠征したものです。学校の教科では国語が一番嫌いで、一番好きなのは数学。将来は理科系に進もうかと考えていました。ぼくが生まれる少し前、湯川秀樹▼さんがノーベル物理学賞を受賞しましたが、原子物理学の世界にぼくも興味があった。でも高校にいる間にその気持ちは冷めて、哲学をしようと思うようになりました。

湯川さんが研究していた頃、原子の内部を調べる実験的な方法はありませんでした。そこで、いろいろな現象を観測し、そのデータをもとに原子の中を推理してゆく。湯川さんは紙と鉛筆だけでノーベル賞を貰ったといわれたものです。ところがぼくが高校に入る頃には、サイクロトロン▼などの高性能の実験装置が登場します。ドーナツ状の管の中で超高速にした原子を衝突させ、プラズマ状態の中でバラバラにしてしまう。そしてその分解された粒子が走った跡を写真に写しとり、原子の性質を研究してゆく。そんな時代が来た。

この実験装置には莫大なお金がかかります。日本も当時この装置を開発しましたが、まだ貧しい時代ですからアメリカがつくった巨大な装置と比べればオモチャみたいなものでした。いまでは物理学はさらにお金がかかる世界になり、もはやひとつの実験装置でさえ、一国ではつくりきれないこともある。そうなると、物理の研究が結局お金の問題になってしまいます。お金を出せるかどうかが研究成果の善し悪しを決め、先進国ばかりが研究を独占する。どうもこれは面白くありません。それで、この道はヤメようかという気分になってきました。

そのときなぜ、哲学に方向転換したか。物理学と哲学は考え方が似ています。世の中のさまざまな現象がなぜ起きるのか、物質について追求するのが物理学で、人間社会がどうしてこうなっているのかと追求するのが哲学。高校一年生くらいのときに、ぼくは物理学から哲学に進む方向を変えました。

それまでとりあえず大学に入り、大学院にも進もうと思っていましたが、哲学となると実験装置は不要です。自分の頭の中を自由にしておくことのほうが重要。ならば大学に行かなくてもいいだろうと考えて、大学進学をやめてしまいました。幸いにも、大学院まで進学するのも、大学に行かないことにするのも、別にいいよ、という感じの家でした。

**▼湯川秀樹**
一九〇七年生まれ。理論物理学者。原子核の内部に、陽子や中性子に加えて中間子が存在することを理論的に予言し、今日の素粒子物理学の基礎を築いた。のちに中間子の存在は実証され、一九四九年、日本人として初めてノーベル物理学賞を受賞。核兵器廃絶を訴える平和運動でも知られる。

**▼サイクロトロン**
いわゆる加速器。高電圧をかけて高速にした電子と原子核を衝突させ、破壊された際に観測される粒子の挙動などから、原子核の性質を探る。高性能化に伴い巨大化し、近年ではスイスの研究所ＣＥＲＮにつくられた全周二七キロメートルに及ぶ円形軌道をもつ大型加速器などがある。

## 「三日以上先のことは考えない」

自由に物事を考えるためには、既成観念にとらわれてはなりません。たとえば、お金は重要なもので、なければ明日からの生活にも困ってしまいます。でも、お金は本当に重要なのだろうか、と問うことだってできなければなりません。もしかするとお金なんていらないのかもしれない。自由に考えてゆくためには、お金は重要だという考えだけに縛られてはいけないのです。

高校生のとき、ぼくが感じた不自由は大学進学でした。高校生にとって目標は何か、それはやっぱり大学進学ということになるでしょう。大学への進学を目標におくと、日々そのための試験勉強などを着々とやらねばならないことになる。大学に入ったら次は何をするか。きっと就職のことを考える。そうしているうちに、どんどん世の中のふつうの路線にはまり込んでいってしまう。これはやはり哲学をやるにはまずい。「三日以上先のことを考えない」、それがそのときのぼくが立てた方針でした。今日、明日、自分のやろうとしていることを一生懸命やる。そう切り替えることにした。

それ以来、いまだにあまり先のことは考えません。歳をとったときどうするのか、とよくいわれましたが、人間みんな、いつかは死にます。時が来たら死ねばいいだけのこと。数年早かったり遅かったりしても、おそらくたいした問題ではありません。「守りに入らない」ということもそのころ考えました。自分はどうなってもいいと考える。そのほうがずっと自分を自由にしてくれる。逆にいえば、たとえどこかで破滅してしまったとしても、それを受けいれることにする。

## 上野村の世界

大人になってもずっと魚釣りは続けていました。二十歳くらいのころ、たまたま群馬県の上野村に渓流釣りに行きました。村の人たちと仲良くなり、ここで暮すのも良さそうだなと思って以来、ずっと付き合いが続いています。いまでは古い家を一軒譲ってもらい、二百坪くらいの畑もある。一年の三分の一くらいは上野村で暮しています。

近年、山間地域でひとりで農業をするのはどんどん難しくなってきました。シカとかイノシシ、それにサルとハクビシンとが出てきて悪いことをするのです。夜、家に帰ってくると軒先にシカが立って、お帰りなさいという具合に見つめてくる。真っ黒な瞳で見つめてきて、すごくかわいいのですが、彼らは畑に出てくるものはなんでも食べてしまいます。イノシシも、豆や芋を掘り出して食べますし、ミミズが大好きで鼻で畑を穴だらけにしてしまう。ある年には、秋に畑に残っているものがトウガラシだけだった。トウガラシはさすがに誰も食べなかった。

そんな具合ですから、高圧電線を引いたり、防護柵を巡らせたりしますが、やっぱり毎日そこに暮していないと、彼らはこの畑は人がいないとすぐに覚えてしまいます。人がいないと、どんな柵をつくっても突破されてしまいます。高圧電線にはおよそ一万ボルトの電気が流れていて、ちょっとでも触れるとすぐそばで大太鼓を打ち鳴らしたような、ドカーンというショックがある。何度か自分で自分の仕掛けに引っかかりました。アンペア数は低いので死ぬことはありません。イノシシはそれを覚えてしまいます。張り渡した電線の下の土を掘って溝をつくり、お尻のほうから侵入してくる。さすがに頭から入って、耳元で大太鼓が鳴るのはイヤだと見える。

イノシシでそれですから、サルだと何をやっても侵入されます。高い柵を立てても、五匹くらい縦一直線に肩車して、最後の一匹がポーンと跳んで入ってくる。それくらい頭がいい。あるとき、ジャガイモを掘って、それをそばに積み上げていたら、そこに座り込んでムシャムシャと食べていたことがありました。コラッと叫んだら、さすがにマズいと思ったんでしょう。パッと立ち上がって逃げてゆくのですが、とっさにふたつくらい両頬に放り込んで、両手に持てるだけ持って山に逃げていった。そんな具合ですから、そこに住んで管理していなければ、山の方ではとても農業はできなくなってしまいました。

上野村では冬場になれば狩猟ができます。ぼくはやりませんが、村ではこの春までの一年間で、シカとイノシシをあわせて六百頭から七百頭くらい獲ったでしょうか。六万頭でも獲れば、彼らも絶滅してしまうかもしれしれませんがこのくらいではまったく関係ないでしょう。第一、本当に絶滅してしまうような獲り方はしようと思ってもできません。

人里にクマが出てあちこちでニュースになりましたが、彼らに比べればクマはそもそも悪さはしません。性格の優しい動物です。ある年、クマが山から下りてきて、ぼくの家を道にしてどこかへ行くようになったことがありました。毎日、通っていく。近所の人もみんな知っていましたが、まあそのままにしておいてやろうかということになった。というのも、みんなクマの習性を知っているので、秋になって木の実が出てくればそのうち山に帰っていくだろうとわかっている。餌がなくて一番危ないのは六月頃だけです。

クマが出るなら危ないから害獣として処理しよう、となりがちですが、クマだって一生懸命生きています。共存してゆけばいい。ただし、山で子熊を見かけたらば、直ちに逃げなければなりません。母親が全力で襲ってきますから。それでもいくつか逃げ方を知ってさえすれば、まったく問題はありません。

## 村にある関係の世界

さて村で暮していると、そこにはさまざまな関係があることがわかってきます。

まず第一に、村では自然との関係が濃厚です。山から木を切ってきて、薪をつくったり、チェーンソウを使って太い木を板にして、何かをこしらえてみたりする。結構面白いものです。そんなとき、ぼくはいろんなことを村の人たちから教えてもらいます。山の木の切り方、運び方、山菜やキノコの採り方。彼らは自然とふかい関係を結び、自然のことをよく知っています。それに都会とは違い、村にはしっかりとした人間関係があります。これも関係のひとつ。そして、地域の文化や歴史がよく感じられるのも村という場所です。お祭りもあれば行事もあります。それらを通してできてくる人間関係もある。

上野村にかよい始めたころ、日本では自然保護が盛んにいわれ始めていました。村の人たちと話をしていて、そんな話題になることもある。そのときいつも、ちょっとした違和感がありました。自然とは何だろうか、なんて話そうとしても村の人たちにはあまり話す言葉がありません。自然は自然だろ、というくらいのもの。ところがぼくのほうはいろんな本を読んだりしてそれなりに知識がある。あれやこれやとしゃべることができる。いつのまにか、まるでぼくのほうが、自然について彼らに教えているようなことになる。

でもそれはおかしなことです。なぜなら、自然については彼らのほうがはるかによく知っているからです。子どもの頃から自然とかかわり、利用しながら生きています。聞けば聞くほど、実にいろいろなことを知っている。本で読んだ知識ばかりで、本当のことをよく知らないぼくが、彼らよりもよくしゃべることができる。それはなにか間違っています。人間の考えていることや知っていることは、必ずしも言葉で表現できることばかりではないのです。

## 「自然を知っているということ」

実際、ぼくは村の人たちからたくさん教わりました。たとえば畑に出ていると、この作業は今日中に終わらせなければならないということがあります。そうすると気になるのは雨。午後から土砂降りの雨になってしまったら、畑に入れなくなってしまう。それを気にしながら、作業の手順やペースを決めてゆく。夕方まで天気がもちそうなら丁寧に作業しますし、午後から危ないなら、大雑把に最低限のことを終えておく。

こんなとき村の人は、空気の匂いが変わるとか、重さが変わるとか、虫の行動が変わるといいます。トンボでもいれば、雨の前には低く飛ぶようになりますのですぐにわかる。それでも降るか降らないか迷うときには、大きな木の葉っぱの表面を見ろといいます。表面をよくよく見ると、樹液を吸いながら暮している小さなダニがいる。彼らは雨が降らないのならば葉の上側にいて、このあと降りそうだとなれば、流されないように裏側に移ります。それを見れば天気がわかる。

春先に植えて、収穫が秋にずれ込む作物の場合、大きい台風が来るかどうかが気になります。それは四月頃のハチの巣の作り方を見ればわかります。長期予報の名人であるハチは、暴風雨になるような台風が来る年には軒先の奥まったところ、嵐になっても絶対に濡れて落ちたりしないところに巣をかける。台風の来ない年にはもっと風の通る清々しいところを使います。猛暑になる年には北側の涼しいところに、大して暑くならない年ならば日当りの良いところに、という具合に夏の暑さも彼らを見ればわかります。もっともハチの予報もしばしば外れるようになりました。彼らの予想を超えるような異常気象が発生しているのでしょう。二十年ほど前ならば、まず間違いありませんでしたが、いまではアテになるかなぁというくらいです。

村の人たちは自然のあらゆるものを実によく知っています。どう扱ったら自然が壊れるか、どう利用してゆけば大丈夫か。そしてそれを言葉ではなく、日々の自分の行動で表現しています。雨を感じて農作業を変えたり、今年の夏のようすを感じて春先から対策をとっておく。山のキノコをどう採ったら次の年に問題が出てくるか、あるいはクマにあったらどうするか。村の人びとの生きる社会には、動物も暮しています。人間の都合ばかりで動物を追いつめるのが良いわけではない。自然とは何か、村の社会に必要な知恵というかたちで彼らは自然とは何かを表現している。

そんなことがわかってくると、学問とはなんだろうかという疑問がわいてきます。学問とは文章で書き表してゆくものですが、よく知らない者たちが言葉で書き、本当によく知っている人たちは日々の行動で表現している。そういうことが村での暮らしから見えてきます。自分の頭の中から、考えは生まれてくる、そう思っている人が圧倒的多数。でもそれは大きな錯覚なのではないだろうか。さまざまな他者、いろいろな自分以外のものと結びつき、関係をもつことで考えは生まれてくると思ったほうがいいのではないだろうか。

## 「比較地をみつける」

三十歳くらいになったとき、日本と比較する場所が欲しくなって、探しに出掛けたことがあります。文化や文明がいまの日本とまったく違うところを比較地にする考え方もありますが、ぼくは似たような社会構造や経済構造をもっているところがいいだろうと考えた。ヨーロッパを数か月かけて見てまわり、フランスを選びました。ギリシアの漁村や、ポルトガルやスペインにもすばらしい場所はありましたし、比較地となりうるという点ではイギリスやドイツが有力な候補でした。でも何といってもフランスはご飯が美味しい。あまりお酒を飲まないぼくにとっては、お菓子が美味しかったのも大事でした。一年に一度くらいフランスに行く、そんなペースでずっと付き合う場所に定めた。

フランスと日本は、たとえば東京とパリを比べれば、いまなら九五％同じといってもいいくらい似ています。景色は確かに違いますが、考え方や行動はほとんど一緒。そして都市部ではなく農村部になかなか魅力的なところがある、そんな点も日本と似たような感じになってきた。しかし日本とは住んでいる人が違い、自然や歴史や文化が違います。フランスに付き合ってゆくことで、そのことに気がつき、いつのまにかぼくの中に、日本についての考えができている。

## 「自分の考えをつくるために」

ところで、だいたいふたつの目的で私たちは本を読みます。

ひとつは、本に慣れること。文科系の分野では、本を読むことに慣れていなければうまくない。たとえば、アメリカやフランスの哲学の考え方に慣れておく。スポーツ選手が練習するのと同じように、一定の読書量をこなして、さまざまな文章形式や考え方に慣れておく必要があります。もうひとつは、自分の考え方を整理するとき、似た分野の他の人の考え方を利用しています。

つまり、自分の考えの入り口と出口で本は重要なのですが、自分の考えをつくってゆくときには、それほど重要ではありません。むしろさまざまな他者と関係を結ぶことの方がずっと大切です。映画を観たいと思って映画館に行く。すると二時間くらい、映画という他者と関係を結ぶことになる。東日本大震災で被害の大きかった三陸地域に行ってみたいと思う。そこでは被災者との関係が生まれるかもしれません。見に行くだけでもいまの三陸の自然との関係ができる。そうやってできた関係をとおして、何かを感じることができるようになる。

ふと何かをやってみたいと思ったとき、私たちはなんらかのかたちで他者と関係を結ぼうとしている。そしてそこで結んだ関係を通して、自分の考えはでてくる。ある意味では本も、本というかたちであらわれてきたひとつの他者です。本を読むことで、本という他者と関係を結びながら、自分の考えをつくってゆく。自分の考えは自分だけでつくるのではありません。

だからやってみたいと思ったことは、何でもやってみるのがいい。いまでこそ用事が多くなってしまいましたが、ふと思い立って何かを見にでかけたり、どこかに行ってみたり、いままで無駄なことをいっぱいやりました。それはすべて無駄になってゆくのではありません。ふと思いついてやったことが、いままでとは違う他者との結びつきをもたらし、そこから新しい考え方をぼくに提供してくれる。そうやって自分の考えをつくっていきたいと思ったからこそ、ぼくは大学に進んで授業に出るという道を選ばなかった。

大学に行かず、仕事をしながら勉強をしていたといえばカッコイイのですが、ぼくは仕事はまったくやらず、ひたすら魚釣りをしていました。それでもそういうことからいろんなことを教わったともいえるし、そういうことを通して自分の考えができていったともいえるでしょう。

## 幸せを見つけ出す難しさ

肩書きをつけるなら、ぼくは「哲学者」ということになります。哲学にとって一番大切な課題は、幸せとは何かを見つけ出すことです。世界中の人びとが幸せだったら、哲学者にすべきことはありません。二千五百年になろうという哲学の歴史上、たくさんの人がその問いに挑みましたが、誰もまだみんなを納得させる答えを出せていません。

それはなぜか。幸せとは、自分が感じるものなのに、他者との関係で発生するものだからです。ぼくは魚釣りをしていれば幸せな人間ですが、竿を伸ばしながら、ぼくは自然との関係をつくっている。川や海との関係を結んでいる。そのなかには、地域の人びとが自然と結んできた歴史との関係も含まれています。そんな関わりのなかに身をおくことが大好きですし、幸せです。

ところがその幸せは、誰しもに共有されているわけではありません。魚釣りなんてしても、ちっとも幸せでないという人はたくさんいる。友人との関係の中で幸せを感じるという人もいれば、家族との関係で感じる人もいる。受験に合格して幸せならば、受験との関係で幸せを感じている。関係ごとにさまざまな幸せがある。幸せに優先順位があるとしても、それもまた人それぞれ。

他者との関係のなかにしか存在しない、にもかかわらず自分が感じるもの。それが幸せなのですが、だからこそ幸せとは一体何かわからなくなってしまうのです。誰もが納得できる答えは見つからない。幸せの研究と謳う本はたくさんありますが、その多くは不幸の研究です。幸せと違って、不幸はわかりやすい。お金がなくて今夜の夕食にも思い悩む、そんな人は不幸です。困ったとき、病気になったときに助けてくれる人がいない、そんな風に孤立していることもまた不幸でしょう。さまざまなケースから、これは不幸だと探し出してゆくことができる。でも幸せについては、ある人にとって幸せだとしても、それが他の人にも幸せだとはいえません。

## 「頼りない私たち」

加えて錯覚の問題もあります。私にとってこれが幸せだと思っていても錯覚かもしれません。

ぼくの世代の人には、まだ日本が貧しかった時代の記憶があります。小学校の中学年くらいまで、三食満足に食べられない子どもも珍しくはありませんでした。子どもはお腹いっぱい食べたいし、お母さんだって日々苦労し、お金のせいで満足に食べさせてやれないことに寂しい思いをしていた。ところが何十年も経ったいま、確かにたいへんだったけれど、あのころにはみんなで支え合い、分かち合って生きている幸せ感があった、いまより幸せだったのかもしれないと感じる人は大勢います。食べ物がなくて不幸せだったことではなく、支え合って生きた幸せのほうを繰り返し思い出しているのです。

人間、誰しもに過去がある。誰もがそう考えていますが、過去なんて、怪しいものに過ぎません。

第一に私たちの過去は、覚えている過去に過ぎません。うまれてこのかた、誰もが毎日何かしらを食べて生きていますが、その記憶なんてほとんどもっていません。たまたま食べたすごく美味しいものを覚えているに過ぎない。つまり再現される記憶だけが記憶として残っているのです。たとえば小学校に上がって、すごく怖かったことやうれしかったことがある。そのことを繰り返し思い出し、再現する。でも入学から三日目の晩ごはんのおかずなんて、だれも再現しない。思い出されることはなく、存在しないことになる。そのうえ、再現するのはいつも、いまの自分です。かつて本当に起きた出来事は、再現するいまの自分によって、少しずつズレを孕んでくる。

伝えるということにも、そんなズレが含まれています。誰かから受け手に伝わるときにズレが起こり、受け手が思い出すときにもまたズレてゆく。書かれた文章であっても同じです。書く人の世界と読む人の世界とは違いますので、何かが正確に伝わってゆくなんてことはありません。コミュニケーションとは、そもそもそんなズレや違いをもちながら、何かが伝わったり、何かが消え去ってしまったり、あるいは何かが芽生えたりすることなのです。

私たちは変わりやすい。自分も人も、変動することの多い、頼りないもののなかで生きている。自分の考えとは何か、それを探ってゆくときには知っておく必要があるでしょう。

## 過去という錯覚を取り払う

三日以上先のことは考えないと決めて、十五歳のぼくはとても気楽になりました。以前から好きだった映画も、高校へ行く途中にある新宿の名画座で、毎週毎週何本も観るようになった。そのころ出てきた映画に、イタリアのマカロニ・ウェスタン▼があります。いわゆる名画ばかり観ていたぼくはマカロニ・ウェスタンをばかにしていました。なにせイタリア南部をアメリカの西部だということにして、映画はつくりたいんだけどお金がない連中が集まってつくっていた映画です。クリント・イーストウッド▼が若い頃、映画に出たくてしょうがなかった。でも声がかからない。イタリアでウェスタンを撮りたいから来てくれという話があって喜んで参加したら、出演料は交通費も滞在費もすべて込みで三十万円だった。まったくの赤字に違いありません。それでも彼は映画に出たくて参加したという話があります。

あるとき、三本立ての一本がマカロニ・ウェスタンでした。あんなもの、と思ったけれど、お金を払ってしまった以上もったいないので、観ることにしました。そうしたらものすごく面白い。いっぺんに夢中になってしまいました。

**▼マカロニ・ウェスタン**
一九六〇年代から七〇年代にかけてイタリアなどで多数製作された西部劇のこと。アメリカではスパゲッティ・ウェスタンと呼ばれる。わずか二〇万ドルで製作され、エンリオ・モリコーネの主題曲とともに世界的なヒット作となったセルジオ・レオーネ監督「荒野の用心棒」(一九六四年)が有名。

**▼クリント・イーストウッド**
一九三〇年生まれ、アメリカの映画俳優・監督。テレビ西部劇の人気俳優だったが、「荒野の用心棒」出演で世界的に有名になり、その後数多くの西部劇や、「ダーティハリー」シリーズなどのアクション映画に出演。「恐怖のメロディ」以来、自ら監督、製作も行なっている。西部劇の傑作と名高い「許されざる者」、アカデミー賞受賞作「ミリオンダラー・ベイビー」など多数の作品がある。

アメリカの西部劇は主人公たちの過去を描く映画です。一方に保安官がいて、他方に悪人がいる。双方になぜ悪人になったのか、なぜ命を張って街を守っているのか、それぞれの過去がある。これまでの生き方を比べると、実は正義の味方と悪の頭目は似たもの同士です。人生のちょっとした出来事、ちょっとした違いがふたりを正反対の存在にしてしまった。ピストルを構え向い合うふたりはそのことを知っています。知っているけれども闘い、最終的に正義が勝つ。それが西部劇の世界です。

ところがマカロニ・ウェスタンには登場人物たちの過去がまったくありません。なぜ悪いヤツになったのか、なぜ賞金稼ぎをしているのかまったく描かれない。ただひたすら悪役と賞金稼ぎがでてきて決闘するばかり。そんな映画をみて、ああ人間の過去なんて必要はなかったのか、こんな映画のつくり方があったのかと眼からうろこが落ちる思いでした。過去を消してしまえば、実にスッキリしています。人間はただ現在の関係を生きているにすぎない。ぼくは驚き、すっかりファンになりました。

私たちは絶えず過去を見て生きている。みなさんの前に立っているぼくにも、高校時代があってその前には中学時代があった。自分にも過去がある以上、聴いているみなさんにも過去があるに違いない。そう考えてしまう。でも本当は、他者との関係においてそんなことは不要なのかもしれません。ぼくがいて、みなさんがいる。いまここだけの関係があればそれで十分。そう割り切ったときに、他者との本当の関係が見えてくるのかもしれない。
考えはいつだって、私とさまざまな他者との関係から芽生えてきます。私以外の人、本、歴史や自然、そんな他者たちとどう付き合ってゆけるのか、それが大切なことなのです。

**Q&A**

——まったく型にはまらない自由な思考は可能なのでしょうか。

型にはまらないとはどういうことか、考えてみましょう。長い時間をかけて生まれ、かつ長い間あまり変動がなかった考えをぼくは信用することにしています。たとえば人間は、何十万年もの間、自然と付き合って生きてきました。そのことを通して自然についての考え方もできてきた。自然とほとんど付き合わずに生きる人たちが社会の圧倒的多数派になったのは、せいぜいこの百年間くらいと考えていい。すると、せいぜい百年しか続いていない考え方は、検証が不十分だとはいえないだろうか。
古代ギリシアの哲学者アリストテレス▼は、いまからおよそ二千年前の人です。アリストテレスの考えは、ある人は批判し、ある人は評価するという検証を二千年間経ています。ならば賛同するかは別として、学んでみる価値はある、そう考えていい。ときどき半ば冗談でいうのですが、哲学に比べれば言語学は、学問自体がうまれてからまだ百年くらいしか経っていません。ですから、昨日

**▼アリストテレス**
紀元前三八四年生まれ。古代ギリシアの哲学者。ソクラテス、プラトンの哲学を継承し、論理学や倫理学から、政治学、自然学、詩学に至る体系的な学を築いた。イスラーム哲学や中世のスコラ哲学をはじめ、今日の思想や哲学に大きな影響を与えている。

今日の思いつきも同然、歴史の風雪に耐えていない（笑）。
中学、高校、大学と進み、卒業したら会社に入るという生き方が一般化したのもせいぜいこの五十年間。本当にこれがいい生き方なのか、それはまだ検証されていないのです。たかだか半世紀、あるいは明治以降の百年程度の時間しか経ていない考え方を学ぶなということではありません。でも、いま妥当とされている考え方がベストなのか、そう問いなおす気持ちをどこかに持っていたほうがいいでしょう。

**わたしの思い出の授業、思い出の先生**

学校の授業は、教科書が手に入ると自分で勝手にやっていました。6月に入る頃にはその学年の授業は終えてしまい、授業中は他の本を読んだりと、高校では授業を聞いていた記憶もありません。

# 読むこと、書くこと、生きること

小野正嗣

作家という仕事はいったいどういうことから成り立っているのでしょうか？

ご存知のように、「作家」は英語ではwriterと言いますね。フランス語ではécrivain。英語のほうは、writeという動詞、フランス語の場合はécrireという動詞と結びついています。ともに「書く」という意味です。作家とはまず「書く人」と理解されています。

でも、ただ書いているだけなのでしょうか？　作家と呼ばれる存在が、書くことと同じくらい真剣に行なっていることがあります。

考えてみてください。「書く」とは、文章を書きつける・打ち込むという作業です。物語であれエッセイであれ、何かを言葉にして自分の外側に表出する。アウトプットの作業です。

そして、書くこととは自分のなかを掘っていくことだとも言われます。実際、多くの作家がそれに似たようなことを言っています。そのとき、この「自分」はいわば大地のようなものですから、そこが豊かな土地であれば、何か思わぬ

おの・まさつぐ＝一九七〇年大分県生まれ。立教大学教授。作家、フランス文学者。カリブ海などフランス語圏の文学や文化の研究のほか、創作も行なう。二〇〇二年、『にぎやかな湾に背負われた船』で三島賞受賞。一五年、「九年前の祈り」で芥川賞受賞。ほかの作品に『浦からマグノリアの庭へ』『獅子渡り鼻』など。

もの、面白いもの、貴重なものが出てきそうです。

では、どうやって土壌を豊かにするのか？　そうです。「読む」のです。作家という仕事の根幹をなすもう一つ重要な営為、それは「読む」ことなのです。アウトプットだけを続けていれば、そのうち大地は枯渇してしまいます。そのようにならないためにも、土地に栄養を与え続けること、つまり絶えざるインプットが必要なのです。

その意味で、作家という仕事は、「読む」ことと「書く」ことから成り立っています。そしてこの二つの営みの優先順位を問われたとしたら、作家、あるいは書きたい者とっては、読むことのほうが大切な営みだと僕は答えたいのです。

読むことが最初にありき、です。そもそも人はどうして「書きたい」と思うようになるのでしょうか。理由は簡単です。何かを読んだからです。ある本を読んで感動する。衝撃を受ける。何かが自分に訴えかけてくる。そのとき、人は思うのです。「同じようなことを自分もしてみたい」と。

よく考えると、これは「真似をする」ということです。同じように書いてみたいということですから。何か自分に喜びを与えてくれるものに出会ったとき、真似したい、模倣したいと思う。これは人間の本能のようなものです。

さて、何かを読まずして作家になった人はいない、とよく言われます。作家になった人たちには、小さなころから本を読むのが好きだった人が多いようです。では、みなさんの前でしゃべっているこの僕はどうだったのか？　ここで少し自分の話をさせてください。というのも、僕が書いてきた小説のほとんど多くは、僕自身が生まれ育った土地をモデルにしているからです。

## 「本を買うには山を越えて……」

僕も作家の端くれですから、よく尋ねられます。「子供のころ、よく本を読んだでしょう？」と。しかし僕が小さなころ、周囲には本がほとんどありませんでした。

僕が育ったのは、大分県の最南端の佐伯《さいき》市蒲江《かまえ》という海辺の土地です。入り組んだリアス式海岸が作る小さな入り江に沿った、「浦」と呼ばれる小さな集落のひとつに十八歳まで暮らしました。山と海とのあいだの幅の狭い土地に家々が密集しています。いまではすっかり高齢化と過疎化が進んでいます。帰省すると、いまでは一昨年亡くなった兄もそこに眠る先祖の墓に必ずお参りに行くのですが、家から墓地までの五分たらずの道のりでいったい何軒の空き家に出会うことでしょう。思えば、現在ほどではありませんが、僕が小さなころにはすでに過疎化は始まっていました。小学校も中学校も一学年一クラスで十八人しかいませんでした。

この蒲江という土地は、漁師と出稼ぎが多く、本の文化からはほど遠い土地柄です。集落にはもちろん書店はなく、「キャンデー屋」と呼ばれる雑貨屋で漫画雑誌が売っているだけ。本を買いたければ山を越えた隣市まで行かなければなりませんでした。

このとなりの市にある県立高校に僕は通ったのですが、路線バスで一時間かかりました。みなさんのなかにもそれくらいの時間をかけて通学している人はたくさんいるかもしれません。通学時間を利用して読書をしている人もいるでしょう。しかし電車とちがって、車は読書にたいへん不向きな交通手段です。しかもリアス式海岸と峠道です。カーブの連続で、本を読もうとすればたちまち車酔いしてしまいます。だからバス通学のあいだに本を一冊でも読んだ覚えはありません。

こうしてしゃべっていると、僕ほど読むことについて語ることにふさわしくない人間はいないという気がしてきます。こんなふうに口が裂けても読書家だったとは言えない僕ですが、それでも僕は「読む」こととまったく無縁な生活をしていたわけではありません。

## 「あふれかえる言葉」

先にも言いましたが、大分県南部の漁師町である僕のふるさとは本の文化からはほど遠い土地柄です。僕が小さいころを思い出しても、本を読んでいた大人を目にしたという記憶はほとんどありません。たとえば、僕が幼いころ、うちの両親は働くことで精いっぱいで、二人が本を、とくに小説などを読んでいる姿を見た記憶がありません。

よく本を読むことで人格や教養が養われるなどと言われますが、もしもそれが本当なら、本を読まないうちの両親や集落の人たちはみんな無教養な人間になってしまいます！

でも、そんなことはまったくないでしょう。本を読まなくとも集落の大人たちには、ある種の深い教養があったと思います。

どんな小さな土地にも実に豊かな独自のしきたりや習慣などがあり、そこに根ざした人間関係のネットワークがあります。そうしたローカルな知識を習得するために必要なことは本には書かれていません。生きていく経験のなかで培われ、世代から世代へと伝達されるものです。人間が書物の役割をしているのです。人間そのものが本、それも一冊ではなくて、複数の本なのです。そういえば、アフリカのある地域には、「老人が一人死ぬと図書館が一つ消える」という諺があるそうです。一人の人生が図書館をまるまる埋め尽くすだけの本が伝えるものに匹敵するというわけです。

また、本を読んでいないことは、言葉と豊かな関係を結ぶことを妨げるものではありません。むしろ僕の周囲には言葉が溢れかえっていたように思います。僕が育ったような小さな集落だと、小さなころからいやがおうでもいろんな大人たちに関わらざるをえないからです。

　両親や集落の年長者たちの話を聞いていて、いつも驚くのですが、本当にいろんな人たちが登場します。そこには同じ集落の人もいれば、よその集落の人たち、あるいは「まち」と呼ばれるとなりの市に住んでいる人たちなど、次から次に人間が現われるのです。Aさんという人が話題になっている。誰なのか知らないので尋ねると、「それはBさんの嫁さんで、ほら、その人のおじさいさんのCさんが、Dさんの学校で一つ上におって、どこそこのEさんとも親戚になる」といった感じで、さらに知らない人が三、四人、出てくるわけです。

　とにかく僕の田舎の人たちは、ある人を何よりもその人が含まれる人間関係において理解しているように思われます。僕はいま大学で教師をやっていますが、すぐに学生に出身地や家族構成を尋ねてしまいます。個人情報に当たるからそんなことをあんまり尋ねちゃいけないらしいのですが、悪用したことは一度もありませんのでご安心ください。ある人について具体的なイメージを得ようとする際、まっさきにその人が持つ人や土地との関係性を手がかりにする傾向が僕にあるとしたら、やはり故郷での経験が非常に大きく影響しているにちがいありません。

　過疎の集落なのに会話のなかに出てくる人物の数がおびただしいのです。しかも会話に登場する人間たちが、語り方のせいでしょうか、実に生き生きとしている印象すら受けるのです。それに比べ、いま東京に暮らす僕は、日常的にはふるさとにいるときよりも圧倒的大多数の人たちに囲まれているのに、僕が妻や子供たち、それから職場の同僚たちと会話するときに出てくる人間の数ときたら、ごくわずかなものです。

故郷の小さな土地で過ごしていたころを振り返ると、いろんな大人に接する機会が本当に多かった。こちらがその大人が誰だか知らなくても、向こうは「小野の二人おる子供の弟のほうじゃ」といった具合に、こちらのことを把握しています。その意味では「地域の目」が機能していて、悪いこともやりにくいわけです。まったく記憶にないけれど、僕は小さなころに集落のどこかの家の畑から柿だかミカンを盗ったことがあるそうで、いまだにそのことを言われ続けています。

いま、東京に暮らす自分の子供たちを見ると、日常的に言葉を交わす大人が、親を除けば、学校の先生と習い事の先生くらいしかいないような気がします。もちろん僕だって、子供のころたくさんの大人たちと親しく話していたわけではありません。ただ、ふだんは挨拶くらいしかしていなくても、自分の周囲にいる大人たちについて、その気になれば、何者なのか、どういう人なのか確実に知ることができるとわかっていたのです。

同じ土地に暮らす人がたがいに相手が何者なのかをある程度知っているなんて、都市部ではまず考えられないことです。グローバル化の社会では、人はますます取り替え可能で使い捨てられるものになっています。この仕事をできる人はあなた以外にもたくさんいる、というわけです。そういう社会では、「あなたが誰であろうがどうでもいい」のです。しかし僕が育ったような小さな集落では、「あなたがどこの誰なのか」がとても重要なのです。

## 「聞く」体験

さて、書くためには、まず読むことが必要であると言いました。しかし読むという行為は、実は「聞く」という行為でもある——そのことにみなさんの注意を促したいのです。

みなさんがどのように「読む」ことを習い覚えたかを思い出してください。みなさんにとっての最初期の「読む」体験において、読んでいたのは決してみなさんではありません。子供のころ寝る前にお母さんやお父さんに本を読んでもらった経験があると思います。そうです。読んでいたのは、みなさんではなく、お母さんやお父さんです（おばあちゃんやおじいちゃんかもしれませんが、とにかくみなさん以外の人です）。その読む声をみなさんは聞いていたのです。

そのような「読んでもらう」という期間を経てから、子供は自分でも文字を読むようになるわけですが、そのときもまず「声に出して読んだ」はずです。つまり、そこでは読むとは、何よりも「自分自身の声を聞く」ことなのです。

さらに、本を読むという習慣を身につけはじめたころ、みなさんは多くの場合、親や先生が読むあとに続いて、つまり親や先生の真似をしながら読んでいたはずです。

その段階がしばらく続いたのち、いつの間にか黙読ができるようになっているわけですが、そのときだってみなさんは「聞いている」のです。本から聞こえてくる語り手の声、登場人物の声にみなさんは耳を傾けている。ですから、物語を書きたいという欲望は、本から聞こえてくるその声に魅了され、そうした声を自分でも作り出し、自分自身が聞きたいし、他人にも聞いてもらいたいという欲望なのかもしれません。

なるほど、僕自身は小さなころ、本そのものはそれほど読んでいなかったかもしれません。しかし、「聞く」という体験には恵まれていたと言えるでしょう。なにせ誰もがたがいを知っている狭い集落に暮らしていたのです。いろんな大人たちが喋っている声を耳にしながら成長しました。

語りかけられているのが僕ではなくても、また内容はよくわからなくても、大人たちが何かを熱心に話している言葉、笑い声、抑揚の変化、沈黙に、耳は吸い寄せられ聞き入りました。そこには豊かな「話し言葉」の文化が確かに息づいていたのです。もしも一人の人間の存在が、その人生が、図書館に所蔵されたすべての本に匹敵するのだとしたら、大人たちからたくさん話を聞いた僕は、自分でも気づかないうちにたくさん本を読んでいたのかもしれませんね。

## 「文学のふるさと」に出会う

実は、僕の場合、故郷の語りの文化、むずかしい言い方をすると、「口承性」の風土の魅力に気づくことができたのは、いったん故郷から離れたからです。対象を把握するためには適切な距離が必要です。故郷にずっととどまっていれば、距離が近すぎて、そこがどんなところなのかぼやけて見えなくなっていたと思うのです。

また、異境のなかに自分の故郷を発見し、驚く、ということもありました。いまから約二十年前、大学院生のとき、パトリック・シャモワゾー▼という作家の作品との出会いがまさにそのような体験でした。シャモワゾーは、フランスのカリブ海にある海外県であるマルティニクという小さな島出身で、いまもそこに暮らしています。彼は一貫してみずからの故郷であるこのマルティニク島を舞台にした小説を書いてきました。初めて彼の小説を読んだときの驚きと喜びをよく覚えています。僕はそのとき、自分の「文学のふるさと」に気づかされたと言ってもよいかもしれません。

シャモワゾーの最初の二冊の小説は、不思議な既視感で僕の意識を引き留めました。この「懐かしさ」は何なのか。不意に記憶のどこかにしまい込まれていた幼いころの情景が像を結びます。シャモワゾーの小説のなかには非常に多くの人物たちが登場します。その人たちの近代的な理性や合理主義とはほとん

**▼パトリック・シャモワゾー**
一九五三年生まれ。カリブ海域でヨーロッパとの出会いを経て生み出された言葉や文化（クレオール）の価値を肯定的にとらえなおす『クレオール礼讃』、民話の語りを取り入れた年代記『テキサコ』で知られる。

ど無縁な、土着的とも呼びうる思考や感情のありようや、ローカルな伝承の存在、笑い声が響いてくる生き生きとした話し言葉の文化――このような土地を自分はよく知っていると思ったのです。彼のふるさとであり、小説の舞台である「カリブ海の小さな島」が醸し出す風土と雰囲気が、僕自身のふるさとである「九州の海辺の小さな土地」、大分県の南の蒲江という土地の風土や雰囲気と似ていると感じたのです。

小説という形式を用いて、ふるさとの土地とそこに生きる人びとの姿を描く、シャモワゾーの「書き方」というか「語り方」そのものに、強烈に惹きつけられました。さらに言えば、当時はフランス語があまりできなかったがゆえに、うまく理解できない箇所で僕自身の想像力が必要以上に誘発されて、シャモワゾーの小説に自分のなかにあった故郷の姿を強く投影させてしまったのかもしれません。とにかく、シャモワゾーの小説のなかに、つまりカリブ海といううきわめて遠いところに自分のふるさとを思わせる世界があると感じられて驚いたのです。

昨年(二〇一五年)の六月に、このカリブ海の小島マルティニクを訪れ、パトリック・シャモワゾーにインタビューする機会を得ました。現在テレビで放送される放送大学の「世界文学への招待」という科目のためのものです。この番組では、世界のさまざまな地域の文学の研究者たちが自身の専門とする文学について論じていますので、興味があればぜひ見てください。

「なぜ人は小説を書くのだろうか」

さて、こうして放送大学の番組のおかげで、シャモワゾーに彼のふるさとであるマルティニクで会えたのですが、その際、彼に向けて僕自身が自分に問いかけてきた一つの問いを投げかけてみました。「これからもずっとマルティニクを舞台にした小説を書くのですか？　ほかの場所を書くつもりはないのですか？」と。すると、シャモワゾーはこう答えました。「作家は世界のあらゆる場所を書くことができる。そうやって自分自身の生まれ故郷ではない場所を、行ったことすらない場所ですら、舞台にして書くことができる。そうやってその場所を、自分自身の場所にすることができる」と。そのとおりだと思いました。

シャモワゾーの言葉を僕なりに言い換えてみると、作家は小説を書くことで、自分自身の「巣」を、「文学のふるさと」を作っているわけです。その「文学のふるさと」が作家の「現実のふるさと」と同じ土地である必要はまったくないのです。

しかし「文学のふるさと」と、作家が生まれ育った「現実のふるさと」が一致するケースもある。それが自分の身に起こったことなんだ、とシャモワゾーはほほえみながら言うのです。それを聞いて僕は心のなかで叫びました。「それは僕自身の身にも起こったことなんですよ、シャモワゾーさん！」。

さて、書くことで作家は自分の「巣」を作ろうとしているのだと言いました。そういえば「作家」という字は、「家を作る」と書きますね。「家」とはまさに身を落ち着けるべき「巣」と言えますから、作家とは「巣を作る」人のことなのです。

でも、この巣はどうやら作家だけの巣ではないようです。ここには読書が好きな方がたくさんいると思います。そのなかでも小説を読むのがとくに好きだという方がいるはずです。そういう方は手を挙げていただけますか。あ、けっこういますね。それにしても、みなさんはどうして他人の空想の産物などをわざわざ読むのでしょうね。

小説を読んでいると、気晴らしになる、いやなことを忘れられる、自分とは違う世界の人間の感情に共感する、不幸な主人公が苦難を乗り越えるさまにカタルシスを覚える、など、さまざまな理由があるかと思います。でも要するに、小説を読むとは、少なくとも読んでいるあいだは、この現実とは異なる時空間を体験することであり、この現実の自分から離れる経験であるとは言えないでしょうか。

このような体験は、僕たちがよく知る別の体験に似ていませんか。とくにみなさんのなかにはいまもまだ子供と言ってもよい年齢の方も見受けられますから、よく知っているはずです。小説を読んでいるとき、人は日常生活とは異なる世界に没入し、ふだんの自分とはまったくちがう自分になっている。

そうです。子供の遊びです。とりわけ子供の「ごっこ遊び」を考えてください。遊ぶ子供にとって「現実」は、目の前に広がる現実ではなくなります。少なくともその現実だけではない。そこらへんの藪がジャングルになったり、押し入れが洞窟になったりする。子供自身が別のものなります。ウルトラマンやプリンセス、アニメや漫画の登場人物になりきります。子供は文字通り空想の世界に遊んでいます。そこでは「真似」「模倣」が重要な役割を果たしています。そして、遊びに夢中になっている子供の姿は、自分にとって居心地のよい自分だけの「巣」を周囲に作っているように僕には見えるのです。

実は、小説を書くときにも同じことが起こっています。小説を書きながら、書き手は自分だけの「巣」を作っているのです。現実の人生に満足しきっている人はいません。理想どおりの人生を送っていると断言できる人はいますか？「毎日がハッピー、ラッキー、わたしの人生、パーフェクト」なんて心から感じている人がいらしたら、病院をご紹介します。

誰しも人生のなかで、こうであったらいいのにと願うのとはちがう現実にたびたび直面するものです。ペルーのノーベル賞作家のバルガス＝リョサ▼は次のようなことを言っています。現実の人生に満足できず、違う現実を空想する人のなかでも、想像力と願望で生み出した世界を夢想するだけではこと足らず、それを書き言葉に移し変えることに人生を捧げるようになった少数の者たちがいる。それが小説家という種族なのだ、と。

**▼マリオ・バルガス＝リョサ**
一九三六年生まれ、小説家。複雑なペルー社会のありようを多彩な人物たちが交錯する壮大な作品に描いた『緑の家』、長編『世界終末戦争』などで知られる。ラテンアメリカ文学を代表する作家のひとり。

小説を書く者は、現実とは異なる架空の世界を言葉で作り出す。その行為は、子供の遊びに似ています。いや、似ているどころか、文学とは遊びそのものだ、と考える人もいます。「詩人と空想」という有名な論文のなかで、精神分析の創始者フロイトは、作家がやっているのは子供がやっているのと同じことだと言っています。子供がいちばん熱心にやっていること、それは遊びです。フロイトは言います。「遊んでいる子供はどの子も、自分だけの世界を作り出すことによって、あるいはより正確には、この自分の世界のさまざまな物を好き勝手に秩序づけ直すことによって、詩人であるかのように振る舞っているのです」（岩波書店版『フロイト全集』を参照）。たしかに、この引用文のなかの「子供」を「小説家」と置き換えてもまったく違和感はありません。

しかし、とフロイトは指摘します。子供は大人へと成長していくにつれて、遊びを諦めなくてはいけなくなる。遊びをやめて現実世界への参与が求められる。ところが、遊びから得ていた快を諦めることはひどく難しいのです。フロイトは言います。「もとよりわれわれは、何ひとつ断念できない存在なのです。われわれにできるのは、あるものを別のものと取り替えることだけでして、それは、いっけん断念のように見えても、じつは代替形成ないしは代用形成なのです」。では遊べない大人は、遊ぶ代わりに何をするのでしょうか。空想するのだ、物語《ファンタジー》を作り出すのだ、とフロイトは言います。「幸福な人は空想しない、空想するのは満たされない人に限る」と。

だから、先ほど小説を読むのが大好きだと手を挙げたみなさん、みなさんは不幸な人たちなのですよ。自分では気づいてないかもしれないけど……。

## 「虚構の価値」

いま文学と「遊び」の親近性について語りましたが、そういえば、機械で接合部分に与えられたゆとり、隙間やゆるみを「遊び」と言いますね。この遊びが、その機械が動作する際に安全装置の役割を果たしていることは見逃せません。人間の遊びもまた、人間が人間らしく生きるための安全装置なのです。

遊ぶとき、子供は自分とは異なる他者を自分と同じような存在として扱い、同時に自分も他者となっています。子供たちは想像力を繰り広げることで、「現実にありながらも現実とちがう位相にある世界」を作り出しているのです。

イギリスの小児科医・精神科医ドナルド・W・ウィニコット▼は、遊びに夢中になっている子供が生きる夢想と現実の〈あいだ〉、内的な心的現実と外部の客観的現実のどちらに属するのか問いただせないこの「中間領域」を通して、子供は世界との関係を習得するのだと言います。遊びを通して子供はこの世界でいかに生きていくかを学ぶのです。芸術や宗教もまた、この中間領域の体験であるとウィニコットは指摘しています。

小説を書いたり読んだりするとは、この思い通りにならない現実とは違う時

▼**ドナルド・W・ウィニコット**
一八九六年生まれ。幼児が肌身離さず執着する「毛布」が、現実を受け入れてゆくための重要な成長過程の役割を果たしていることなど、さまざまな概念を提唱した。主な著書に『遊ぶことと現実』。

空間に遊ぶことだと言えるでしょう。ネガティブな言い方をすれば、それは現実逃避なのかもしれません。

しかし僕たちにはときには現実から逃れることが必要なのです。現実をよりよく生きるためには、虚構を通じて、つかの間であれ、現実から離れなくてはならないのです。ただ立っているだけだと、僕たちは地面という現実も、その上に立つ自分の身体という現実もつい忘れがちです。しかし地面から離れる、つまりジャンプして、どん、着地するからこそ、地面の感触がわかるわけです。自分という存在の重さを、身体を持った自分という存在を感じることができる。

別の言い方をすれば、現実から離れるために虚構が必要とされる。でも、そうやって現実から離れるのは現実に戻るためです。当たり前ですが、ある場所に「戻る」ためには、一度はそこから「離れる」必要があります。虚構は無から生まれません。かならず現実に根ざしている。作家の体験の総体から生まれるのだと、先のバルガス＝リョサも言っています。「すべての小説、自由奔放な想像力から生まれてきた小説でさえ、それを創造した人の体験の総体と分かちがたく結びついています。そして小説の出発点となったもの、うち深くに隠された種子になっているものを見つけ出すことは可能です」（『若い小説家に宛てた手紙』木村榮一訳）。虚構を作り出すためにどうしても現実は必要です。そして現実をより耐えがたいものにし、現実とよりよく向き合うことができるようになるためには虚構が必要なのです。

## 自分の「巣」が他者につながる

いま紹介したバルガス＝リョサの言葉によれば、小説の源となるものは、書き手の体験のなかにある。すると、「書く」とは、自分の体験を深く掘り下げていくことでもあるのかもしれません。僕なりの比喩で言えば、小説家はそうやって自分のなかを掘りながら、自分の「巣」を作っているのです。そして面白いのは、小説家が自分のなかを掘るというきわめて個人的な営みを徹底的に突き進めていくことが、結果的には読者というまったくの他者につながることに行き着く点です。自分だけの「巣」をせっせとこしらえていたつもりが、結果的には、さまざまな他者が居場所を見つけ、住み着くことができるような広々とした場所を生み出しているのです。

先ほど、小説を読むのが好きな人は、現実に居場所がない不幸な人だと言いました。それは言い過ぎにしても、あるがままの人生に不満に感じたり居心地の悪い思いをしたりしている人が、作家の作った「巣」に自分の場所を見つけることが起こります。読み手が「これはまるで私のためだけに書かれたものであるかのようだ！」と思わずにはいられない小説に出会うことがあるのです。きわめて中立的・客観的に書かれ、その意味で他者へと開かれているはずの知的な言葉よりも、書き手の主観、個体性が強く表出される小説や詩のほうが、読み手に「これは自分のために書かれたものだ！」という思いをより強く起こさせるのは本当に不思議です。

いずれにせよ、読み手が「まるで自分に読まれるのをずっと待っていたかのようだ！」と感じる小説に出会う。言い方を変えれば、読み手はそこに自分の居場所があったことに気づく。こんなにもしっくりくるということは、そこはもともと自分の居場所だったのかもしれない。だから「再発見する」と言ってもいい。そのとき、その小説は読み手にとっても「ふるさと」になっている。現実のものではなく、「文学によって作られる」という意味で、「文学のふるさと」になっているとも言えるでしょう。

## 「聞く」作家、アレクシエーヴィチ

作家にとって、「書く」ことは巣を作ることだと言いました。作家が巣を作るためには――書けるようになるためには、書き続けるためには――読むことが必要不可欠です。

いや、書き手であろうがなかろうが、現実とよりよく向かい合い、現実をよりよく生きるためには、読むことは本当に大切な営みです。

けれど、このなかには本を読むことが苦手な人がいるかもしれません。そういう人にとっては、読むことは苦痛以外の何物でもないかもしれない。

ただ、最初のほうで言ったように、読むとは本を読むことに限定された営みではないのです。聞くこともまた読むことなのです。他人の言葉を注意深く――あくまでも心からの注意を傾けて――聞くことが、書くことを豊かにする。それは確実に言えると思うのです。そのような確信が深まる体験を、つい先日、というか昨日（二〇一六年十一月二十五日）してきました。それをみなさんにお伝えしたいのです。

　スヴェトラーナ・アレクシエーヴィチ▼という女性の作家をみなさんはご存知でしょうか。旧ソヴィエト連邦のベラルーシ出身で、昨年二〇一五年にノーベル文学賞を受賞しました。一九八六年に起こったウクライナのチェルノブイリ原発事故について、被災者や関係者たち――被曝して無残な死に方をした者たちの家族、被曝のせいで死にゆく子供たちとその親たち、故郷を失った人たち、原発の危険を訴えたものの政府の圧力で沈黙を強いられた科学者など――の証言を集めた『チェルノブイリの祈り』という本について、みなさんも聞いたことがあるかもしれません。彼女が非常に有名になったのは、第二次世界大戦のときの独ソ戦▼に従軍した実に数多くの女性たちの証言を集めた『戦争は女の顔をしていない』という本です。そのほか、ソヴィエト連邦はアフガニスタンに侵攻して十年近く戦争をした▼のですが、この大義のなき戦争から帰還した兵士たちとその家族や関係者の証言を集めた本もあります。共産主義ユートピアの建設を目指したソヴィエト連邦という「赤い」帝国が崩壊したあと、野蛮な資本主義の時代にさらされているロシアの市民たちの証言を集めた

**▼スヴェトラーナ・アレクシエーヴィチ**
一九四八年生まれ。ベラルーシ大学を卒業後、ジャーナリストとなる。彼女の父親は第二次世界大戦を三人兄弟のうち一人だけ生き延び、軍隊を除隊してベラルーシで教師となった。

**▼独ソ戦**
第二次世界大戦中の一九四一年六月、ドイツは不可侵条約を破って突如ソ連領内に侵入し、戦争となった。ウクライナなどでは共産主義からの解放軍と捉える住民も現れるなど複雑で大規模な戦闘が続き、戦死者は三千万人以上とも言われる。

**▼アフガニスタン紛争**
一九七八年、共産主義政権の危機にソ連が軍事介入、これに対してアメリカが抵抗運動に極秘に武器供与するなどして長い戦争が続いた。

『セカンドハンドの時代』という本の翻訳も刊行されたばかりです。

そのアレクシエーヴィチが、昨日、東京大学の文学部に招かれて語るというイベントがありました。その第一部では僕が聞き手となって彼女の話をうかがいました。

いまの紹介からおわかりのように、彼女の本はすべて、彼女が「小さな人たち」と呼ぶ普通の人たちの証言、つまりその語った言葉から成り立っているのです。作中に彼女自身の言葉――感想や論評――はめったに現われません。書き手としての彼女はひたすら気配を消している。彼女に向けて語る人たちの言葉から彼女の存在や心の動きがわずかに伝わってくるばかりです。

たとえば、戦争で一番恐ろしいのは、男物のパンツをはいていることだったと笑う女性ローラ・アフメートワがアレクシエーヴィチに問いかけます。「どうして笑わないのさ？　泣いているのかい？　どうして？」（『戦争は女の顔をしていない』三浦みどり訳、一二五頁）。あるいは、チェルノブイリからの移住者への差別を恐れる女性カーチャ・Pが問いかけます。「あなたとまたお会いするかどうかわかりません。あなたは、じろじろと見ていらっしゃるような気がするんです。観察し、記憶しようとなさっているだけ。（中略）子どもを生む罪。こんな罪が誰にふりかかるのか、あなたはご存知じゃありませんか？」（『チェルノブイリの祈り』松本妙子訳、一二二頁）

彼女の本はもちろん彼女が書いたものですが、彼女は「書き手」というよりはまず「聞き手」だと感じられます。証言集という形式からもわかるように、アレクシエーヴィチにとって「書く」ことは、相手に寄り添い、その声を「聞く」ことなのです。そして多くの場合、彼女が話を聞く相手はみな大きな苦悩を抱えた人たちですが、「聞く」ことが、相手をそのまま「支える」ことになっています。アレクシエーヴィチはどの作品も素晴らしい。若いみなさんにはぜひ読んでもらいたいのです。そこから聞こえてくる多様な声にきっと打ちのめされる経験をします。

アレクシエーヴィチはものすごい読書家だと思うのですが、幼いころは地方の小さな村に暮らしていて、そこで多くの大人たち、とりわけ女性たちの話を聞いて育ったことが彼女という作家にとって核となる体験だったと言っています。ノーベル賞受賞講演の冒頭にそのことが述べられています。

私は田舎で暮らしていました。私たち子供は通りで遊ぶのが好きでしたが、夕方近くになると、磁石のようにベンチに引き寄せられたものです。ベンチにすわっているのは、近所に自分のアパートや農家(私たちのところでは「ハータ」と呼んでいました)のあるやつれた女たち。だれひとり夫も父親も男兄弟もいません。戦後、私たちの村で男の姿を見かけた覚えがありません――ベラルーシでは第二次世界大戦で四人にひとりが前線やパルチザンで命を落としました。ですから私たち子供の戦後世界というのは女ばかりの世界だったのです。何よりもよく覚えているのは、女たちの話の内容が死についてではなく愛についてだったということです。最後の日に愛する人とどう別れたか、どんなに帰りを待っていたか、今でもどんなに待っているか、女たちは話していました。何年経っても女たちは愛する人の帰りを待っていました。「両手がなくても、両足がなくてもいいから帰ってきてほしい。私がこの腕に抱いて運ぶから」と。両手がなくても……両足がなくても……。愛とは何なのか私は子供のときから知っていたように思います。

（沼野恭子訳）

戦争で近親者を失った女の人たちが彼女のまわりで語っている。その声を聞いて彼女は育ったのです。あえてこういう言い方をすれば、「話し言葉の文化」が、彼女の生まれ育った環境のなかには息づいていたのです。

昨日の東大での話のなかでも、田舎の小さな村で過ごした幼年期の体験が自分という人間を作ったという話をしていました。大人になったらみんな同じようになってしまうけれど、子供というのは一人ひとりみんな違うものを持っているとも言っていました。だから子供時代が重要なのです。ここにいる若いみなさんにとって、本を注意深く読むこと、そして他者の言葉に注意深く耳を傾けることを学ぶことは決して無駄ではありません。それはみなさんの子供時代を豊かにし、これから生きていく上での支えになってくれます。

## 「戦争の記憶」

一九四八年（昭和二十三年）生まれのアレクシエーヴィチは、終戦の年生まれの僕の母親の世代の人です。彼女は自分が田舎の小さな村育ちだったということを強調していましたが、そこには戦争の記憶がまだ非常に色濃く残っていたのです。

他方、日本のことを考えても、都会よりも地方のほうが、戦争の記憶が失われにくいのではないかと思うのです。僕がふるさとである海辺の小さな集落を思い出すとき、そこに必ず結びつくイメージがあります。それは墓地です。集落には二つの墓地がありました。寺の背後、山の斜面に設営された墓地と、「軍人さん」と呼ばれる日露戦争と太平洋戦争の戦没者が眠る墓地です。僕も幼いときから兄と一緒にこの二つの墓地に墓参りによく行っていました。

思えば、小さな集落には死者が偏在していました。死者とともにあるという感覚がありました。小さな集落なのに、戦没者墓地には、先のとがった墓石がかなりの数あるのです。小さなころ、親戚やよその家にあがって、仏壇のある部屋に行くと、たいていの家で戦没者のセピア色の写真が飾ってありました。本棚のある部屋を見た記憶はほとんどありませんが、戦没者の写真のことは鮮明に覚えています。集落のどの家にも戦争で亡くなった人がいたのではないかと思えるほどでした。うちの場合は、祖父の弟が二十三歳で戦死しています。僕が大学生くらいまでは、集落にはシベリアに抑留された経験▼を持つ老人が生きていて話を聞かせてもらいました。また、ふるさとには日本の植民地で生活していたり生まれたりした人がたくさんいました。母方の祖母も満州に暮らした経験がありました。

僕のふるさとは本当に小さな土地ですが、戦争や植民地主義の記憶が、その死者や体験者とともに偏在していました。小さな場所だと、その狭さゆえに人間関係が濃密で、また風景の変化も生活のリズムも都市部に比べるとまだゆるやかなこともあって、そうした記憶が本当に身近にあって——たとえば戦没者墓地のように——目につきやすく、語られる機会も多くなるということがあると思うのです。僕の最初のころの小説に、戦争の記憶を抱えた老人たちが出てくるのは、そのせいだと思うのです。

**▼シベリア抑留**
第二次世界大戦後、投降してソ連軍の捕虜となった日本兵らは厳寒のシベリアなどに移送され、鉄道敷設などのための強制労働を強いられた。過酷な環境で五十万人以上の抑留者のうち数万人が亡くなったとされる。

## 「聞く人の人生」

自分が生まれ育った大分の南の海辺の小さな土地の「話し言葉の文化」を考えるとき、それと切っても切り離せない老人がいます。読むとは、注意深く他者の声に——ときには発せられていない心の声にさえも——耳を澄ませ、聞き届けることだと僕に教えてくれた人です。その老人のことを語って、きょうのお話を終えたいと思います。

その人は「しいちゃん」と集落の人が呼ぶ八十歳近い男性です。いまは引退して故郷で老後を送っていますが、中学卒業以来ずっと炭焼きや隧道掘りの現場で働いてきました。しいちゃんは学校を出てから本など一冊も読んだことはないと僕は確信しています。ところが、まるで本でも読むようにこちらの心の動きを理解して、楽しいことやおかしなことを言って、集落の人たちを笑わせる。一緒にいると元気が湧いてくる。しいちゃんのような人間的魅力に溢れた人のことを、僕は漠然と「文学的」だと感じるようになっていました。

しいちゃんは言葉と実に興味深い関係を取り結んでいる人です。昔から嘘か本当かわからないことばかり言って、人を煙に巻きます。僕が大学院に進学すると言うと、「大学まで出てさらに勉強せんといけんとは、お前はよほど頭が悪い」と呆れます。僕が帰省して、〆切り間近の原稿があって大変なんだと言うと、「今晩は電話口でずっと待っちょるからの、わからんところがあったら、しいちゃんに聞けよ」と澄ました顔で言います。講演の準備をしていると言うと、うちに来ていたのが、いきなり立ち上がって、「さあ、もう帰らないけん。正嗣の講演の原稿を書いちゃらんとのお」と言うのです。また、「どげなことを話すつもりか、出だしを言うてみい」と訊くから、これこれ、こういうことを話すつもりだと答えると、「そうそう、そうじゃろう、そげえ俺も思うちょった」と頷きます。

今回は大分まで帰ってしいちゃんに原稿を見てもらう時間がありませんでした。ですから、もしもこの講演がつまらないものになっていたとしたら、それは、しいちゃんではなくて、僕自身がひとりで準備しなければならなかったからです。許してください。

さきほど、僕のふるさとの土地には死が偏在しており、人びとが死者とともに生きているという感覚があると言いました。その死者のなかに、一昨年の秋、僕の兄も加わりました。芥川賞を受賞した『九年前の祈り』はこの兄に捧げて書かれたものです。その兄が誰よりも敬愛していたのがしいちゃんでした。いま思うと、どこか甲高くて素っ頓狂な兄の独特のしゃべり方はしいちゃんを真似していたんだなとわかります。いま、しいちゃんとしゃべっていると、とりわけ電話でしゃべっていると、兄の声を聞いているような錯覚を覚えるときがあります。

兄は脳腫瘍の手術を受けたあと、亡くなるまでおよそ一年のあいだ自宅で療養することができました。その間、毎朝一日も欠かすことなく勝手口のそばに、兄の好きな缶コーヒーとスポーツ新聞が置かれてありました。

誰が？　そう、しいちゃんです。

そして僕の兄によくしてくれたからと、兄を世話してくれたヘルパーさんたちに贈り物をしていましたし、いまもしているようです。

そうした自分の善行について、しいちゃんは何も言いません。見返りはいっさい求めません。ただ与えるのです。

そういえば、僕の兄にもそういうところがありました。しゃべり方だけでなくて、生き方もしいちゃんの真似をしていたのかもしれません。建設作業員として働いていた兄は、出稼ぎに行った一時期を除けば故郷を離れたことはありませんでした。兄は勉強も運動も苦手で、野球が大好きでしたが、小中はずっと野球部の補欠でした。働くようになってからは、地元の子供たちの試合を見に行っては大声を上げて応援していました。そして子供たちにジュースやお菓子を買ってあげていました。金もないのに人によくしたいという気持ちが強かったのです。でも、僕がフランス留学を含む長い学生生活を続けられたのは、その兄が文字通り汗水たらして働いたお金で何かと援助してくれたからです。

独身の野球好きでお人好しのおじさん。田舎の小さなコミュニティに必ずいる少し変わった人物だったのかもしれません。しかし足の悪い年寄りの代わりに墓参りをし、道すがら出会う人びとに気さくに声をかけていた心やさしい兄は、集落の日常になくてはならない存在だったと思います。

しいちゃんや兄のように見返りを求めず何かを一方的に「与える」生き方は、何かに似ていることに僕は気づきました。

それは、くり返し読む大好きな本です。本もまた僕たちに一方的に与えるものです。苦しいとき、辛いときに、本が——物語が、言葉が——自分を支えているると感じられるときがあります。

どうしてそんなふうに感じられるのでしょうか。それは本が僕たちに場所を与えてくれるからです——そうです、本は何も見返りを求めず僕たちに「与える」のです。そうやって僕たちの存在をまるごと受け入れてくれる。そして僕たちを受け入れながら、そのとき本は僕たちの心が発している声に耳を傾けてくれているのです。本を読むとき、僕たちは本から聞こえてくる声を聞いているだけではなくて、僕たちの声を本に聞いてもらっている——僕にはそう思われます。その僕たちの声を聞き取った上で、本は僕たちに語りかけてくるのです。そうやって僕たちは初めて自分の声に気づく。自分でも知らないまま心が発していた声が聞こえるようになります。本から聞こえてくる声には、それを読む僕たちの声も混じっている。だからこそ読む人によって本から受け取るものが——やはりここでも与えられています——まったく異なるのです。

そもそも本に書かれた言葉は僕たち読む者がいなければ、単なる文字列です。それは読者の人生経験や抱えている問題と出会って初めて、その人だけの「作品」になります。

本は読者を必要とします。本は作品になるために、どうしても読んでくれる人、つまり「あなた」に是が非でも生きていてもらわないと困るのです。文学を含む芸術は、仮に死や病を主題としても、つねに「生」の側にあります。本

を読んでいるとき、夢中になっているから気づかないけれど、僕たちはずっと「生きてほしい！」と激励されているのだと思うのです。

一緒にいるとそれだけで勇気づけられる人がいます。どういう人でしょうか。自分の持っているものを惜しみなく「与える」人です。他者の苦しみや悲しみを「聞く」ことのできる人です。他者に場所を与える人です。そうやって生きる喜びと力を与えてくれる人に出会うと、僕たちは思うのです——自分もこういう人になりたい、と。

人と本は似ています。大切なのは、自分にとって大切な本、大切な人と出会い、生きる力と喜びを受け取ることです。与えられてばかりいることを申し訳なく思う必要はありません。みなさんが受け取れば受け取るほど、みなさんと出会う人たちに、みなさん自身は気づかなくても、生きる力と喜びを与えることになるからです。

幸運なことに、人と書物に僕たちが事欠くことはありません。

# 私という異郷

合田正人

いま幸福に生きているといえるような存在の仕方とはどんなものか、それを考えてゆくことが哲学です。哲学について話すと聞いて、どんなことを想像しましたか。それはこれから話すことと違っているかもしれません。この十年くらいヨーロッパやアメリカで盛んに「生きる仕方としての哲学」といわれるようになってきました。本を読んで得た知識ではなく、毎日どういう風に生きてゆくのか、それを考えることこそが哲学だという意味です。では具体的にどうすれば良いのか、次のことばがヒントになります。

> 書物を超えて、まさに書物の彼方でも哲学しなければならない。誰もが、自分の条件、自分の生活を出発点として哲学しなければならない。自分の周囲を見回さねばならない。（フランツ・ローゼンツヴァイク）

故郷を甘美に思うものはまだ嘴《くちばし》の黄色い未熟者である。あらゆる場所

ごうだ・まさと＝一九五七年香川県生まれ。フランス現代思想、ユダヤ思想研究。東京都立大学助教授を経て、明治大学文学部教授。著書『レヴィナス　存在の革命へ向けて』『ジャンケレヴィッチ』『フラグメンテ』ほか、エマニュエル・レヴィナスなどの翻訳も多数ある。

を故郷と感じる者はすでにかなりの力を蓄えた者である。全世界を異郷と思う者は完璧な人間である。（聖ヴィクトルのフーゴー）

ローゼンツヴァイク▼のことばは、本がいらないとはいわないが書物を超えて哲学しなければならない。日々さまざまなことを考えながら生きている私たちがあたりをもう一度見渡してみる、それこそがまさに哲学することなのだ、という意味です。

ふたつ目のことばは何をいおうとしているのでしょうか。フーゴー▼は、哲学する者にとっては世界全体が異郷である、ともいっています。あなたたちが将来、世界中を旅し、さまざまな土地に親しみ、故郷のように感じることがあっても、フーゴーにいわせればまだ充分ではない。自分には故郷がないと思う人こそ完全な人間だという。哲学する人にとって世界とは、流され、追放されて自分が存在している、そういう場所なのです。

ローゼンツヴァイクのことばに従って自分の周りを丁寧に見回せば、たとえばいま自分がこのような姿をしていること、食べているもの、勉強している内容、お母さんやお父さんの存在、住んでいる家、さらには暮している町、通っている学校、それら一つひとつが意味をもつ特別なものに見えてきます。これが〈故郷が異郷になる〉ということです。では自分がいたいと思う場所にいることのできる人が、世界に一体どれくらいいるだろうか。そんなことも考えさ

**▼フランツ・ローゼンツヴァイク**
一八八六年生まれ、ドイツの哲学者。近代的な合理主義の哲学への疑問からユダヤ思想研究を行なうようになる。ユダヤ人のための教育機関「自由ユダヤ学舎」を開校、ブーバーやショーレムなど多くの思想家、哲学者を招いた。著書に『救済の星』。

**▼聖ヴィクトルのフーゴー**
一〇九六年頃ドイツのザクセン地方に生まれた中世のキリスト教神学者。パリの聖ヴィクトル修道院に入り、多数の著作を残した。神秘主義とともに理性を重んじ、学問に関する百科全書的な著作『ディダスカリコン』が知られる。

せられます。異郷から異郷へ、数限りない人びとがいまも歩いているし、海を渡っている。

## 島から島へ、変化してゆく私

ここで私のことをお話ししましょう。私は香川県の多度津《たどつ》に生まれました。人口およそ二万三千人の小さな港町です。大学に入るまでそこで過ごし、東京に出てきました。多度津は瀬戸内海に面した小さな港町ですが、隣にいまや全国的な観光地となった琴平という町があります。琴平町にある金比羅宮は「クンピーラ」という名のワニの化身が本尊として祀られた海上交通の守り神で、瀬戸内のとても重要な場所なのです。とりわけ瀬戸大橋が完成してから、金比羅参りがずいぶん増えました。多度津は、金比羅参りのために船などでやってきて経由してゆく町として江戸時代の半ば頃から賑わっていました。志賀直哉▼の『暗夜行路』にも多度津駅から金比羅に向かう場面があります。

十八歳になるまで毎日、私は家の窓から瀬戸内海を眺めて過ごしました。およそ七百とも、数え方によっては三千ともいわれる島々を擁する瀬戸内は〈多島海〉です。あとで触れますが〈多島海〉も、哲学にとって大切なことばです。

家の窓から、毎日のように港を往き来するフェリーボートや小さな連絡船が見えます。いろいろな品物が積まれている。新聞や雑誌、郵便もそんな船で運

**▼志賀直哉**
一八八三年生まれ、小説家。無駄のない文章が高く評価され「小説の神様」と呼ばれる。代表作に短篇『城の崎にて』『小僧の神様』など。唯一の長篇『暗夜行路』は、放蕩の日々をすごす主人公の作家時任謙作が、山陰の霊峰大山で精神の平安を得て、日常に回復してゆく物語。広島県尾道から船で多度津港についた主人公は、鉄道に乗り換え金比羅参りに向かう。

んできます。連絡船は島々を巡りながらそうした品々を送り届け、島々から受けとったものを載せて戻ってくる。瀬戸内のような景色は、世界中でも実はなかなかありません。大人になってあるとき、瀬戸大橋から海を眺めていて、ふとそのことに私は気がつき、かつて毎日眺め暮していたはずの光景が、まったく驚くべき、見知らぬ光景に見えてきたことがあります。

〈島から島へ〉はある作家の表現です。小説家・島尾敏雄▼は一九六〇年代に、「ジャパン」と「ネシア（島）」をつなげた「ヤポネシア」を提唱して、日本を捉えるイメージをつくりかえようとしました。天気予報の画面を思い描くと沖縄はたいてい左上に別枠で示されています。沖縄を本来の位置に示すと、TV画面はどうなるでしょうか。ユーラシア大陸や朝鮮半島が当然その画面に入ってくる。天気予報のたびにそういう画面を観ていたら、私たちはいまとは違った日本のイメージをもつようになるかもしれません。島尾さんは太平洋に長く広がった島として日本を捉えてみようといったのです。

▼島尾敏雄
一九一七年生まれ、小説家。特攻隊の隊長として奄美諸島で終戦をむかえ、戦後作家としてデビュー。「第三の新人」と呼ばれる一群の作家たちのひとり。作品に『出発は遂に訪れず』『魚雷艇学生』『死の棘』など。

## すがりつきたい私

与那国島に行ったことがあります。与那国島からは沖縄本島よりも台湾の方が近い。見渡す限り、まわりには圧倒的な水の拡がり。地球のどこに自分がいるのか、わからなくなるような感覚を味わいました。海を渡る船が揺れるように、安定した、固定されたものがない世界。ちょっと怖さを感じます。

かつて大陸は動かないといわれていました。いまでも地震でもなければ、私たちは地球が動いているとは感じられません。この常識を覆したのはドイツの気象学者ウェゲナー▼でした。あるときウェゲナーは地図を見ていて、大西洋と太平洋がつながっていたのではないかという直観を抱きます。『大陸と海洋の起源』にその説を発表しますが、生きている間にはまったく受け入れられませんでした。この説が広く認められるようになってから、まだせいぜい五十年程度しか経っていません。

ウェゲナーが大陸は動いていると直観したのが一九一二年のこと。二度の世界大戦の時期にはこの大陸移動説はまったくの不人気でした。国境で敵味方に区別され、人びとが互いに殺しあう時代には、地面が動いているという発想そのものが受け入れられなかった。きっとこれは偶然ではないでしょう。世界大戦の時代には不安の種だった大陸移動説ですが、見方を変えればこれからの私たちの生き方にヒントを与えてくれるかもしれません。

哲学の黎明に、ヘラクレイトス▼の「万物は流転する」ということばがあります。すべては変わり、すべては動き流されている。いまこの瞬間も私たちは生成変化している。数十年後にふたたびこの教室を訪れると想像してみればわかります。机や黒板は朽ちてしまっているでしょう。髪の毛が薄くなるとか、私たち自身にもさまざまな現象が起きているに違いありません(笑)。私たちは、そん

▼**アルフレート・ウェゲナー**
一八八〇年生まれ、ドイツの気象学者。一九一二年にはじめて大陸移動説を発表、地質学などをもとに、すべての大陸がひとつの巨大大陸パンゲアから分裂漂流して現在の位置とかたちになったと唱えた。その根拠を探すための探査旅行の途中、一九三〇年にグリーンランドで死去。一九五〇年代になって地球内部のマントルの対流が知られるようになり、大陸移動説は受け入れられるようになった。

▼**ヘラクレイトス**
紀元前六世紀頃のギリシアの哲学者。すべては変化しつづけるということこそ、この世界の絶対的法則であると考えた。著作は現存しないが、「万物は流転する」ということばがプラトンに引用され後世に伝わった。

な風に生成変化し続けている。

変わらないもの、すがりつくべきものを私たちはつい求めてしまいます。求めるのは自分自身のこともあれば、誰か他人のこともある。マンガやゲームかも知れません。でも私を支えてくれるものなんて、どこかにあるのでしょうか。むしろ、支えなんてないということに慣れてゆくべきなのではないか、すがれるものなどないことが私たちにとっては自然なのではないか。

## 私＝多島海というイメージ

世界は変わりつづけ、自分の足元も揺れつづけている。ではこの私、自分はいったいどんな存在なのでしょうか。

瀬戸内海のような多島海のイメージをみなさんに提案したい。さまざまな島が、バラバラに散らばりながらもそこにあって、ひとつの世界を形成している。自分をそのような多島海としてイメージしてみてください。

英語で多島海を「アーキペラゴ」といいます。語源となったギリシア語では「アルシペラグス」＝「アルケー（第一の、主要な）」＋「ペラグス（島）」、すなわち「はじまりの海」。エーゲ海のことです。エーゲ海もまた、さまざまなかたちの島々が距離を保ちながら散らばって存在している典型的な多島海です。散らばった島々がばらばらに広がるこの光景こそが、世界のはじまりの光景だった。

自分を多島海としてイメージすることは、自分の根が一本ではなく、無数のひげ根がいろんな方向に、ときには自分自身が思ってもいなかった方向にまで伸びている。そういうイメージといってもいいかもしれません。

芸術家の岡本太郎▼は鋭い指摘をしています。「日本人は本土の内部に、日本を一定の限界としてしか捉えていない。我々のまわりには幅広く広がる金色に輝いた海があり、そこに充実した島々が無数につらなって取り囲んでいる。それを肉体として捉えていない」(『沖縄文化論』)。日本の島の散らばりを身体的に捉えることが大切だというのです。地図には書かれることのない島が自分の周りにも存在しているのではないか。こんなものは自分ではない、なくても良いと切り捨ててはいないか、そう岡本太郎は問いかけます。

## 「空海のバロック、汝自身を知れ」

さて、多度津には忘れてはならない人がいます。子どものころ学校が終わると決まって泳ぎにいった屏風ヶ浦の海岸寺。ここで生まれたのではないかといわれる重要な思想家、空海▼。別名弘法大師です。空海は日本に思想的にさまざまなものをもたらしました。それだけでなく、最初にうどんを中国から日本に持ち込んだのも空海だといわれています。

有限だといわれる一人の人間の内にも、無限がある。けれどもそのことをお

**▼岡本太郎**
一九一一年生まれ、画家、芸術家。第二次世界大戦前、パリで絵画のほかに民族学などを学ぶ。抽象的でエネルギッシュな造形が特徴で、大阪万博のシンボル「太陽の塔」や「芸術は爆発だ」のことばで知られる。『沖縄文化論』は、一九六〇年、いわゆる本土復帰前の沖縄を訪れ、独自の文化と芸術の価値を発見してゆく書。

**▼空海**
七七四年生まれ、平安時代初期に生きた僧侶。京都で学んだ儒教、道教、仏教の思想に飽きたらず、山に入って修業を重ねる。のちに遣唐使として唐に渡り、帰国後、高野山に真言宗を開いた。主な著作は『三教指帰』『十住心論』など。書家としても日本の三筆のひとりとされる。

前たちは知らない。あなたのなかにあって、あなたの見知らぬ異郷。それを見つけ出し、開墾し開拓しなさい。哲学者の梅原猛は空海の思想をそのように捉えました。極小のもののなかに無限が宿っているという空海の発想は、バロック的なものです。西洋の哲学でも重要かつ魅力的な考え方でした。

海の波を考えてみてください。海のどの部分が波をつくっているのでしょうか。水は切ることができません。すなわちどんな小さな波も、海全体がつくっているのです。惑星間引力とか、そんな宇宙的なスケールのすべてが目の前の小さなひとつの波に関係している。ひるがえって私たち自身のなかにも全宇宙が関連したような広大な無限がある。けれども、そのことを私たちは知らない。バロックとはそういう極小と無限を結ぶ発想です。

ギリシアのデルポイ神殿に書かれていたということば「汝自身を知れ」も同じ意味でした。あらゆる物事が関係している自分こそが、自分にとっていちばん遠い存在かもしれないと考えてみる。そこから広がってゆく認識がある。

空海は私たちが通常「自分」と思っているものを「真実の我ではなく仮の我」とみなしています。この無限の宝を宿した〈私〉とは、フロイトが無意識と表現したものと捉えてもいい。みなさんのなかには〈私〉を超えた何かが存在している。フランスのモンテーニュは『エセー』の冒頭に「古今東西のことを書きながら、私のことしか書かなかった」と記しました。人食い人種の話題などなど、面白い逸話がたくさん書かれているこの膨大な書物を使って、モンテー

▼梅原猛
一九二五年生まれ、哲学者。神道や仏教に関する研究のほかに国際日本文化研究センターの創設、歌舞伎や狂言の台本の執筆でも知られる。主な著書に『地獄の思想』『隠された十字架　法隆寺論』『梅原猛著作集』ほか多数。

▼ミシェル・ド・モンテーニュ
一五三三年生まれ、フランスの哲学者。法学を学んで高等法院に勤めた後、父から相続した城に籠って主著『エセー』を執筆しつづけた。宗教戦争の時代のさなか寛容の精神を説き、人間の生き方を探究したその随想録はフランス文化全般に大きな影響を与えつづけている。

ニュは自分のことだけを書いてきたというのです。そしてこれでもまだ足りないと。

世界が一枚の絨毯だったとします。一回、二回とそれを折りたたんでゆく。数え切れない回数折りたたんだとき、世界はほんの小さなものになる。折りたたまれて、そこに何重ものヒダ《プリーツ》（フランス語ではプリ）ができる。

そのヒダを一枚ひらけば、何かがわかる。でもまだ隠され、折りたたまれているものがある。つぎのヒダをめくる、新たなことがわかる。でもまだヒダはある。そうやって生涯をかけて、モンテーニュは自分というヒダをめくっていった。みなさんにも複雑に折りたたまれた見えないヒダが無数にある。ヒダをめくることはエクス＋プリケーション、つまり「説明する」こと。めくられるべきヒダは無数にある。生きてゆく過程で、増えてゆくヒダもあるでしょう。そんなヒダの向こうから、私や他者は生まれてきているのではないだろうか。

## 「自分がわからない、では他人は？」

自分が自分にとってわからない。では他人はどうか。残念ながら他人もまたわかりません。隣にいる人がどんな傷みを感じているか、私の話をみなさんがどう受け止めているか、私にはわからない。他人とは一体なにものでしょうか。ところで、親たちから「人のことばかり考えないで、自分のことを考えなさい」と言われることがあるでしょう。かとおもうと「自分のことばかり考えて人のことをちっとも考えない！」と叱られることもある。一体どうすればいいのでしょうか。答えはどっちも考えなければならない（笑）。これを「ダブルバインド」、二重拘束といいます。どちらかひとつを選べない、でも選びなさいといわれる。私たちはずっとそんなことをいわれつづけて育ちます。

「隣人」ということばがあります。ヘブライ語で「レーア」。この「隣人」とは誰か。それもまた、ギリシアの神殿に刻まれていた問い「自己とは何か（汝自身を知れ）」と同じくらい古くから提起されていました。ルカによる福音書の第十章に「良きサマリア人の寓話」というエピソードがあります。ユダヤ教の牧師たちがイエスに隣人とは誰かと問う。イエスはこんな話をします。

ある人が、追いはぎにあい、行き倒れていた。ユダヤ教の偉い牧師たちはみな知らん顔をして通り過ぎてゆく。そのとき、私＝サマリア人は行き倒れている人に近づき、見ず知らずの彼を介抱し、宿も提供した。サマリア人は当時のイスラエルの支配体制では最下層に置かれていました。虐げられ自分の生活もままならない貧しいサマリア人が行き倒れの人を救った。イエスは問います。この行き倒れた人にとって、だれが隣人か。あるいはこのサマリア人にとって、だれが隣人ですか、と。

キリスト教というひとつの宗教にとどまらない、とても大きな思想の転換がここに含まれています。隣人とは、あらかじめ決まっているのではないのです。

血のつながりや土地の縁によって、自分の隣人はあらかじめ決まっているかのように思うかもしれないけれど、それは違う。私がその人に近づいてゆくという行為こそが、私をその人の隣人にするのです。

国籍が違い、社会的な立場が異なっていたとしても、近づくことによって隣人になる。この発想の転換をどう受けとめれば良いのでしょうか。いまは単なるエピソードに聞こえるかもしれません。けれども、隣人とはあらかじめ決まった絆ではないというこの話を、思いもかけないタイミングで想起することが、これからの君たちの人生で一度や二度は必ずあります。賭けてもいい。

ひとつ例を挙げておきましょう。骨髄移植においては、遠くアフリカのどこかで暮している全く知らない人が、兄妹と同じくらいの適合性をもち▼、移植に適しているという場合があり得ます。全くの見知らぬ人が、私の命を救う存在であるかもしれない。これはどういうことなのでしょうか。

自分と他人、自分と隣人。誰が近くて誰が遠いのかを測るこの考えかたは、いわば人間関係の遠近法です。私たちは知らず識らず、この遠近法を使いながら生きています。ニーチェ▼は、隣人を愛するのではなく、遠人、遠い人を愛しなさいといいました。ヘブライ語の聖書のなかのイザヤ書には「近きものにも遠きものにも平和あれ平和あれ」と記されています。この「平和」はいまだに一度も実現されていない。そのことを思い起こしてみて欲しい。「平和」をどう実現してゆくのか、それはまさにこれからの君たちの課題です。

**▼骨髄移植の適合率**
白血病など血液の難病の患者に正常な骨髄細胞を移植する骨髄移植は、ドナーと患者との白血球の血液型が一致しなければ成功しない。適合率は同父母の兄妹間でも二五%、非血縁者間では数百〜数万分の一といわれる。

**▼フリードリヒ・ニーチェ**
九七頁註参照。

## 自己と非自己の境界

少し視点を変えて、自分と他人はどう違うのかを考えてみましょう。関数のグラフをイメージします。あるポイントでプラスからマイナスに、不連続に急激に変化するグラフ（ステップ関数）もあれば、そんな不連続な変化は存在せず、フラットなグラフを描く関数もあり得るでしょう（フラット関数）。その中間には、なだらかに変化してゆく関数を描くことができる（なめらかな関数）［図］。

自分と他人を、私たちはステップ関数のイメージで考えていることがあります。しかし自分と他人をそんなにはっきり区別、もしくは同一視していいのでしょうか。三つ目の〈なめらかな関数〉ととらえることはできないでしょうか。

免疫学者の多田富雄▼先生に『免疫の意味論』という面白い本があります。病気から私たちを守っている免疫システムとは〈自分〉と〈自分ではないもの〉を区別する仕組みです。ではどうやって区別しているのか。〈自分ではないもの〉は無数にあります。ある特定の他者だけを認識して区別できるだけでは不十分です。これはたいへんな難題です。

知の巨人ともいうべき多田富雄先生が長年の研究生活の最後に行き着いたのが次のことばでした。「自己と非自己を識別し、自己を非自己から守ることのない混沌の王国が見えてきた」。あれ、なんだかおかしいですね（笑）。

アレルギー反応などのシステムによって自己を守り、自分と他人を識別して

図　三種類の関数

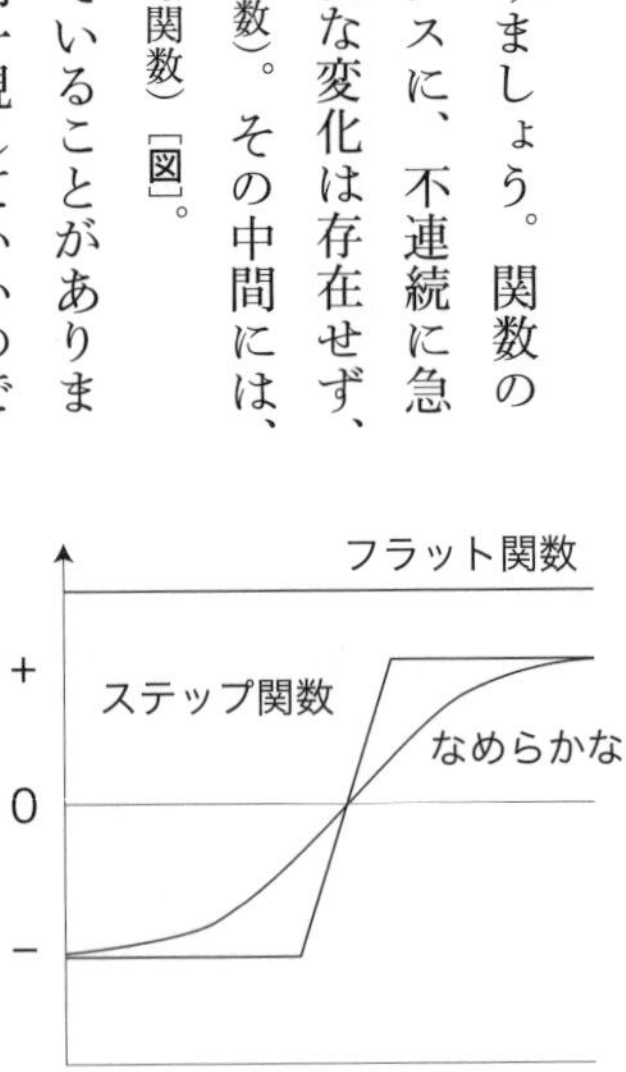


▼**多田富雄**　一九三四年生まれ、免疫学者。東京大学名誉教授。アレルギーなど免疫疾患の治療に道をひらく業績で世界的に知られる。主な著書に『免疫の意味論』や脳梗塞後のリハビリ生活をつづった『寡黙なる巨人』などがある。

いるはずの私たちのなかには、どっちでもいいやとおもっているヤツらが結構いるらしいのです。必死になって他人から自分を守ろうとしてくれてなさそうなものが、免疫システムの中核にある。これは面白い。私たちはもしかしたら、自分と他人に無理に分けて世界を認識しようとしているのかもしれない。内と外、時間と空間、A国とB国、男と女、すべてステップ関数の発想です。でもなめらかな部分、すなわちどちらでもない真ん中の場所で起きていることが大事なのではないのか。現代の免疫学からそんな逆説が出てきました。

## 「映っているのはだれ？　鏡というおどろき」

魔女が飛び出してきたり、向こう側の世界に引き摺り込まれてしまったり。昔話から現代の映画まで、鏡はリアリティのある虚構をつくりだしてきました。その語源はミラーリ＝驚きというラテン語です。心理学をサイコロジーといいますが、サイコ、すなわちギリシア語でいう魂を意味するプシケーも、姿見、すなわち鏡のことです。鏡を見つめるとき、鏡＝魂が映しているのは自分。でも自分を映す鏡もまた魂だとすれば、鏡を写している鏡とはどこか不気味です。

幼い頃の記憶を遡ってみてください。最初に鏡で自分の顔をみた日のことを憶えていますか。

誰に聞いてみても、憶えている人はいません。最初に自分の顔をみたときの記憶をもっている人は存在しない、そう私は考えています。フランスの思想家ラカン▼の難解な書物『エクリ』に「鏡の段階」と呼ばれる幼児が鏡の前で初めて自分の姿を認め、喜びで輝くばかりの表情をする場面を描いた一節があります。みなさんも、自分の顔を最初にみたシーンを思い描いてみてください。鏡の前に私たちは自分一人でいただろうか、おそらく違います。

初めて鏡の前に立つとき、私たちは〈大人的な存在〉に抱っこされていました。その人は、これが何々ちゃんよ、と私たちに繰り返し話しかけ、これがあなただと盛んに教え込みました。あるときお母さんたちに聞いてみたことがありますが、「これが○○ちゃんよ」と鏡の前で話し掛けたことのない人はいませんでした。

赤ちゃんであるあなたたちには、このとき選択肢はなかった。こっちの顔とあっちの顔、どちらがいいと聞かれたのではなく、これがあなたよ、といわれ、それを受け入れた。瞬時にそのことは、抱いているお母さんに伝わります。あっ、この子は自分のことがわかった!、と。お利口さんね、良かったね、とお母さんは褒め、子どもは微笑み返す。そんなシーンがあったに違いありません。

私たちはこのとき、自分の顔が映っていると理解したのではない。それがあなただ、引き受けなさいと命じられ、そのとおりに引き受けたのです。鏡に写っている顔とは何か。それは〈私を抱っこしている人の願い〉です。「これがあなたよ」ということばは、「こんな子になってくださいという願いなのです。

▼**ジャック・ラカン**
一九〇一年生まれ、フランスの哲学者、精神科医。フロイトの創始した精神分析学を発展させ、人間が自己を確立する過程で何が起きているのか追求しつづけた。幼児が鏡をみることで自分の身体を認識するという鏡像段階論や、主体の存在する三領界、現実界・象徴界・想像界の提唱などで知られる。主著『エクリ』。

ミラーテストというものがあります。動物に鏡をみせ反応を調べる。写っている像が生きている動物ではないとわかると、動物たちは途端に関心を失います。ところが人間の子どもは、それがじぶんの顔だとわかると飛び上がらんばかりに喜ぶ。

最初の体験のあとも子どもは飽きることなく鏡を覗き込み、喜びます。もう一度お母さんに喜んで欲しいからです。自分のことを喜んでくれたお母さんともう一度気持ちを分かちあいたいと思い、笑うことでそれを引き出そうとする。

誰もが忘れてしまっている、初めて鏡を前にするという経験で、私たちにはこんなことが起きているのではないか、とラカンは考えました。ここから私たち人間の条件がひとつ導き出せます。「私たちがじぶんの顔だと思っているものは、他人の欲望の反映である」。これは悲劇でも喜劇でもありません。私たちの条件です。自己と非自己は完全に分離するのではなく、自己にはむしろ他人の欲望が入り込んでいる。私が私になるという出来事の前提に、そんな条件を持っている。言い換えるならば、鏡に写っている私の素顔、そこにある顔は仮面です。それが素顔というものの構造的な成り立ちです。

## 「見知らぬ私の顔」

ラカンの指摘した鏡の経験をいい換えるならば、他人の欲望との関数において私たちは規定されている、といえます。自分が望むことのなかにも、あの人が驚くかも、この人が喜ぶかも、そんなふうに他人が関わっていると考えれば、別段特別なことではありません。

「他人の欲望の反映である自分の顔」とはそういう意味です。でもものすごく疲れたとき、あるいは不意をつかれたとき、自分の顔に驚くことがあります。誰かがこちらを見ていると思ったら、窓ガラスに映った自分だった。知っているはずの自分の顔に、そんなふうに驚かされることがあります。鏡に写る私の顔は、私の顔ではない。それゆえにふと、そんなことが起きる。

鏡に写る顔を実在していると認めないという現象があります。フランスの作家モーパッサン▼は、鏡のなかにだんだん自分が見えなくなってゆくという経験をしました。鏡に写る自分の部屋のなかに、自分ではなく自分に背を向けた亡霊がいる。もし亡霊が振り向いたなら、それはきっと自分に違いない。でも振り向かない。顔を見せない。そう感じつづけました。

とても奇妙な話ですが、決して異常な現象ととらえるべきではないでしょう。軽々にはいえませんが、病と呼ばれる現象も、人間の可能性の変更であるととらえてみてはどうでしょうか。たとえば、高齢で自分が誰かすらわからない人、体が動かなくなった人がいる。彼らは私たちに替って人間の可能性を探りに行ってくれていると考えてみてはどうか。彼らは持っていた可能性を失ったのではなく、別様の可能性を探りに行っているのです。可能性を増幅していると

**▼ギ・ド・モーパッサン**
一八五〇年生まれ、フランスの作家。真実を描くために事実の観察を重視し、美化を否定する自然主義文学の代表的作家のひとり。『女の一生』『脂肪の塊』など多数。日本へも早くから多数翻訳紹介された。

いうべきかもしれない。十九世紀くらいから、哲学はそのように人びとをとらえ直し、精神病理学に深く関心を寄せてゆきました。

## 「私たちはどう生きればいいのか　ストア派の哲学」

ここまで、「汝自身を知れ」というデルポイ神殿のことばや免疫システム、鏡の体験に触れながら、自分と他者は入り交じった複雑な領域を成していると話してきました。では、そんな私たちはどう生きて行けばいいのでしょうか。

ストイックということばを聞いたことがあるでしょう。お酒を飲まない、ダイエットするなど禁欲的というイメージかもしれません。けれども哲学のストア派に由来するこのことばは、本来「禁欲」とはまったく関係ありません。美しく装飾された柱のことをストアといい、列柱の下で哲学を講じたからストア派と呼ばれた人びとに由来します。西洋哲学の発想に大きな影響を与えたストア派は、自分に戻れ、といいました。

みなさんは毎日を忙しいと思いますか？　人生は短いと感じますか？　忙しいというならば自分の一日を振りかえってみよとストア派の哲学者たちはいう。仔細に振り返れば、けっこう余計なことをしています。どうでもいいことをしばらく考えていたりする。そんなことから離れ、一度スイッチをオフにする。携帯やスマートフォンを切ってみる。孤独を感じるかもしれません。でもそうやって、謎でもあり異郷でもある自分に戻る。関わっても仕方ないものに関わるから、嫉妬したり憎んだり、情念に操られて思い悩んでしまうのです。そんなものに翻弄されるのを辞めてみる。そのとき、私たちは特定の地域の住人であることを越えて、世界の市民となれるとストア派はいった。コスモポリタニズム▼です。当時のローマ市民が、どの程度の範囲を「世界の市民」と考えていたのかわかりませんが、私はここに生まれたのではない、全世界が故郷だ、そう考えてみること。

とはいえ、いま、ストア派的なコスモポリタニズムに生きるわけにはゆきません。世界すべてが故郷なのではなく、むしろ異郷なのかもしれないと考えなければならない。住み心地の悪さ、同化しきれない何かをこそ、大切に感じつづけるべきです。くり返しになりますが、いま数え切れない者たちが、異郷を歩み、異郷に生きることを強いられています。ニュースなどで聞いたことがあるでしょう。まさしく「はじまりの海」エーゲ海▼を、中東からヨーロッパへ命がけで渡ってゆこうとする大勢の人びとがいます。

## ことばを覚えるということ　視点を転換する

異郷を歩むことは、ニュースで見る遠い世界の出来事ではありません。みなさんがいま日々取り組んでいる勉強もまた、異郷を経験することです。私のい

**▼コスモポリタニズム**
理性に沿った生き方により、地域や人種、言語の壁をこえて世界の人びとを同胞ととらえる考え方。ストア派の代表的哲学者のひとり、エピクテトスは人間の兄弟愛と本性的平等を唱えた。

**▼エーゲ海を渡る難民**
二〇一〇年末にはじまった民主化要求の波「アラブの春」以来、中東の不安定化が進むと、数百万人の難民がより安定した生活を求めてヨーロッパを目指した。とりわけ内戦化したシリアからは大勢の人びとが徒歩でトルコに入り、EU圏であるギリシアに向けて粗末なボートでエーゲ海を越えようとした。途中で遭難し、命を落とした人も多い。

ない場所、私のいない時間のことを学び、この現実世界とは異なる抽象的世界に触れる。英語はもちろん、歴史も数学も、我が身を異郷に置くことです。

日本語を話せる、と私たちは当り前に考えます。でも日本語全体のどの程度を操れるのだろうか。古典の日本語、沖縄やアイヌのことば、その他のさまざまな方言。そのどのくらいをあなたは話せるのか。ことばを獲得することからして、実は異郷との出会いです。

言語修得がいかになされるのか、これもまたたいへんな難問です。あかちゃんは空腹や寒さ暑さを感じ、泣いたり身動きすることで自分の身体のマップを探るようにしながら、「鏡の段階」を経て、やがて〈私〉になってゆきます。そうやっていつのまにか、私たちは日本語を話せるようになった。ではその前の段階には何があったのでしょうか。「鏡の段階」同様、どのようにしてことばを覚えたのか、証言してくれる人は誰もいません。誰もがことばを覚えたのに、当時のことをまったく覚えていない。ここにも謎の時間がある。

このとき違う言語に接していたならば、私たちの体は日本語とは別の言語にひらかれていた可能性があります。言い換えれば、あるひとつの言語の話者となることで、ほかの言語を操る可能性を失ったのかもしれない。さらに言うなら、そもそも何かを得ることは何かを失うことだったのかもしれません。そしてまた、何かを失うことは何かを得ることであるのかもしれない。歳をとり、あるいは事故や病気で何かができなくなってゆく人がいます。でも視点を変えて、彼らは実は何かを得ているのかもしれないとは考えられないでしょうか。

長年さまざまな語学に触れ、何か国語も操るすごい人にも出会いました。私たちが日本語を獲得する前の闇の時間、そのなかにいたころの何かを、彼らは微かに、体のどこかに持ちつづけているのではないだろうかと思うときがあります。闇のなかにいた私たちが、日本語を獲得し、日本語が話せるようになる過程で失ってしまった何かを、彼らはいつでも蘇らせることができる。

それはきっと、私たちの日常に知らず知らずに流れている律動、リズムのようなものではないでしょうか。「私」が生まれてくる以前、身体のどこかに持っていたのかもしれない、単一化される以前の複数のリズムの痕跡、と言い換えてもいいでしょう。それを彼らは思い起こすのです。

私たちがもはや思い出せない時間のなかで持っていたかもしれない、異なる複数のリズムを思い描いてみること。それが外国語を話すことや暮したことのない土地や時間を身体的に感じること、すなわち学ぶことに直接つながっています。学ぶことはいつだって、異郷のコスモポリタニズムの実践なのです。

最後に大切なことを繰り返しましょう。

獲得が喪失ならば、喪失は獲得なのかもしれません。将来私が歳をとり、せっかく修得した外国語を忘れ、そればかりか日本語も忘れて、あの先生もボケちゃったといわれるようになったとき、みなさんはそんな私を、何もできなくなってしまったと見るのか。それともしなやかな可変性をもって、私という複雑きわまりない関係を、忘れてゆきつつもこね回しつづけていると考えるか。この視点の転換は、私たちの人生を支える有効な手段となるかもしれません、身の回りの小さなことから人間関係、さらにもっと大きな問題まで。

**Q&A**

――異郷を経験することの良いこと、悪いことは何でしょうか。

もしかしたら、良いことは何もないかも知れません（笑）。両親や兄弟のように、おなじ家のなかでずっと顔を突き合わせなければならない人間関係があります。ところが、すごくうっとうしく感じる身近な人と、良い関係ができたなとふと感じることがあります。それはその人と自分との遠さを感じた瞬間ではないでしょうか。お母さんの、知らなかった側面をかいまみて、こんな人だったのかとある種の距離を感じる。アルバイトや旅をしている我が子の姿を見て、こんな顔があるのかと感動する。子どもとの関係がちょっと疎遠に感じられる。そのことがふたりの間に良好な何かをもたらしてくれるのです。

異郷のない故郷は、通気口のない部屋のようなもので、息が詰まってしまうでしょう。異郷を持ち込み、そこに身を置きつづけてゆかないと、私たちはキツい人間関係のなかでいつか雁字搦めになってしまうのではないでしょうか。

## わたしの思い出の授業、思い出の先生

**Q1: 思い出の先生を教えてください**

高校時代の現代国語の先生です。

**Q2: その先生が記憶に残っている理由はなんですか?**

本を読める環境になりながら本を読まないでいることがどれほど恥ずかしいことかを教えてくれました。教科書には載っていない小林秀雄の随筆を問題にしてくれたり、バルザックの『人間喜劇』なるものの存在を教えてくれたりしました。

**Q3: その先生は人生を変えましたか?**

高校時代ロック小僧で音楽に狂っていた僕は大学に入ってからギターを本に換えて、書物の世界にはまり込んでいくことになりますが、これは高校時代の先生の教えがあったからだと思っています。

# 第4章

# 現代世界への視線

# 「政治」とはどういうものか

苅部直

かるべ・ただし＝一九六五年東京都生まれ。政治学者、日本政治思想史。東京大学法学部教授。二〇〇六年『丸山眞男――リベラリストの肖像』でサントリー学芸賞を受賞。ほかの著書に『光の領国　和辻哲郎』『ヒューマニティーズ　政治学』『歴史という皮膚』『秩序の夢――政治思想論集』などがある。

二〇一五年に法律が改正され、日本国民なら誰でも十八歳になれば選挙で投票することができるようになりました。選挙のタイミングによっては、高校三年生のときに投票する場合もあるかもしれませんね。もちろん、将来どういう道に進み、何を職業とするかは人それぞれです。選挙で立候補して政治家になる奇特な人もいるでしょう。でも、職業政治家に限らず、どんな人生を歩むにしても、「政治」に何らかの形でかかわりながら生きることになりますし、そのかかわり方は選挙での投票だけとは限りません。

したがってこのデモクラシーの制度のもとでは、誰もがふだんから、「政治」について自分の頭で考えることが必要です。今日はそのためのヒントになるようなお話をしたいと思います。

## 「一票」で政治は変わるのか

日本ではさまざまな選挙が行なわれ、そのたびに新聞などのメディアがその結果を詳しく報じています。しかしその報じかたには大きな問題があると思います。たとえば全国紙には、あらゆる地方の首長選挙の結果が載りますが、選挙の結果を簡単に報じるのみの短い記事でも、必ず投票率を書き添えています。そして、投票率が何％上がった、もしくは下がったということが記されている。

しかし選挙の結果を見るときに大事なのは、何を訴えた候補者が当選し、どの政党が推薦していたのかといったことでしょう。そういう情報を載せずに、投票率だけを報じて、たいていの場合はその低さを嘆く調子が漂う記事になっています。言外に、とにかく投票に行かなくてはいけないというメッセージを伝えているんですね。

しかし、投票率が高ければ、それでいいのでしょうか。中華人民共和国は先進諸国のようなリベラル・デモクラシーの政治制度をとっていませんので、日本の衆議院選挙、参議院選挙にあたるものはありません。地方自治の組織にあたる村民委員会では直接選挙が行なわれ、その投票率は九〇％以上に達すると言います。ただしその内実は、当選者があらかじめ決まっていて、場合によってはその人に投票しないとあとで不利益を被ることさえあるというものです。

つまり政治体制の善し悪しを評価するさいに重要なのは、投票率が高いか低いかということだけではありません。そこで個人個人の自由な選択を守る手続が整っているか。それ以前にそもそも、社会そのものが自由なものになっているか。決定的に重要なのはそういった点です。

よく「あなたの一票が政治を変える」などと選挙のさいに宣伝されますが、冷たい見かたをすれば、自分が一票を入れたことによって結果が変わるということは、何万人、何十万人もが投票する選挙の場合、ありえません。特に高齢化が進んでいるいまの日本社会では、若い人の投票が全体の結果に及ぼす影響は、相対的に小さくなっています。そのときに「選挙で投票することが大事だ」と言われても、ぴんと来ない若者が多くなるのは当たり前でしょう。

また、関心を持って選挙公約をじっくり読んでも、票を投じたい候補者が見あたらないから棄権しよう。これもある意味では合理的な判断です。政治思想の歴史では、このことが早くから問題にされてきました。ジャン＝ジャック・ルソー▼が著した『社会契約論』（一七六二年）という書物については、高校生であれば授業で名前を聞いたことがあるでしょう。フランス革命に大きな影響を与えたと言われる、デモクラシー論の古典です。

この本のなかでルソーは、隣国イングランドにおける議会政治を強く批判しています。その当時フランスでは、国民が選挙で議員を選び、代表としての議員たちが議会で法律を制定するような、国会はまだ開設されていませんでした。そこで、イングランドのような議会制度を導入すべきだという意見も多く唱えられていましたが、ルソーは『社会契約論』でそれを強く批判します。引用してみましょう。

▼**ジャン＝ジャック・ルソー**
一七一二年生まれ、フランスの哲学者、思想家。トマス・ホッブズやジョン・ロックとならび社会契約説を提唱し、フランス革命を思想的に準備したといわれる。一七七八年歿。著書に『人間不平等起源論』『社会契約論』『エミール』『告白』『孤独な散歩者の夢想』など。

イングランド人は、自分たちは自由だと思っているが、それは大間違いである。彼らが自由なのは、議員を選挙するあいだだけのことで、議員が選ばれてしまうと、彼らは奴隷となり、何ものでもなくなる。▼

この批判はいまの日本の議会制度についてもあたっています。もしも自分が票を投じた候補者が当選して議員になったとしても、自分の要求をかなえてくれるような法律が制定されるとは限りません。反対に、もし自分にとって不利な法律を議会が定めたとしても、次の選挙で議員の顔ぶれを入れ替えるまでは、その法律を守らなくてはいけません。そうした難点をルソーは指摘したのでした。

おそらく、選挙によって自分の要求をかなえようと考えること自体が、大きなまちがいかもしれません。たとえば、自分の暮らす地区に立派なサッカー場が欲しいと思っているとします。でも、ちょうどうまい具合にサッカー場建設を公約に掲げる候補者がいて、その人に投票することで夢がかなう。そんな偶然があればいいですが、そういう場合は少ないでしょうね。

たいていの場合は、それぞれの政党が掲げる政策のパッケージを眺め、比較した上で、少しでもましだと思える政党の候補者に投票する。それが実状で、選挙における投票は、決して自分の自己実現の機会ではありませんから、それを選挙に期待しても失望するだけです。

▼第三篇第十五章「代議士または代表者について」。作田啓一訳『社会契約論』、白水社Uブックス、二〇一〇年、一四四頁。訳文は一部改めた。

議員を選んで彼らに政治を任せるのでなく、自分たち自身で集まって議論し、政策を決めていこう。そういう直接民主政への憧れが生じる原因も、ここにあります。でもそれは現代の日本ではまず実現できません。たとえば桐光学園のある川崎市麻生区の人口は二〇一七年現在で一七万六千人ほど。有権者はその半分だと仮定しても、八万人前後いることになります。この多くの人数がどこかに集まって話し合うこと自体が、現実的ではありません。

ただ歴史上は、それに近い規模で直接民主政を行なった例があります。古代ギリシアのアテネでは紀元前五世紀にそうした政治が行なわれていました▼。成人男性に限りますが、すべての市民が集まり、議論して物事を決定していたのです。その集会に参加した人数は三万五千人から四万人程度と言いますから、東京ドームの収容人数よりもやや少ないくらいですね。やろうと思えばやれないことはありませんが、議論にものすごく時間がかかりますから、忙しい現代人にはやはり不可能でしょう。

▼**古代ギリシアの直接民主政**
都市国家（ポリス）、特にアテナイでは、女性や奴隷を除く成年男子からなる自由市民による直接民主政が行なわれた。民会にすべての自由市民が集まり、一、二日をかけて共同体全体にかかわる重要な事項を討論した。

## なぜ選挙はあるのか

では、選挙にはいかなる意味があるのか。それを考えるために、反対に、選挙がなかったらどうなるのかを想像してみましょう。議会があるのに、選挙がしばらく行なわれなかった例があります。台湾（中華民国）では一九四八年から八九年まで約四十年のあいだ、議会はありましたが選挙が行なわれませんでした▼。隣国である中華人民共和国との緊張関係を背景として、行政府に権力を集中させる独裁政治が実施されていたのです。しかしその四十年間に、議員たちが高齢化し亡くなって、国会の会議場は空席ばかりになってゆく。そんな事態が起こりました。

しかし、そのように議会があっても、選挙でそのメンバーが交替することがない場合、あるいはそもそも選挙に基づく議会制度が存在しない場合、いったいどういうことが起こるでしょうか。台湾の例はともかく一般論として予想すれば、政治家が好き勝手をするようになってしまうでしょうね。たとえば政府内の多数派が野球の阪神タイガースのファンだった場合に、巨人ファンの国民については税金の負担を重くするような法律を作ってしまう。そんな具合に、人びとに好き勝手に強制を加えることも可能になります。政府の要職にある人の関係者が得をするような政策や、税金の無駄遣いも頻繁に起こるでしょう。選挙のない状態とは、権力に対する監視が一切行なわれなくなることを意味します。

さらにもっと危険なのは、そういう状態が続いていると、人びとが政府の決定を「自分たちの」決定と思えなくなってしまうことです。ルソーが指摘したように、代議制による決定は、ただでさえ一般の人とのあいだに距離があるのに、選挙という形で決定に関わることすら阻まれている。そうなれば、脱税など法律を破る人も大勢出てくるでしょう。自分が関わって決めたルールでない

**▼中華民国の選挙** 内戦で中国共産党に破れた蒋介石政権の台北移転以来、中華人民共和国(中国)との緊張関係におかれた中華民国(台湾)では、長い間、戒厳令が実施されて選挙が行なわれず、日本の国会にあたる立法院では、一九四八年から民主化後の九一年まで、第一期の立法委員が留任していた。

場合、人びとがそのルールを守ろうとする意識はひたすら低下していきます。

これに対して、政府が強権によって無理矢理ルールを守らせようとすれば、さらに深刻な問題が生じます。そこで人びとは表向きは従ったふりをして、裏でルール破りが横行する。さらに政府に対する自由な意見表明ができないので、不満の感情ははけ口のないままふくらんでゆくでしょう。この不満が小さなきっかけで爆発し、反乱やクーデターに至ってしまう。世界の多くの国で、実際にこうした道筋を経て、社会が大きな混乱に陥った例が少なくありません。

こう考えてみれば、選挙のもつ重要な意味が明らかになるでしょう。それは第一に、選挙で議員が選ばれたあとは、その議会による政府の決定を「自分たちの」決定として認めることを、有権者が宣言する儀式です。あくまでも「自分たちの」決定であるからこそ、その実務を担っている政治家の行動をチェックし、その決定内容に関して自分の要求を投げかけてゆく。そういう回路が生まれます。

そして第二に、選挙に行って投票することは、議会制度というしくみそのものに対する信任の行為でもあります。先ほど、支持したい候補者がいないから投票に行かないという行動も「ある意味では」合理的だと申しあげましたが、それはあくまでも表面上の評価にすぎません。もっと掘り下げて考えれば、「あなたは投票をさぼったのだから、議会制民主主義を支持していないんですね」と言われても、反論できなくなってしまう。それが、投票に行かないという選択が含んでいる本当の問題です。これは怖ろしいことです。

アフガニスタンやイラクでは、戦争によって国家体制が完全に崩壊した状態から、国家を再建するという事業が、国際社会による協力のもとで行なわれました。▼そうして政治体制を新しく一から作るときは、最初の選挙の投票率がとても重要になります。そのときにもし投票率が三〇％程度だったなら、人びとがその政治のしくみと国家の再出発を認めていないということになってしまう。つまり、大げさに言えば選挙に行くという行動それ自体が、議会制度そのものに対する信任投票という意味を持っているのです。

このように考えていくと、政治とは決して「わかりやすい」ものではありません。政治が自分の要求をかなえてくれる。そういう説明は確かに明快ですが、先に見たように、熱心に選挙に参加したところで、自分の要求がかなえられるとは限りません。選挙に行くこと、すなわち政治に関わるという行為のもつ意味は、先に説明したような、一段と深いところにあります。これを理解するためには、選挙がもし存在しなかったら、といったん考えてみる必要があるでしょう。想像力の働きが要求されますから、決して「わかりやすい」ものではありません。

むしろ、「わかりやすい」ことを政治に求めた結果、弊害が生じることもあるでしょう。たとえば、いまから十年ほど前には、「eデモクラシー」などと、自宅にいたままインターネットを通じて投票できるしくみが、理想として唱え

**▼アフガニスタンとイラク**
二〇〇一年九月十一日のアメリカでの同時多発テロ事件ののち、国連決議に基づく対テロ戦争として、NATO軍によるアフガニスタン攻撃が始まり、現地のタリバン政権は崩壊、同年に暫定行政機構の発足を見た。二〇〇三年のイラク戦争では、アメリカを中心とする有志連合の諸国がイラクを攻撃してサダム・フセイン政権が倒れ、ようやく二年後に憲法制定にむけた移行政府が成立した。

られたことがありましたが、すぐに議論は下火になりました。もし自宅で投票できるようになれば、パソコンのキーボードを操作する行動を誰もチェックできませんから、なりすましによる投票や、買収や恐喝によって投票先を変えさせるような不正を防げないでしょう。

現行の、誰もがいちいち投票所に足を運び、選挙委員会がそれを監視しているという制度は、面倒な決まり事ではありますが、個人の投票の自由を守るために大きな意味をもっています。広く言えば、「公民」や「現代社会」の授業で習うような、政治制度の複雑なしくみも、一つひとつが人びとの自由を何らかの形で守る意味をもっています。これもまた、政治の「わかりにくい」けれど重要な側面の一つです。

## 「裸の王様」をよむ

ハンス・クリスチャン・アンデルセンによる童話「裸の王様」は、みなさんご存知でしょう。この本来のタイトルは「皇帝の新しい衣装」で、一八三七年に発表されたもの［図］。当時、ヨーロッパに皇帝はオーストリアとロシアにしか存在しません。すでに議会の開設への要求が、アンデルセンがいたデンマークでも高まっていた時代ですから、古臭い専制政治を批判する意図をこめて、「皇帝」が主人公の昔話をしたてたのかもしれませんね。日本では大正時代以

図　「皇帝の新しい衣装」一八三七年初版本より

来、「裸の王様」という題名で訳されていますが、原書の初版本の挿絵を見ると、最後の場面では薄いパジャマのような下着をつけた姿で皇帝が歩いています。男の子の叫び声も「王様は裸だ！」ではなくて、「皇帝は何もつけていない！（英訳では"He has nothing on!"）」なんですね。

当時のデンマークはいわゆる絶対君主制の国家で、議会はありませんでした▼。このお話は、議会や選挙がなかったらどういう問題が起きるのかを、寓話の形で示したようにも読むことができます。皇帝もその臣下たちも、「自分の役目にふさわしくない人」と「愚か者」にはこの美しい布が見えない、という詐欺師の言葉にだまされ、布が見えるふりを一生懸命に装っていた。その結果、皇帝は下着のみで行進する結果になりました。

もちろん時代は昔に設定されていますから、ほかの誰によっても制限されない絶対的な権力を、皇帝は持っています。それにもかかわらず、なぜ愚か者と思われたり、皇帝にふさわしくないと思われることを恐れなくてはならなかったか。

これは、一般に政治を考えるときに重要な、正当性（レジティマシー、「正統性」と表記する人もいます）の問題にかかわるからです。どんな権力も、軍隊などの脅威で人びとを縛りあげるだけでは、長続きしません。なるほど立派な存在であると人びとから思われなければ、秩序を維持できないでしょう。現在でも独裁政治を行なっている国はいくつもありますが、それらの国々は恐怖や暴力だけで成り立っているのではありません。国民に対して、立派な政治を行なってい

▼**十九世紀のデンマーク**　アンデルセンが「皇帝の新しい衣装」を発表したのち、デンマークでは王制から立憲君主制への移行が行なわれた。一八四八年にヨーロッパ大陸諸国で革命が起きたことを背景として、翌年、新たな憲法が制定され、権力分立や成人男子の参政権が認められ、国王の権力は行政府の長としてのものに制限された。

るのだと説き聴かせ、国民もまた（少なくとも建て前で）それを認めていなければ、どんな権力も決して成立しません。それが正当性ということです。

現代の日本において正当性の基準となるのは、日本国憲法に言う「国民の総意▼」に即しているかどうかです。そして選挙は、その「国民の総意」が表明される機会であると位置づけられています。もちろん、投票率が必ずしも高くなくて、しかも相対的に多数の支持を集めているのにすぎない政権の政策が、果たして「国民の総意」に即しているのかどうか。そのことは常に問題になりますが、制度の説明としては、さまざまな国民の意見が選挙によって表明され、その選挙の結果によって政府の政策体系を作りあげることで、日本の権力の正当性は支えられている。

そして政治の具体的な場面を見れば、権力が正当性を得る手段は、きれいなものばかりとは限りません。国民に嘘をつき、だましていることもありえます。「皇帝の新しい衣装」の最後の場面では、人びとから「何もつけてない！」とはやされても、皇帝はパレードを止めません。いまさら詐欺師にだまされたと認め、皇帝にふさわしくないと思われるわけにはいかない。すばらしい衣装をまとってパレードを行ない、人びとに立派な皇帝だと認めてもらうことを通じて、正当性を得ようとしていた。皇帝は、いまさらそれをやめることができないのです。立派な衣装など着けていないのに、着けているという嘘で国民を――詐欺師にだまされていたことを考慮すれば、むしろ自分自身を、ですが

▼**「国民の総意」**
日本国憲法の前文が「主権が国民に存することを宣言し、この憲法を確定する」と述べたあと、以下のように続くのが、「国民主権」の規定と解されている。「そもそも国政は、国民の厳粛な信託によるものであつて、その権威は国民に由来し、その権力は国民の代表者がこれを行使し、その福利は国民がこれを享受する。これは人類普遍の原理であり、この憲法は、かかる原理に基くものである」。第一条には「主権の存する日本国民の総意」という表現もある。

――だまそうとした皇帝が、自分の嘘にからめとられ自滅してしまう。そういう物語として読むことも可能でしょう。

人びとをだますことを通じて得た正当性は、長続きしません。「皇帝は何も着けていない！」と叫んだ少年は、皇帝の嘘にだまされず、また周囲の「空気」を読んで尻込みするようなこともなく、事実を堂々と口にしました。素朴ではありますが、権力者が間違ったことをしていることは許せないという感覚が、ここには芽生えている。議会制度と、さらにその前提となる立憲主義のしくみは、権力に対するこうした監視と批判の営みを、制度として支えるものにほかなりません。そのなかで選挙もまた、何もつけずに行進してしまう皇帝のような権力者が登場する可能性を、なるべく小さくする役割をはたしているのです。

## 大政治と小政治

作家の江上剛さんが書いた『もし顔を見るのも嫌な人間が上司になったら――ビジネスマン危機管理術』▼（二〇一〇年）という本があります。江上さんは勤めていた大きな銀行を途中で退職し、その経験をもとにした小説でデビューした方ですが、実は早稲田大学政経学部の日本政治思想史のゼミで学んだ人でもあります。

会社で働いているとさまざまなトラブルに遭遇します。上司や自分が不祥事

▼**『もし顔を見るのも嫌な人間が上司になったら』**
著者の江上剛は『非情銀行』で作家デビュー、『復讐総会』『隠蔽指令』『帝都を復興せよ』ほか多数の作品がある。

を起こす、ハラスメントに逢う、顧客との揉め事、さらには会社が倒産してしまうかもしれません。そんなときにどうすればいいのか、どうやって切り抜けるのかを指南している本です。こういう場合、自分一人で解決できる状況はまれでしょう。いろいろな人と集まり、議論をする。相手を言葉で説得しようと試み、あるときには妥協し、あるいは脅してでも言うことを聞かせなくてはいけない場合もあるでしょう。解決のための方針を相談し、リーダーを決め、その人を中心にして意見を闘わせながら協力してゆく。

こうした行動は、実は国政や地方政治などの「大政治」の世界で、政治家のしていることと同じです。会社に限らず、日常生活のさまざまな場面で、私たちはこうした「小政治」を行なっていると言えるでしょう。学校のクラブ活動、ホームルーム、PTA、マンションの自治会、地域でのゴミ処理問題などの話し合い。もちろん、政治家たちが行なう「大政治」とはその結果が影響を及ぼす範囲が違いますが、やっていることは、それほど変わらないとも言えるでしょう。

別の見かたをすれば、こうした「小政治」にかかわることを通じて、私たちはプロの政治家の営みを練習していると言えます。もちろん、こうした「小政治」の世界から、たとえば地域活動のリーダーになって、やがて政治家になるという場合であれば、そうした訓練が直接に役だつでしょう。

しかし、政治家になるわけではない大多数の市民にとっても、「小政治」の活動は一種の政治教育としての重要な意味をもっています。「大政治」の世界を演劇の舞台に見立てるならば、私たちは観客に過ぎません。ただ、同じ観客でも目利きである必要があります。この脚本はダメだねとか、この役者もっとなんとかならないの、と批判する眼が養われていなければなりません。そういう眼の肥えた観客がしっかりと監視し、場合によっては声を投げかけることで、「大政治」の舞台は健全なものに成り立つのです。

そう考えると、マスメディアによる報道が国会で行なわれる駆け引きとか、首相官邸に押し寄せるデモばかりに偏ってしまうのは、とても問題でしょう。それは私たちの政治のイメージを、政治のプロの世界での交渉事か、一見もりあがっている反対運動だけに限定してしまいます。「小政治」から「大政治」へと広がってゆく、人間の活動の厚みに比べれば、それはとても貧困な「政治」のイメージに過ぎません。

私たちが政治に参加する機会は選挙だけではありません。たとえば地域に保育所が不足しているので、小さな子供を持つ親たちが話し合い、区役所に陳情に行ったり、市議会議員や国会議員の事務所に訴えにゆく。それも立派な政治参加の回路のひとつです。これは一九六〇年代から七〇年代にかけて「市民運動」という形で、各地で盛んに行なわれていました。公害問題や食品の安全にかかわる問題、学校の不足など、さまざまな問題についてその地域の人びとが話し合い、行政に働きかけることで問題を解決してきました。

いまは一見盛んではなくなったように見えますが、行政に訴えることが制度として定着したせいでもあるでしょう。区役所などに意見を言う制度や、役所の職員が制度や施策を説明する公聴会制度ができ、市民が直接行政に参加する市民モニターなどの制度を備えているところもたくさんあります。また、たくさんのNPOが地域の問題や福祉、教育などに携って、選挙以外の方法で政治にかかわっています。

もちろん、仕事や勉強、家事や子育てに追われている私たちは、一日中、市民運動をしているわけにはいきません。大切なのは、しっかり自分の生活をしながら、これが問題だと感じたことにかかわってゆくことです。面倒だけれど、暮らしてゆくなかでこの問題は解決しなければならない、そういうことに取り組む。いわば、いやいやながらの政治参加こそが、地に足のついた政治を育てることにつながるでしょう。

それは役所に陳情することでもいいし、国会議員の事務所に電話をかけることでもいい。議員のウェブサイトにコメントを書き込むことも有効です。そうした、選挙以外の地道な部分こそが大事なのです。十八歳選挙権の導入にともなって、若い人が選挙に行くための手立てが、さまざまに論じられています。そのことにももちろん意義はありますが、しかし政治を本当に支えるのは、投票に行くという一回だけの行動ではありません。政治を見つめ、意見を表明する営みは、むしろ日々の生活のなかで培われる。そのことをわかってほしいと切に思います。

Q&A

――メディアの情報によって人びとの考えが左右されている、いまの日本社会で、「皇帝は何も着ていない」と指摘するのはむずかしいのではないでしょうか。

たとえば、ただ一人が声を挙げて、社会の全体が取り組まなくてはいけないような、重要な事実を問題として指摘した。ふだんから、そうした声が社会のどこかから聞こえてくるのに対して、耳を傾ける姿勢をもち、メディアの伝えてくる情報を批判的に吟味することが必要です。

ただそれは、何もかもを疑い、メディアに騙されている!、と考えることではありません。もちろんあらゆる新聞やテレビ局が一体となって世論を誘導していることも、可能性としてはありえます。しかしそのようにメディアを疑ったとき、何が起きるでしょうか。

人間は目の前の情報だけでは決して満足しないものです。たとえば駅前のスーパーが突然爆発したとします。見ていた人は、ああ爆発したね、とだけ思ってすませることはありません。誰がやったのだろう、何が起きているのだろう、と考える。そんなときメディアによる報道がまったくなかったら、陰謀論が流行ります。どこかの国のテロリストが入り込んだという噂が流れるなど、非合理的な情報に惑わされてしまいます。

また東日本大震災のとき、インターネット上には明らかにデマとわかるよう

な情報がたくさん流れていました。見ていると、一時にデマが広がりますが、同時にデマを批判するような情報も流れて来る。そうやって、とんでもないデマは少なくなっていきました。これなどはむしろ、情報のネットワークが大規模になり、多元化したことによる恩恵と言うべきでしょう。

なるべく多様な意見に触れ、最終的には自分で判断すること。それが健全な批判精神をもつために必要なことです。インターネットにはもちろん、怪しげな情報が多く流れていますし、粗悪な政治ブログも目につきます。しかしそこには、まっとうな意見も登場し、それが世の中をいい方向に変える動きに成長するかもしれない。そういう楽観を持ちながら情報に接することが大事です。

## わたしの思い出の授業、思い出の先生

小学校から大学に至るまで、数多くのすばらしい先生方に出会ってきました。よき師に恵まれた方だと思います。ただ、誰か特定の先生のおかげで人生が変わったとは思いません。一般論としても、人生の選択に決定的な影響を及ぼすことを、学校教育に期待するのはおかしいでしょう。

思い出ぶかい先生の例を挙げます。中学校のとき、美術の担当の先生が何かの事情で休職され、ピンチヒッターとしてかなり高齢の男性が代講にやってきました。いまにして考えれば、若いころ、昭和戦前期には前衛藝術家だったのでしょう。授業は絵を描いたり彫刻を作ったりするのでなく、その先生の藝術論の講義です。話しているうちにみずからの理論に酔った先生はしだいに昂奮してきて、「戦争は藝術だ!」と叫びます。ふだんは授業など聴いていない不良の生徒たちも大喝采。その後あの先生はどういう老後をすごされたのかなと、ときどき思いだします。

# 中国のナショナリズムと日本のナショナリズム

丸川哲史

まるかわ・てつし＝一九六三年、和歌山県生まれ。専門は台湾文学、東アジア文化論。明治大学政経学部教授。著書に『日中一〇〇年史　二つの近代を問い直す』『竹内好　アジアとの出会い』『思想課題としての現代中国　革命・帝国・党』『魯迅と毛沢東　中国革命とモダニティ』『台湾、ポストコロニアルの身体』など。

## はじめに

私は大学で中国語と、それから台湾と中国の現代史を教えています。一九九〇年から九三年まで台湾にいて、そのときに中国語を覚えました。台湾の歴史を勉強するなかで、台湾と中国とのあいだに、どのような軋轢があったのかに興味が湧き、私の関心の中心を占めるようになってゆきました。それを研究するために九〇年代後半に大学院に入学し、いまは教える立場にいます。

私が今日お話するのは「中国をどのように知るか」についてです。「どう知るか」にはいろんな観点があります。教科書的な知識を得ること、たとえば人口や地理や各省の特徴などの知識を得ることも「知る」ことのひとつです。もう一方で「知る」ことのなかには、関心や興味の持ち方を検討することが含まれています。たとえば、「知りたくなる」「知りたくない」は一種の感情の表現ですし、「好き」「嫌い」も一種の感情の表現です。この点、興味深いのは中国をめぐる毎年の世論調査です。

ここ数年の世論調査で、八〇%～九〇%の日本人が中国人を「嫌い」と答えています。これはほかの国に比べてとても高い数字です。この数字は政府間の悪化した関係性と連動しています。一方、中国の側も、日本はあまり好きではない、と答える人が多かったのですが、最近は、六〇%～七〇%へと、少し減ってきています。興味深いのは、中国人が「日本が好き」だというとき、その理由として「風景が好き」だと答える人が多いことです。「風景が好き」という答えには、いろんなものが含まれるでしょう。「きれいな水」や「きれいな空気」、それから「親切な人」などもあるでしょう。

さて、日本人の八〇%～九〇%が中国人を嫌いという事実を、どう考えるべきなのか。まず歴史を辿って驚くのは、一九八〇年代のアンケートでは「中国が好き」と答える日本人が八〇%近くもいたことです。三十～四十年のあいだに、こうなってしまったのはなぜなのか――そのことを考えなければならないでしょう。

## 「ナショナリズムとは何か」

みなさんは大学に入ると、専門によっては、すぐにナショナリズムという言葉を教わります。ナショナルとは今ではほぼ「国民的」の意味です。イズムとは主義や思想の意味です。自分たちは××人で、××人は嫌いだ——その感覚はナショナリズムと深く関係するでしょう。戦争の底にはナショナリズムが潜在するわけです。

ナショナリズムは、感情の流れだと考えてもいい。たとえば、ある国や勢力同士が戦う場合、「あいつらが憎くてたまらない」というイメージが出てくることがある。みなさんは子供の頃で記憶にないかもしれませんが、二〇〇一年九月十一日、ニューヨークの世界貿易センターのツインタワーが攻撃されました。ハイジャックされた二機の航空機が高層ビルに突っ込み、ビルは炎上し、崩壊し、多数の犠牲者が出た。そのときに「これをやったのは誰だ！」となった。「やつらは誰だ」「なんでわれわれが攻撃されなければならないのだ」と。アメリカは国中で星条旗を振って、「アメリカは負けないぞ」という感情的な盛上がりを見せました。そうした動きもナショナリズムの一つの例です。

ナショナリズムを学問的に定義した言葉があります。アーネスト・ゲルナー▼によれば、「ナショナリズムとは、第一義的には、政治的な単位（政府）と民族的な単位（国民）とは一致しなければならないと主張する一つの政治的原理である」となる。これが敵対意識として高揚することになります。

政治的な単位とは政府のことです。民族的な単位、それは国民です。その国民はその国のメンバーの条件を決める感覚をもってしまいます。たとえば国籍をもっている、もってない、といったことが問題となる。もちろん国籍を選択

▼**アーネスト・ゲルナー**
一九二五年生まれ、歴史学者、哲学者、社会人類学者。ナショナリズム研究で知られる。著書に『民族とナショナリズム』など。

することが必要となる人もいるし、国や地域を親が移動しているときはそういう問題を考えなければならない。しかし一般的にはそんなことはあまり考えられていない。とくに島国日本では、自分が日本人であることを自然な感覚で生きている人が多い。その人たちが「あいつらが憎い」となったとき、それは政治的な行動ではなく、感情的な行動と見られがちです。ただゲルナーは、ナショナリズムは、政治的なもの、たとえば政府とわれわれの感情的なものが結びついて生まれるといっている。

これを私なりにいえば、「やつら」と対置される「われわれ」という想像、これによってナショナリズムが燃え上がるのです。この想像から出てくるのは、第一に「われわれ」は何かを奪われているのではないかという不安です。またそれは「やつら」のせいではないか、という疑念です。この「やつら」と「われわれ」の関係ができ上がったときに、それと政治の世界はどこかで連動してしまう、と考えざるをえない。

## 「なぜ八〇年代に中国は好かれたのか？」

さて、なぜ八〇年代に日本は中国にいい印象をもっていたのか。これはいろんな説がある。私の説をこれから述べます。

国と国の関係、たとえば、日本と中国の関係は、日本と中国だけでは済まされない。まずアメリカ合衆国という大国がある。これとの関連があるでしょう。もうひとつは、当時は存在していたが今は存在していない国、すなわちソヴィエト連邦という国のことを考えなくてはなりません。ソ連はロシアを含めたいろんな共和国を束ねた政治的な単位でした。八〇年代までの世界で、根本的な敵対関係にあったのはアメリカとソ連でした。

八〇年代に、日本がなぜ中国に好印象をもっていたか。その頃、中国はソ連と激しい敵対関係にありました。中国はむしろアメリカと仲がよかった。日本はどうだったか。日本はアメリカの外交政策と歩調を合わせる。当時、アメリカと中国の仲がよくて、これが日本人の中国観に有形無形のかたちで影響を及ぼしていたのではないか、というのが私の推測です。日本はアメリカに与する国であって、アメリカは「われわれ」であり、ソ連は「やつら」だった。そうすると、中国は「われわれ」に近いという感覚になった。当時の軍事的な意味合いとしても、中国とアメリカは非常に近かったのです。

八〇年代、アフリカでは内戦が生じていました。アンゴラの内戦▼において、いろんな外国の支援が入っていた。アンゴラ政府のバックには、ソ連とキューバがいた。反体制派のバックには、アメリカと中国と南アフリカがいた。アンゴラでは、アメリカと中国は一体となって戦っていたのです。そういう構図は一九八九年に激しく変わります。つまりベルリンの壁が崩壊して、冷戦の秩序が一気に変化する。今度はソ連がアメリカに近づく。ゴルバチョフ書記長が

**▼アンゴラ内戦**
一九七五年から二〇〇二年まで続いた、典型的な米ソ代理戦争。ソ蓮やキューバなどの支援を受けるアンゴラ解放人民運動と、アメリカや中国などの支援を受けるアンゴラ民族解放戦線とアンゴラ全面独立民族同盟とが、武力闘争した。内戦による死者三百六十万人。いまなお国土に多数の地雷が残っている。

レーガン大統領と握手する――そういう構図が生まれる。

そうして国際政治は、人びとの感情に影響を与えます。「われわれ」はどういう陣営なのか。「やつら」はどういう陣営なのか。それが感情の基礎となるのです。われわれは、感情が自然に生まれるように思って、世論調査に答えているけれど、じつは国際政治（敵と味方）に関連づけられて存在しているのです。

## 二〇一二年の領土問題

今度は二〇一二年の領土問題から「われわれ」と「やつら」の関係を説明していきます。

尖閣諸島問題、竹島問題もまたナショナリズムの典型的な例です。尖閣という言葉がいつ頃できたのか。十九世紀です。イギリスの学者が、The Pinnacle Islandsと呼んだ。先端とか鉤型という意味です。それを日本語に訳して尖閣諸島になった。つまりヨーロッパの人が地形に由来する名前をつけ、それを日本人が翻訳した。したがって十九世紀以前に、「尖閣」という名前はありません。では、「釣魚」はあるか。これはあるのです。沖縄の漁民は「魚釣」と呼んでいました。中華側は「釣魚」と呼んでいた。日本語と中国語では言葉の並べ方は違います。日本語はS（主語）O（目的語）V（動詞）です。「私はご飯を食べます」と動詞が最後に来る。英語は逆です。“I have lunch.”となる。中国語は英語と同じＳＶＯです。だから「釣魚」となる。日本語は動詞があとに来るので「魚釣」となった。つまり、並べ方は異なってはいたが互換性はあったわけです。両方の漁民が場所をシェアしていたと考えていい。

さらに詳しく専門的に見ていけば、琉球王朝▼はどのように存在していたのか。琉球王朝が力をもって沖縄諸島全体を統治できる基盤ができたのは、中国の明王朝と頻繁に貿易をして経済的にうまくいったからです。魚釣島は中国の使節が沖縄にやってくるときの通り道でした。

琉球王朝が繁栄したのは、中国との関係ゆえで、それは半分は経済的なもの、半分は政治的なもので成立していた。じつは、明王朝は琉球王朝に莫大な援助を与えていました。理由は倭寇対策、つまり海賊対策です。倭寇はふだんは漁民や運び屋の顔をしているのですが、夜になると略奪者となる。国境を越えて活動していましたから、どんな人びとであったのかうまくいえないのですが、とにかく倭寇を取り締まらないと、貿易システムが成立しなかったのです。その倭寇対策援助で琉球王朝が栄えたのです。みなさん、沖縄のお墓をみたら、大和のお墓と形が違うなと気づくでしょう。そのあと、中国の福建省に行ってください。沖縄とお墓の形が同じだと気づくでしょう。そのくらい王朝同士の関係が良好だった。

さて、そういう沖縄の一部として、尖閣諸島の領土問題が起きた。そのとき二〇一二年七月七日に、民主党の野田政権が国有化方針を打ち出しました。つ

**▼琉球王朝**
一四二九年から一八七八年まで琉球諸島を中心に約四百五十年間存続した。交易の国として栄え、独自の文化を築き上げた。十七世紀に薩摩藩の勢力下に入ったが、対外的には独立国家として行動した。

まり、政府の管理下に置いたほうがいいという決断をした。中国はこれに反発します。中国国民のデモが激しく続きました。日本政府による国有化が九月十一日に完了したことで、中国政府は決断を迫られます。中国政府が九月十八日に該当海峡に向けて公船を派遣することを決定すると、民衆のデモは一挙に沈静化します。このときより、日本政府は該当地域が日米安保条約の適応範囲内であることをアメリカ政府に確認します。そして中国政府はこの動きを批判します。

さて、この一連の動きのなかで日付が重要になります。日本が国有化方針を打ち出した七月七日は、何の日でしょうか。七夕の日ですが、中国人からはもうひとつちがう答えが返ってきます。中国の北京郊外の盧溝橋で、日本軍と中国軍が交戦状態になったのが一九三七年七月七日なのです。いわゆる盧溝橋事件ですね。中国では「この日を忘れるな」と記念日化されています。中国人にとってみると「やつら」が戦争を拡大したとなる。「やつら」とは日本人のことです。

盧溝橋事件は、どちらが先に鉄砲を撃ったかが論争になっています。中国軍という説も、日本軍という説もある。ただ問題は、そもそもなぜ日本軍が北京にいるのかです。それまで二十世紀前半までは、中国国内には常に外国の軍隊がいる状態でした。ロシア、アメリカ、イギリス、フランスが中国の領内で活動していたのです。

余談になりますが、一九四五年以降は、中国に外国の軍隊がなくなります。日本はこの逆ですね。一九四五年までは外国の軍隊が日本にない状態でした。一九四五年以降、今日にいたるまで、外国の軍隊がある状態です。二十世紀の前半と後半のあり方は、中国と日本は真逆となります。これも日本と中国のナショナリズムの質の違いが出てくるひとつの歴史的な背景となります。

さて、中国人にすると「わざわざ七月七日を選んで国有化を宣言した、ふざけるな」となる。中国では自然発生的にデモが起きました。これは政府主導ではありません。少なくとも今のところ中央政府が主導したという形跡はありません。そして九月十八日に、中国政府は公船を派遣します。この日付も重要です。今度の日付は一九三一年のことです。つまり満州事変です。満州国成立に発展していく軍事活動が、中国の東北部で行なわれた。中国には「九月十八日を忘れるな」という歌もあります。七月七日と九月十八日——中国人にとって、この二つの日付はとても重要です。▼

さて、これをどのように見ていけばいいのか。第一に、国家の動きとしてどう見るか。第二に、社会の動きとしてどう見るか。第三に、歴史の動きとしてどう見るか。順に説明していきましょう。

政府＝国家と、社会状況（国民感情）は一致したり、一致しなかったりします。先ほどの定義で触れましたが、ナショナリズムは政治的な単位と民族的な単位を一致させようとする「イズム」でした。「一致しなければならない」という

**▼中国の記念日**
中国では、盧溝橋で日中が衝突した七月七日と、柳条湖で衝突し満州事変勃発の発端となった九月十八日は、「七七記念日」「九一八日」とされ、ともに「国辱の日」とされている。

ことは、一致しないときもあるということです。

九月十八日に「公船を派遣する」と発表したのは中国政府の意志です。つまり、政府は、あの地域を守ります、という姿勢を見せた。デモをしている社会（国民）に対してです。するとデモは一気に鎮静化しました。これは国民の感情と政府の意向が一致したという事例になります。すなわち、これはナショナリズム的な事件となりました。おもしろいのは民衆の側が自ら一気に運動を止めたことです。そこに介在しているのが「歴史」の日付、つまり記憶です。ここで疑問なのは、日本の外務省は東大出身の頭のいい人ばかりいるところですが、どうしてわざわざ七月七日という中国人が怒る日付を選んだのでしょう。とても不思議ですが、おそらくこれは外務省が劣化しているという単純な理由ゆえでしょう。

私はナショナリズムがいいとか悪いとかを学問的には判断しませんが、九月十八日にこういうふうになったことは学問的にとてもおもしろい。たとえば、日本ですと、デモが起きて、それに対して政府が動くということはまず起きません。つまり、こういうことが言える。中国政府は国民のデモに反応する政府である、と。

一方、日本社会には国政選挙があります。投票で議員が選ばれ、選ばれた議員が与党となって首相を選ぶ。いわゆる議院内閣制です。中国社会には、国会議員を選ぶ選挙制度はありません。しかし、政府は国民のデモに反応します。

こうした違いも、ナショナリズムの質として大きくかかわるといえるでしょう。

## 革命――お互いのナショナリズムを理解する鍵1

日本と中国が、お互いのナショナリズムを理解する上での鍵として、大きく三つのキーワードがあります。すなわち、革命、党、帝国です。

まず、「革命」です。中国の近代化は革命を通じて行なわれました。一九一一年の辛亥革命▼によって清朝が倒れ、中華民国が誕生しました。以後、革命状態が続き、一九六六年から文化大革命▼の期間が十年間ありました。そして七六年に文革が終わり、革命を通じた政治が終わった。つまり、中国はおよそ六十五年間にわたって革命状態が続いていたことになる。

革命とは、近代的な国家になるための運動のことです。日本にもそういう革命がありました。明治維新は革命だったと考えていい。幕藩体制が壊れて短期間に中央集権的な明治国家に生まれ変わった。日本の近代化は主に、明治維新以後の国内の産業化と「対外戦争」を通じて行なわれました。

日本国内の産業化とは、ほぼ軽工業から重工業化への流れを示します。世界遺産となった富岡製糸工場ができ、そのあとに八幡製鉄所ができた。そこを起点にして、日本の産業が高度化していきました。おや、と思いませんか。中国の場合の「革命を通じて」とは、ずいぶん違うのではないかと。これはむずか

▼辛亥革命
一九一一年から一二年にかけて、中国で起きた民主主義革命。アジアで最初の共和国を建設。孫文の三民主義を指導理念とした。

▼文化大革命
一九六六年から七六年にかけて、毛沢東の主導のもと展開された政治・権力闘争。階級闘争が叫ばれ、多くの人間が反動分子として処刑された。

しい論点なのですが、革命とは、個々人の生活とか政治的な形態を含めて変えていくことで、かならずしも物質的な基盤のみを指すわけではない。日本はむしろ、物質的な基盤としての急速な産業化が進んでいったのです。また日本はそれと「対外戦争」が結びついていったのです。これについて説明します。

一八九四年から九五年に日清戦争がありました。日清戦争以前の日本の工業は弱かった。先ほども言いましたように、軽工業が主な産業でした。重工業はお金も技術も必要なのでむずかしいのです。ちなみに、中国でそれが本格的になったのは一九四九年以降です。日清戦争の際、日本は戦時公債を出して、イギリスに買ってもらいました。とくにロンドンの金融市場に出しました。日本はこの時期以降、さらに、国を防衛するためにこそ重工業化に邁進しました。具体的にはとくに軍艦や大砲が必要でした。それをどう作るか。まず必要なのは鉄ですね。木の船では到底戦えない。鉄の船を作る産業の基盤をどう作るかが課題だった。それまで軍艦はイギリスなどから輸入していたわけです。そして、自分の力で軍艦を作れるようになったのは日清戦争以降です。なぜ可能になったのか。日清戦争に勝って多額の賠償金を得たからです。国家予算の四年分を清国からもらいました。これを八幡製鉄所に投資したわけです。

ただし十年後の日露戦争では賠償金を得られませんでした。つまり借金をして戦争をしたのです。苦労して勝ったのに、賠償金をもらえないと怒って民衆が日比谷公園で集会をし交番を襲った。政府の態度と国民の態度がせめぎあったのです。先のゲルナーの定義、政治的単位と民族的な単位との一致――これを思い出してください。

さて、中国の近代化を見てみましょう。革命をして、どこかからお金をもらえますか。どこからももらえません。戦争と革命の違いです。では一方、一九四五年、日本は中国との戦争に負けて賠償金を払ったかといえば、払っていません。七二年に中国と国交を結ぶときに「賠償金は放棄する」としました。見てきたように、近代化のルートは、日本と中国はまったく違うのです。日清戦争のときは、巨額のお金（賠償金）をもらっているのに、一九四五年に負けたときはまったく払っていない。これをどう考えたらいいのか。そもそも日本人は中国に負けたとは思っていないところがあります。

### 「党――お互いのナショナリズムを理解する鍵2」

中国の場合、革命を遂行する主体は独自の「党」でした。党が近代国家をつくった。党は、中国語で、もともと一族郎党という意味です。つまり友達とか縁者とか仲間といった意味です。そこから中国の党は、特殊なものへと変化していきました。一九二〇年代、当時の中国のリーダーは孫文です。次に毛沢東が出てくるのですが、彼らが党を作るときのモデルはソ連です。二十世紀の世界史は、ソ連という国が大きな影響を与えたことを考えないと理解できません。

中国の場合、二十世紀の前半は内戦状態（あるいは革命状態）でした。われわれの感覚と違うのは、党の中に軍隊があることです。いまもそうです。中国の軍は、共産党の軍事委員会の方針で動いています。これは台湾の中国国民党もそうでした。日本人の感覚ではちょっと想像できない。日本で自民党のなかに軍隊があるなんて考えられないでしょう。システムが根本的に違うのです。だから、日本が中国を見るときにいちばんむずかしいのは、中国共産党をどう見るかです。

## 「帝国——お互いのナショナリズムを理解する鍵3」

近代国家としての中国のベースにあるのは、中華「帝国」という形式で、民族は二層となりました（中華民族＋各民族）。伝統的な統治主体は「皇帝＋官僚」でした。

ところで、帝国と帝国主義はかなり違います。帝国主義とはヨーロッパ帝国主義を指します。国民国家として成立した国がほかの国と戦争をして領土を奪っていくのが帝国主義です。その前の帝国とは何かといえば、中華帝国とか、イスラーム帝国を指します。多民族を包摂した伝統的な国家形態を帝国と呼ぶのです。中国は民族を細かくわけると五十くらいあります。おもしろい民族名もあります。中国の東北地区には、ロシア人も住んでいますが、ロシア人のことをロシア族と呼んでいます。周知の通り、真ん中にいるのは漢民族です。中華世界は漢民族的な風習に、周辺民族が徐々に同化させられるプロセスとして成立しました。漢字を共有できる人、また中華王朝の官僚がカバーできる範囲の人を、中華の一員とした。これが中華帝国の意味合いです。

ところが十九世紀ヨーロッパの帝国主義が侵略し中国を植民地化します。香港に、上海に、それから中国の内部に入りこんでいった。すると、このときに欧米人は「やつら」ではないかという感情が生まれる。「われわれ」とはなにかとなったときに、朝鮮族とかモンゴル族は漢民族ではないが、同じ中華だということになった。だから中国の場合、帝国主義を「やつら」ととらえたとき、中華民族が誕生したと考えられています。

別の視点から見ますと、帝国とは地方に役人を派遣して税金を集めるシステム、ともいえます。日本は、各大名が徴収していました。統一した中央政権が税金を徴収していたわけではない。これは帝国とは呼べません。封建制です。

さて、明治維新という事件は、中国との関係性のなかから起きています。まず中国がヨーロッパ帝国主義に侵略されたのを見て、強力な中央集権国家をつくらないと防衛できない、と日本の一部の人びとは考えました。つまり朝廷と幕府が分離している状態ではなく、どちらかに一元化しなければならないという発想が出てきた。明治国家のモデルは何か。ひとつは明治大帝の肖像画に見られるように、ヨーロッパふうにつくったシステムという説があります。しかし中華ふうだったという説もあります。明治憲法の前に発布された教育勅語を読むと、中華ふうだということがわかります。その内容はほぼ儒教の内容です。明治維新は、「律令制国家」の復活だ、という考えもあるのです。もう一度、天皇を中心にして、地方に官僚をやって、全国からまんべんなく税金を徴収する、これは律令制（中華ふうのシステム）のことです。ですから、明治国家は、中華の影響と、ヨーロッパの影響と、両方を受けたとする説もあるのです。

なぜ、自分たちは中国人を「やつら」だと考えるのか。これはナショナリズムの素朴な発露です。みなさんは、素朴にやつらと考えず、学問的に鍵カッコ付きの「やつら」で考えてほしい。「われわれ」もそうです。ナショナリズムが発生していく文脈を学問的に考えてほしいのです。

**Q&A**

――ドイツでは、仕事を移民に奪われてナショナリズム的なものが起こっています。たとえば、政府が移民を拒否する政策を打ち出すと、世界的な格差が広がりながら、ナショナリズムはグローバリゼーションを抑圧するものになると考えるのですが、それはどうでしょうか。

まず問題は、なぜ移民が増えたのかです。それはシリアが空爆されたからですね。外に出るしかなくなる。ではなぜフランスを選ばずにドイツなのか。フランスは空爆している国家です。NATOに加盟している。そういうところには行きたくないんです。ドイツは現時点では空爆に関与していない。

　もうひとつは、ドイツは移民を受け入れやすい産業構造なのです。ドイツは、なるべく自国に自分たちの企業をとどめておくことでうまくいった。アメリカは企業が外に出てゆき内部の工業が空洞化し、職場がやせ細りました。ドイツは職場があるので、労働力が自分たちのところに来ることを歓迎します。そのことと、移民をかかえることのリスクと、両方を相談しながら考えている。移民は労働力として期待されているのです。

　日本でもこれから同じようなことが起きるでしょう。つまり、日本人の総人口が減るなかで、外国人の労働者を受け入れるかどうかが問題となってくる。法務省は受け入れたくない、厚生労働省は受け入れたいと、政府のなかでも考え方は違います。たしかにドイツでも、移民がドイツの資産を喰っているという論調もあります。ドイツで移民を受け入れるメリットとデメリットがせめぎあっているように、ひとつの国の中でも一枚岩ではなくて、内部でいろんな議論があることを忘れてはなりません。

## わたしの思い出の授業、思い出の先生

私の高校時代は、70年代中盤でした。まだ冷戦が確固として実在していて、社会科や国語科の先生たちの言動に影響を与えていたように記憶しています。ある社会科の先生は「ソ連がせめてくるぞ」と真顔で話していました。またソ連が収容所国家であった、ということなど、嘆きながら話してくれる先生もいました。今から考えると興味深いことです。また中国（人民共和国）と国交が結ばれた後でもあったのですが、国語の先生で魯迅文学のおもしろさを伝えてくれる先生もいて、深い影響を受けました。確か、魯迅の「故郷」が教材で使われていました。1950年代から90年代までの間、冷戦構造も時期によって変化し違う性格を帯びるわけですが、そのことと一緒に当時の先生たちの言動を思い出してみると、いろいろ考えさせられる材料になります。

# 戦後作家の中国体験について

張競

今日は戦後の日本人作家の中国体験についてお話しします。戦後、多くの日本人作家が中国を訪れました。その人数と回数は多く、ざっと調べてみましたら、ほとんどの作家は何らかの形で中国を訪問したり、旅行したりしていました。

いまからおよそ六十年前、一九五五年十一月二十七日「日中文化交流に関する申し合わせ」が北京で調印されました。日本側を代表して申し合わせ文書に署名したのは、演出家であり俳優でもあった千田是也です。それがきっかけとなり、千田が帰国した後、文芸評論家でフランス文学者の中島健蔵などの文化人に働きかけ、日中文化交流協会の設立準備を進めました。翌年の三月、協会が創立され、元内閣総理大臣の片山哲が会長になり、中島健蔵が理事長に就任します。

一九五六年十一月に戦後初の「日本作家代表団」が中国を訪れました。それ以来、六十年の歳月が過ぎてしまいました。この六十年来、日中の作家たちのあいだにどのような交流があったか。また、今日、振り返るとき、そうした作

ちょう・きょう＝一九五三年上海生まれ。比較文学、文化史学者。明治大学国際日本学部教授。九三年『恋の中国文明史』で読売文学賞、九五年『近代中国と「恋愛」の発見』でサントリー学芸賞を受賞。主な著書に『海を越える日本文学』『異文化理解の落とし穴　中国・アメリカ・日本』『張競の日本文学診断』『詩文往還　戦後作家の中国体験』『時代の憂鬱　魂の幸福　文化批評というまなざし』『中華料理の文化史』など。

家交流はどのような意味があったのか。今後を展望するときに、平和な時代に続いていた文学者の交流をどうとらえるべきか。今日はその三点に焦点をしぼってお話をしていきます。

▼千田是也
一九〇四年生まれ、演出家、俳優。四四年に俳優座を創立、新劇界のリーダーのひとりとして活躍した。

## 戦後初の日本作家による訪中

戦後作家の中国体験はいくつかの段階に分けられます。一九五五年前後から一九五八年が第一段階です。一九五九年、安保闘争前後から文化大革命が始まる前の一九六五年までは第二段階。そして、一九六六年の文化大革命から一九七六年までは第三段階で、改革開放が実施される一九七八年から二〇〇三年までは第四段階です。もちろん、これは便宜のための分け方で、中国の政治的変化を基準にしたものです。この時期区分を念頭において、日中文化交流協会が主催した日本作家訪中団の訪問を振り返ってみたいと思います。

まず、第一段階ですが、日本は敗戦し、戦後復興期に入ります。戦後復興期は通常、一九四五年九月から一九五四年十二月までの期間を指し、吉田茂の退任までとされています。この九年間の前半は戦後の混乱期にあって、中国に目を向ける余裕はまだありませんでした。一方、中国では、日中戦争の終結により、いわば外患が終結します。しかし、内憂はまだ終わっていません。息をつく暇もなく、一九四五年から国共内戦▼が起り、もはや日本に目を向ける余裕は

▼国共内戦
蒋介石率いる国民革命軍と共産党率いる中国工農紅軍の内戦のこと。一九二七年から三七年の第一次国共内戦と、一九四五年から一九五〇年の第二次国共内戦とに大別される。大陸部では共産党が勝利し、中華人民共和国が成立した。

なくなりました。一九四五年から四九年のあいだ、文学だけでなく、日中関係全般が空白期に入っています。

朝鮮戦争が終結した後、旧ソ連の援助もあって、中国経済は急速に回復します。多くの日本の文学者は海の向こうで何が起きたのか、見てみたいという好奇心がありました。そのような雰囲気の中で、一九五六年十一月、戦後初の「日本作家代表団」が中国を訪問しました。日中文化交流協会が派遣した初の訪中なので、「団長」や「団員」といった格式ばったものもありません。メンバーは青野季吉▼、久保田万太郎▼、宇野浩二▼、堺誠一郎▼をはじめ、全部で十一名でした。中国側はこの民間人の訪問をことのほか重視し、周恩来総理は北京で一行と会見しました。久保田万太郎が「周総理小春の眉の濃かりけり」という有名な俳句を読んだのはそのときです。

そのときの対応はひとつの前例になり、文化大革命が終了するまで、訪中した作家はずっと国賓としての扱いを受けることになります。第一回の作家代表団のメンバーを見ると、青野季吉は大正十三年、上海に渡ったことがあり、久保田万太郎は戦時中に内閣府情報局の斡旋で満州国、いまの中国東北部に滞在したことがあります。しかし、宇野浩二は中国に行ったことがなく、ほとんど何のかかわりもありませんでした。

じつはこの第一回の作家代表団が訪中するにいたるまで多くの紆余曲折がありました。

**日本作家訪中団第一期の主な参加者**

第一回　一九五六年十一月
青野季吉、久保田万太郎、宇野浩二、堺清一郎

第二回　一九五七年十月
山本健吉（団長）、井上靖、中野重治、十辺肇、多田裕計

**▼青野季吉**
一八九〇年生まれ、文芸評論家。読売新聞記者を経て、プロレタリア文学評論家として活躍。

**▼久保田万太郎**
一八八九年生まれ、俳人、小説家。浅草に生まれ育ち、消え行く下町の人情を描いた。

**▼宇野浩二**
一八九一年生まれ、小説家。作品に『蔵の中』『思ひ川』など。

**▼堺誠一郎**
一九〇四年生まれ、小説家。昭和初期にプロレタリア演劇作家として活躍。

最初の難関は誰が行くかを決めることでした。当時、文壇の長老といえば、まず思い出されるのは志賀直哉や谷崎潤一郎です。だが、志賀直哉はすでに七十三歳で、谷崎は七十歳。いまで言うと前期高齢者で、さほど年を取っているということでもありませんが、当時ではかなりの高齢と見なされ、長時間の渡航はもはや無理とされてしまった。

日中間の直行便が開通したのは一九七四年です。それまでイギリス領だった香港経由で中国入りしなければなりません。一九六〇年代の中頃まではまだジェット機がなくて、国際便もプロペラ機でした。羽田から香港までは五時間もかかります。列車で広州に入るのですが、いまの深圳《シンセン》で列車を乗り換え、入国手続をします。一九五〇年代、中英国境にはイギリス兵が銃を持ってものものしく警戒にあたっていました。通常、広州で二、三泊しますが、直接北京に行く場合でも最低一泊しないといけません。広州から北京までの直行便は途中、武漢でいったん着陸し、燃料を補給してから北京に飛んでいきます。朝、広州を飛び立ち、夕方ようやく北京に着く。宿泊の時間を入れると、北京に到着するまでには最低でも三日間が必要です。いま、成田―北京間はわずか三時間ですが、それに比べて文字通り天と地の違いです。

人選と連絡の実務を担当したのは山内完造と小林勇の二人です。山内完造はいまも東京の神保町にある山内書店の店主で、戦前の上海で同じ店名の本屋を営んでいました。魯迅と親交があり、中国の作家の中に知人や友人が多くいま

▼**志賀直哉**
一八五頁註参照。

▼**谷崎潤一郎**
一八八六年生まれ、小説家。作品に『痴人の愛』『春琴抄』など。

▼**魯迅**
一八八一年生まれ。中華民国の小説家。代表作に『阿Q正伝』『狂人日記』など。

す。小林勇は岩波書店の専務取締役で、随筆家でもあります。出版人ということもあって、日本の作家や文化人の中でかなり顔が広い。この二人が発起人となり、連絡や調整などの実務を担当していました。候補者選びにおいて、裏方は汗水を垂らして東奔西走し、並々ならぬ苦労をしました。

ほぼ同じ時期に中国側は三つの代表団を招請しました。ひとつは一九五六年九月の日本文化人中国訪問団です。音楽学者の田辺尚雄を団長とし、藤森成吉や椎名麟三▼など総勢二十名が参加しました。もうひとつは同年十月に行なわれた魯迅二十周忌に参加する人たちです。人選は魯迅と会ったことがある、というのが目安で、最初に白羽の矢が立ったのは長與善郎▼でした。一九三五年、長與がはじめて中国を訪ねたとき、上海で魯迅に会い夕食を共にしました。この作家はさほど有名ではありませんが、自負心が人一倍に強かった。山内完造と小林勇がそろって長與善郎の自宅に伺ったにもかかわらず、本人はずっと諾否をはっきりしようとしません。しまいには里見弴▼の同行などを条件につけました。里見弴に聞いてみたら、小津安二郎▼が行くなら、自分も行くと言い出しました。長谷川伸▼と野上弥生子▼にも声を掛けましたが、長谷川伸は神経痛で辞退し、野上弥生子は同伴者の都合で参加できませんでした。結局、長與善郎と里見弴らと知人や親族だけが参加しました。

初の作家代表団は十一月の訪中なので、候補者の範囲はなお一層狭められています。当初は四人の予定で、野上弥生子の名前もリストにありました。九月

**▼椎名麟三**
一九一一年生まれ、小説家。キルケゴールやジンメルなどに傾倒し、キリスト教徒に。代表作に『美しい女』がある。

**▼長與善郎**
一九八八年生まれ。作家、劇作家。代表作に『項羽と劉邦』『青銅の基督』など。

**▼里見弴**
一八八八年生まれ。小説家。作品に『晩い初恋』『善心悪心』など。

**▼小津安二郎**
一九〇三年生まれ、映画監督。「晩春」「麦秋」「東京物語」「秋刀魚の味」などいまも愛され続ける映画を多く撮った。

**▼長谷川伸**
一八八四年生まれ。作家、劇作家。「股旅物」という大衆小説のジャンルを生み出した。

二十四日、堺誠一郎は野上弥生子の自宅を訪ね、中国行きを招請しましたが、本人は個人的な事情で辞退しました。結局、訪中団のメンバーは青野季吉、久保田万太郎、宇野浩二、堺誠一郎の四名だけになったのです。

そうした活動はすべて民間人の手に委ねられ、公的な支援をいっさい受けていません。日中文化交流協会も日本文芸家協会も任意団体なので、会員費や有志の寄付だけが頼りです。担当者たちの情熱がなければ、何事もできなかったでしょう。

**▼野上弥生子**
一八八五年生まれ、小説家。代表作に『真知子』『迷路』『秀吉と利休』『森』など。

## 「日本中が熱望していた日中貿易」

日本では当時、戦後経済は設備投資型の高度成長期に入り、戦後の困窮を脱していました。五四年から神武景気が長く続き、やがて「もはや戦後ではない」という言葉が流行語になった。

一方、中国は一九四九年に新政府が成立してから、国内で財閥が解体され、大資本は国有化されましたが、中小企業の多くはまだ私営のままでした。一九五五年には、上海や天津などでは従業員が数万人におよぶ私営大企業はそのまま残っていたのです。国共内戦期の悪性インフレが退治され、土地改革により、農業が発展し、農民の生活も豊かになった。言論の自由に対する締め付けは徐々に厳しくなりましたが、知識人に対して一定の配慮を示していました。

教育は普及し、国内政治もかなり安定していたのです。

あまり知られていないことですが、一九五二年の中国のＧＤＰ（国内総生産）は日本の一・五倍でした。一九六〇年になっても、中国と日本のＧＤＰは同じでした。二〇一〇年、中国のＧＤＰが日本を上回り、アメリカについで世界二位になったとき、日本のメディアでは大騒ぎになりましたが、じつは過去にもあったことで、別にそれほど驚くべきことではありません。ちなみに日中戦争が起きた一九三七年、中国のＧＤＰは世界の五位で、日本は六位でした。

このように、五〇年代には日中のあいだに、国力の差はほとんどありません。それに、五〇年代には第二次世界大戦の記憶がまだ鮮明に残っており、日本の作家が上からの目線で中国を見ることはありませんでした。中国の共産主義化をどう見るかについては、日本では意見が割れていましたが、日本の知識人はおおむね中国のことを好意的に見ていました。当時のメディアを読むと、「中国とは二度と戦争したくない」と思っている人がほとんどであることがわかります。

そのような背景のもとで、第一回と第二回の作家訪中団が中国を訪れます。ただ、当時は日中のあいだにまだ正式な国交が回復しておらず、中国への渡航は思ったよりもはるかに難しかった。当時、よく使われたのは、「横すべり方式」というもので、第三国を経由して中国に行くというものでした。発案者は三人の現職と前職の国会議員で、高良とみ、帆足計、宮腰喜助です。この三人は一九五二年五月、ヨーロッパ経由でモスクワ入りし、国際経済会議に出席しました。その足で、北京で開かれたアジア太平洋地域平和会議準備会議に参加しました。この方法で中国を訪れたのは、ほかに木下順二▼や火野葦平▼などの作家がいました。彼らはインドのニュー・デリーで開催されたアジア諸国会議に参加し、そこから北京に飛んだのです。

指摘しておかなければならないのは、日本の作家たちがあえて国交のない国に足を踏み入れたのには、当時の日本政府の黙認があったからです。その背景には日中貿易が活発になったことが挙げられています。

日本の輸出市場だった中国との貿易は戦後の日本経済と国民生活にとって死活問題で、日中間に国交がなかったときでも、貿易・通商、輸送・配船などの実務は行なわれていました。輸出だけでなく、日本は中国から輸入された石炭、鉄鉱石と大豆にも頼っていた。事実、朝鮮戦争が勃発した後、アメリカ政府は一九五〇年十二月六日、対中貿易を全面的に禁止したため、新聞では「鉄鋼生産計画に影響大」と報じられています。一九五二年、サンフランシスコ条約▼が発効すると、日中貿易再開の機運がすぐに高まりました。さきほど、高良とみ、帆足計、宮腰喜助の三人が横すべり方式で中国に訪れたと言いましたが、彼らはなぜ中国に行ったかというと、北京で中国国際貿易促進委員会と第一次日中民間貿易協定を結ぶためでした。三人が帰国した後、日本の全国各地で報告集会が開かれ、長引く不況を対中貿易によって活路を見いだそうとしていた経済

**▼木下順二**
一九一四年生まれ、劇作家。代表作に平家物語をベースにした『子午線の祀り』や「鶴の恩返し」を下敷きにした『夕鶴』など。

**▼火野葦平**
一九〇七年生まれ、小説家。『麦と兵隊』『土と兵隊』『花と兵隊』の兵隊三部作がベストセラーになる。

**▼サンフランシスコ条約**
第二次世界大戦後に日本国と連合国各国の間で一九五一年に調印された平和条約。これにより連合国の占領は終わり、日本国は主権を回復した。一九五二年発効。

界から大歓迎を受けました。大阪では扇町プールに三万人も集まり、名古屋では当時の大須球場（いまの名古屋スポーツセンター）で一万人の盛大な歓迎集会が開かれたそうです。こうして、朝鮮戦争によって中断した日中貿易は、第一次民間貿易協定をきっかけに再開されました。

朝鮮戦争の停戦協定は一九五三年七月二十七日に調印されましたが、二日後の七月二十九日には衆議院が日中貿易促進決議を全会一致で可決し、続いて参議院でも同三十一日に可決。同じ年の十月二十九日、北京で第二次日中民間貿易協定が調印され、十一月には日中貿易促進国民会議に一都二府三十数県が参加しました。

一九五四年八月、山下汽船など海運九社の要請を受けて、日本船の大連などの入港が許可され、これにより、天津、上海、秦皇島に加え、大連への就航が可能になり、香港を経由せずに中国東北の大豆などを直接日本に輸入することができ、日本からの輸出に有利な条件が整えられました。

一年後の第二回の作家訪中団を見ると、顔ぶれはずいぶん変わり、井上靖▼、十返肇▼、山本健吉▼、中野重治▼、堀田善衞▼らが参加しました。井上靖は戦時中に中国に従軍したことがありますし、堀田善衞は戦中、戦後にわたって上海にいました。本多秋五▼も一九三四年に旧満州を旅行し、多田裕計▼は昭和十五年、上海中華映画に入社して上海に長期滞在したことがあります。そのときの経験を踏まえて、「長江デルタ」という小説を書き、第十三回上半期の芥川賞を受賞

▼**井上靖**
一九〇七年生まれ、小説家。代表作に『闘牛』『敦煌』『孔子』など。

▼**十返肇**
一九一四年生まれ、文芸評論家。文壇に関する著作を多く残した。

▼**山本健吉**
一九〇七年生まれ、文芸評論家。総合俳句誌「俳句研究」の創刊に携わる。

▼**中野重治**
一九〇二年生まれ、小説家。「新日本文学」の創刊に加わる。代表作に『むらぎも』『梨の花』など。

▼**堀田善衞**
一九一八年生まれ、小説家。代表作に『広場の孤独』『ゴヤ』など。

▼**本多秋五**
一九〇八年生まれ、文芸評論家。著書に『小林秀雄論』『物語戦後文学史』など。

しました。中野重治は戦前日本共産党に入ったことがあり、転向して戦時中に「日本文学報国会」に入りました。積極的に戦争協力したわけではありませんが、本人としては戦後、反省する気持ちがあったのでしょう。つまり、ほぼ全員が多少なりとも中国とかかわりを持っていたのです。

安保闘争前後は第二段階に入りました。この時期は、一九五九年に派遣はなかったので、実際は一九六〇年からです。六〇年に一回、六一年に二回、六三年に一回、そして、六四年に一回です。一回目のときは安保闘争の真っただ中でした。そうしたこともあって、毛沢東主席は第三回の日本作家代表団と上海で会見しました。そのときの記念写真［写真1］を見ると、毛沢東の右隣は野間宏▼、その隣りは松岡洋子、その隣が竹内実▼、その隣が開高健▼です。そして、毛沢東の左手の人物は西園寺公一。その隣が亀井勝一郎▼、その隣は大江健三郎▼です。

一九六〇年は日中交流におけるひとつの転換点になりました。というのは、一九五八年から毛沢東は大躍進政策を推し進め、中国経済を滅茶苦茶にしました。自然災害もあって、一九六〇年に入ると食糧不足が深刻化し、農村部では餓死者も出るほど経済が疲弊していました。それに伴い、日本作家の中国観も徐々に変わり始めました。

## 有吉佐和子のスター的人気

**写真1　一九六〇年の訪中団記念写真**　日本中国文化交流協会編「日中文化交流」七一六号より

**▼多田裕計**
一九一二年生まれ、小説家、俳人。横光利一に師事。俳句雑誌「れもん」を創刊。

**▼野間宏**
一九一五年生まれ、小説家。代表作に『真空地帯』『青年の環』。

第四回の作家代表団のなかに、注目すべき作家がいます。有吉佐和子▼です。彼女は和歌山県出身で、関西ゆかりの女性作家です。

一九六一年六月二十八日、亀井勝一郎を団長とする日本文学代表団の一員として、有吉は井上靖や平野謙▼と一緒に初めて中国の土を踏みました。ちなみに「日本作家代表団」はのちに「日本作家訪中団」と表記が変わりました。それには理由があります。最初は「日本作家代表団」でしたが、「誰が代表だと認めたのか」という文句が出て、それを受けて「日本作家訪中団」と名称を変更したのです。

ところで、この第四回作家訪中団に参加した有吉は昭和六年の生まれで、ともに明治四十年生まれの亀井や井上や平野にとって、まるで娘のような年齢です。有吉佐和子は訪中の五年前の一九五八年、『地唄』が芥川賞候補作になり、にわかに世間の注目を集めました。その後も小説、脚本や随筆などを精力的に発表し、さらにテレビにも出演して多彩な活躍ぶりを見せました。中国を訪問したとき、すでに人気作家として広く知られています。

中国を旅行した人にはふたつの類型があります。一目ぼれのように大好きになるか、強烈な拒否反応を示して、もう二度と行きたくないほど嫌いになるかのどちらかです。有吉はどうやら前者のようでした。一回の訪中でたちまち中国が好きになり、その後、忙しい執筆活動の合間を縫って、何度も足を運びました。その理由のひとつは有吉佐和子が中国でまるでスター女優のように人気

**▼竹内実**
一九二三年生まれ、中国文学研究者。著書に『中国歴史の旅』『岩波漢詩紀行辞典』など。

**▼開高健**
一九三〇年生まれ、小説家。ベトナム戦争を取材したノンフィクションも書いた。代表作に『裸の王様』『輝ける闇』など。

**▼亀井勝一郎**
一九〇七年生まれ、文芸評論家。

**▼大江健三郎**
七三頁註参照。

**▼有吉佐和子**
一九三一年生まれ。小説家。代表作に『紀ノ川』『華岡青洲の妻』『恍惚の人』『出雲の阿国』など。

**▼平野謙**
一九〇七年生まれ、文芸評論家。戦後、本多秋五・埴谷雄高らと「近代文学」を創刊。

があったからです。

中年の写真からは想像もできませんが、有吉は若い頃なかなかの美人でしたす。〔写真2〕。少なくとも当時の中国人の目には理想的な女性のように映ったようです。彼女の容姿に魅了された男たちは少なくありません。

初めて有吉らが中国を訪問したとき、周恩来総理は上海で一行と会見しました。外交交渉を思わせるような場面で、有吉佐和子は思わず気持ちが引き締まりましたが、周総理は、中国は何回目か、初めてですかなどと親しく声を掛けたので、緊張がすぐにほぐれて、一座は和やかな雰囲気になりました。

会見が終わり、記念撮影をするときちょっとしたハプニングが起きました。いつものように、年功序列にしたがって周総理と団長の亀井勝一郎が真ん中に立ち、もっとも若い有吉佐和子が端っこにいましたが、カメラマンがシャッターを押す直前、周総理はにこにこしながら有吉のほうに向かって歩いてきて、その隣に立ち並びました。フラッシュがたかれ、写真に収められたのは予想もしない光景です。亀井勝一郎が真ん中に立ち、周恩来総理が有吉佐和子の下手に寄り添っています。毛沢東主席がいる場面でも、周総理が端っこから二番目に立つ写真をいまだかつて見たことはありません。

有吉佐和子は代表団の紅一点で、その日、花柄の大きい振袖を身に着けていました。お化粧も上手で、朗らかに笑っている姿は明るくてきれいです。このとき彼女は三十歳ですが、見た目は二十代後半といったところです。周総理に

写真2　若き日の有吉佐和子。一九六一年六月、日本文学代表団として北京へ。前列左より廖承志、井上靖、亀井勝一郎、有吉、周恩来、平野謙。
有吉佐和子『花ならば赤く』集英社文庫口絵より

とっても娘のような年齢ですが、やはりその美貌はひと際目を引くものがあったのでしょう。

周総理だけではありません。郭沫若《かくまつじゃく》▼との会見でも、記念撮影をしようとしたら、郭はわざわざ有吉に向かって「こちらへおいで」と言って、自分のそばへ連れて行きました。井上靖や平野謙はただただ悔しそうに指をくわえて見ていたそうです。このように中国の作家のあいだで有吉佐和子の人気は抜群に高い。北京から上海に移動する前日、歓送のレセプションが催されました。有吉佐和子が華やかな和服姿で現れると、会場はパッと明るくなり、出席者から「絶世の美女」と持てはやされました。

その人気ぶりに男性作家たちはすっかり圧倒されてしまいました。北京滞在中、亀井勝一郎も井上靖も平野謙も一度も蚊に刺されなかったそうですが、有吉佐和子だけが蚊に付きまとわれていた。オジサン作家たちはそれとばかりに「北京の蚊も好意を持っている！」などと騒ぎ立てたとか。

中国の指導者の中で廖承志《りょうしょうし》▼はことのほか有吉佐和子を可愛がっていました。廖承志は東京生まれの東京育ちで、十一歳になるまで日本で過ごしました。早稲田大学に留学したことがあって、日本とのゆかりには浅からぬものがあります。中日友好協会会長という役職は一見さほど重要ではないようですが、廖承志は人望がある上、毛沢東や周恩来の厚い信頼がありました。直接周総理に進言できるので、政治家のなかでも一目を置かれていました。日本語を自由に操

**▼郭沫若**
一八九二年生まれ、中国の政治家、文学者、詩人、歴史家。中国の近代文学、歴史学の先駆者として名を馳せる。

**▼廖承志**
一九〇八年生まれ、中国の政治家。日本では一九六二年に高碕達之助とLT貿易の覚書を取り交わした人物として知られる。日本育ちで、日本語を自由に操った。

り、有吉のことを「佐和子さん、佐和子さん」と呼んで親しんでいました。彼女が新しい小説を発表すると、必ず入手して熱心に読み、見学でも、取材でも、有吉が頼めばいつも二つ返事で承諾したそうです。七八年、広州で病気療養中でも有吉佐和子に会い、医者が十五分の会見しか許可していないにもかかわらず、話が弾み、歓談は一時間四十五分にも及びました。廖承志も有吉佐和子を娘のように可愛がっていたのです。

## 「中国国内の変化」

さきほども言いましたが、一九六〇年から、中国は三年におよぶ自然災害に見舞われました。日本と中国の国力はたちまち逆転し、第七回の日本作家代表団が中国を訪問したとき、状況は一変しました。

大岡昇平▼は一九六四年、深圳経由で中国入りしましたが、広州駅で目に映った光景にびっくり仰天しました。その証言によると、街ゆく人びとの服装は汚く、ズボンの膝につぎが当たっている。表情はとげとげしく、日本でいうなら、敗戦から数年後の町の状況だった。大岡は大きな衝撃を受け、十八日間の旅行中、広州駅の残像はずっと頭から離れなかったそうです。亀井勝一郎のように、戦後何度も中国を訪ねた作家は、中国の実情をよく知っているのであまり語ろうとしなかったのですが、大岡はそういう立場の人間ではなかったからこそ、

**日本作家訪中団第二期の主な参加者**

**第三回**　一九六〇年五月
野間宏（団長）、亀井勝一郎、松岡洋子、竹内実、開高健、大江健三郎

**第四回**　一九六一年十月
亀井勝一郎（団長）、井上靖、平野謙、有吉佐和子
同じ時期に江口渙を団長とする十二名も訪中した

**第五回**　一九六一年六月
堀田善衛（団長）、中村光夫、椎名麟三、武田泰淳

**第六回**　一九六三年九月
木下順二（団長）、大原富枝、三宅艶子、城山三郎

**第七回**　一九六四年十月
亀井勝一郎（団長）、武田泰淳、由起しげ子、大岡昇平

**▼大岡昇平**
一九〇九年生まれ、小説家。代表作に『俘虜記』『武蔵野夫人』『野火』『レイテ戦記』など。

貴重な証言を残しました。

その間にあったもうひとつの重要な出来事として、中ソ対立を挙げることができます。日本の作家たちはずいぶん困惑し、堀田善衛はそのあたりから中国政府に対し、不信感を持つようになった。

そして、第三段階になると、中国では文化大革命▼が起り、決定的な変化が起きました。文革に対し、日本では「賛成派」と「反対派」に分けられ、双方が鋭く対立していたものの、時間が経つにつれ、どちらの陣営でも中国革命に対し、あまりいい印象を持たなくなるようになりました。中国政府は実質上、鎖国政策をとっていることもあって、巨大な隣国は再び謎の霧に包まれるようになりました。

その間、二回の作家代表団が中国を訪れました。一九六七年の武田泰淳が率いる作家訪中団と、一九七五年の井上靖が率いる訪中団でした。とくに武田泰淳が中国に訪れたときは、文化大革命の真っただ中でした。武田泰淳は帰国後文革擁護の発言をしましたが、それは彼が中国人や中国という国に好意を持っているからであって、文化大革命の本当の意味を理解しているからではありません。

それに対し、一九七五年のとき文化大革命の混乱はピークが過ぎたということもあって、参加者はみな中国政治から意識的に距離を保っていました。なかにはもっぱら中国の歴史、庶民の生活などの観察に徹していた作家もいました。

**▼文化大革命**
二三三頁註参照。

**日本作家訪中団第三期の主な参加者**
第八回　一九六七年四月
武田泰淳（団長）、杉森久英、永井路子、尾崎秀樹
第九回　一九七五年五月
井上靖（団長）、白土吾夫（秘書長）、水上勉、庄野潤三、司馬遼太郎
第十回　一九七六年十一月
井上靖（団長）、井上ふみ、巌谷大四、伊藤桂一、清岡卓行、辻邦生、大岡信、秦恒平

彼らの中国見聞録を読むと、文化大革命の影響をまったく感じられません。じつは、その頃、鄧小平▼が復活し、文化大革命の混乱が一定程度収拾していたからです。第三期には一九七六年の訪中も含まれていますが、正確にいえば、その回は第四期に入ります。というのは、一行は十一月に訪中しましたが、四人組が追放されたのは十月六日だからです。ただ、おそらく決定したのはそれより前だったので、便宜のためにこの第三期に入れました。

最後に第四期です。一九七八年に二回の訪中がありましたが、その後、天安門事件が起きた一九八九年まで、だいたい二年か三年おきに、という間隔になっています。そして、一九八九年、水上勉▼を団長とする代表団が六月に北京に訪れたとき、ちょうど天安門事件▼に遭い、一行は予定を切り上げて帰国しました。ここに入れなかったのはそのためです。

さきほどお断りしたように、これらの日本作家代表団（あるいは日本作家訪中団）はすべて日本中国文化交流協会が実施したものですが、そのほかにも、違う友好団体の窓口を通して、別の代表団メンバーとして訪中した作家や、有吉佐和子のように個人旅行で、あるいは高橋和巳のように取材などの形で中国旅行をした作家もいました。

一方、中国からも作家代表団が日本を訪問しました。最初の中国作家代表団は一九六一年に訪日しました。一九六五年を最後に、十四年に及ぶ中断がありました。一九八五年からは二年に一回のペースで現在も訪日しています。

**▼鄧小平**
一九〇四年生まれ、中国の政治家。文化大革命によって疲弊した中国国内の再建のために、社会主義体制のなかに市場経済の導入を図った。

**▼水上勉**
一九一九年生まれ、小説家。代表作に『飢餓海峡』『一休』『金閣炎上』などがある。

**▼天安門事件**
一九八九年、中国共産党の改革派指導者だった胡耀邦・元総書記の死をきっかけに、学生らが北京の天安門広場でデモ行為を繰り広げたのに対し、人民解放軍が武力弾圧をした事件。多数の死傷者を出した。

以上、ごく簡単ですが、日本中国文化交流協会が実施した作家交流の経過を時系列に見てきました。戦後の日本人作家と中国人作家の交流は限界があるとはいえ、相互イメージの改善と、両国の国民のよしみを深めるのに大いに役立ったのです。

## 文化人が積み上げてきた日中の絆

日本作家の訪中と、その体験を踏まえた旅行記、見聞録、エッセーや作品は戦後における日本人の中国観にも大きな影響を与えました。

さかのぼると、明治時代における日本人の中国観はふたつの側面があるといわれます。ひとつは古代中国文化に対する憧れで、もうひとつは同時代中国に対する蔑視です。両者は併存していました。

これが大正時代から徐々に変化し、昭和のはじめになると、大衆の間で中国蔑視のほうが優勢になりました。学校教育における漢文教育とも関係していますが、一九三〇年以前に生まれた人と、その後生まれた人のあいだにはっきりした違いがあります。一九三〇年より前の小中高校の漢文教科書は驚くほど水準の高いものでした。現在、復刻本が出ていて確認できますが、いまの中国の大学生でも読めない文章ばかりで、しかも訓読はついていません。あれほど水準の高い訓練を受けたら、漢詩文の読解力は相当なものです。司馬遼太郎▼を見れ

**日本作家訪中団第四期の主な参加者**

第十一回　一九七八年五月
井上靖（団長）、水上勉（副団長）、奥野健男、城山三郎、尾崎秀樹、三好徹、山田智彦

第十二回　一九七八年十月
尾崎秀樹（団長）、滝沢直子（秘書長）、利根川裕、安西篤子、尾崎恵子、皆川博子、生島治郎、野口武彦、谷克二

第十三回　一九八一年六月
山本健吉（団長）、庄野英二、上田三四二、丸谷才一、竹西寛子、井上ひさし

第十四回　一九八三年九月
水上勉（団長）、中野孝次、井出孫六、黒井千次、宮本輝

第十五回　一九八六年十月
水上勉（団長）、大庭みな子、青野聰、宮本輝

第十五回　一九八八年九月
小田切進（団長）、田久保英夫、如月小春

**▼司馬遼太郎**
一九二三年生まれ、小説家。九三年文化勲章受章。代表作に『竜馬がゆく』『燃えよ剣』など。

ばわかりますが、あの世代の中国古典文学の教養には驚くべきものがある。しかし、その後、若い世代になるほど漢文から遠ざかっていったのです。それに伴い、対中イメージも古代中国に対する「憧れ」から、同時代の中国に対する「蔑視」へと変わりました。

戦後、日本人は敗戦という事実を受け入れましたが、アメリカによる占領に対しては、心の中で複雑な思いを抱いていました。一九四九年、社会主義中国が成立してから、日中国交が断絶し、朝鮮戦争以降、日本の対中国外交は対米追随の一辺倒でした。しかし、社会全体として対中感情はおおむね良好なものです。実際、財界人やビジネスマンだけでなく、国会議員も堂々と香港経由で中国に行っていました。

近代日本では、作家の社会的地位はひじょうに高い。もちろん、経済的には必ずしも恵まれておらず、大正時代や昭和時代には、作家は親が子どもになってほしくない職業でした。しかし、新聞や雑誌で連載小説が載ったり、国際国内で何かが起きたとき、メディアは代表的な作家に見解を求めたりと、文化人として尊敬されています。戦後だけでなく、戦前からそうでした。私は満州事変や上海事変などが起きた時の雑誌を調べたことがありますが、「改造」や「中央公論」をはじめとして、ほとんどのメディアでは作家の寄稿を入れた特集を組んでいることに気づきました。戦後になると、その傾向は一層強くなっています。古くは安保闘争のとき、近くではオウム事件のとき、三・一一のとき……、多くの作家がインタビューを受けたり、コメントを発表しました。

いまは読書離れが進み、若者はあまり本を読まなくなりましたが、以前は作家の書いたものは多くの大学生やサラリーマンが熱心に読んでいました。作家たちが書いてきた中国紹介は、われわれが想像する以上に、大きな影響力を持っている。その意味では、日本作家代表団の訪中はひじょうに意義のあるものです。

ただ、このような作家交流は戦後の日本と中国の関係性に由来するもので、かなり特殊なものです。私の知っているかぎり、日本も中国もほかの国との間に同様の往来はなかったようです。

日中国交が回復してからすでに四十年が経ちました。二〇〇三年九月一日からは、十五日以内の滞在は査証（ビザ）が免除されています。いまや作家たちは取材のため、あるいは観光のため、いつでも中国大陸に行けるようになった。今日の日中関係は、文化人、経済界、政治界の多くの人たちの小さな友情の積み重ねがあってようやくここまできました。今後、日中間の作家交流はどのような形を取るかが課題になるでしょう。将来、皆さんの中から、作家や文芸評論家が現れるかもしれません。皆さんの世代になっても、日中文学者の交流を続けてくれることを願っています。

**Q&A**

——お話を聞いて、いま日中関係が悪いのはメディアが原因だと感じました。日中交流も、政府やメディアの人たちを中心にしていればもっと早い段階で仲よくなっていたのではないでしょうか。

とてもいい質問です。じつは、それは当時の日本社会の状況と関係しています。戦後、日本の知識人界は「なぜ戦争をとめられなかったのか」と大変反省していました。文学者の竹内好▼は「屈辱の事件」という文章の中で、日本にとって何が屈辱なのかというと、戦争に負けたことではなく知識人が戦争をとめなかったこと、止めようとする素振りすらしなかったことだ。知識人は本当は独立志向をすべきなのに、自分と政府の立ち位置を同一化してしまい間違いを犯したのだといったような意味のことをいいました。そうした反省の上に立ち、戦後日本の知識人、文人、メディアは政府と一線を画します。戦後の新聞は政府批判が活発に行なわれていた。八〇年代頃までは多くの新聞がそういう姿勢でした。

それが変わったのはつい最近です。いまは政府からの圧力もあり、どんどん批判が縮小しています。なぜいまメディアが変質しているのか。理由のひとつに記者クラブという制度があります。

ぼくの同僚にジャーナリスト出身の人がいます。その先生に言わせると「日本のメディアはもう死んでいる」という。なぜならいま新聞やテレビのニュー

▼**竹内好**
一九一〇年生まれ、中国文学者。主な著作に『魯迅』『日本とアジア』など。

スソースは、記者みずからが取材して掴んだ情報ではなく、記者クラブに行き政府の公式発表を聞いただけの情報に過ぎません。だから朝日新聞も読売新聞も毎日新聞もだいたい同じ内容なのです。そんな状況は資本主義の国家では日本だけでしょう。

一九七一年、西山事件という外務省機密漏えい事件がありました。当時の国内トップ新聞だった毎日新聞の西山記者が、沖縄返還に伴って日米間に密約があったという情報を独自取材で入手し新聞に発表した。国家機密ですから外務省はものすごく慌てて、彼が外務省の女性職員と関係をもち秘密を無理やり盗んだとして起訴しました。この事件をきっかけに、毎日新聞は日本全国から大バッシングを受け全国紙の第三位に落ちてしまった。それ以降、記者たちがだんだん自粛ムードになっていきました。記者生命をかけて大ニュースをスクープしても、待ちうけているのは「吊し上げ」と「辞職」だったわけですから。

こういう時代の転換点となった事件を、ぜひ調べてみて下さい。できれば英語を勉強して海外のニュースサイトを読んでほしい。世界のインターネットニュースの中でニュースソースがもっとも貧弱なのは日本です。海外のインターネットニュースは本当に記事が豊富で面白い。何時間でも見ていられます。

## わたしの思い出の授業、思い出の先生

学生時代を振り返るとき、いつも思い浮かぶのが数学のC先生の顔である。

私は小学校を卒業したときに、中国では文化大革命が起り、学校が休校になった。翌年、中学校に進学したものの、授業がまともに行なわれていない。やたらと多いのは毛沢東思想の学習会であり、革命宣伝などの活動である。

何しろ、知識は悪とされていたから、どの教科の先生もびくびくしていて、教えていいかどうかわからない。そんな中、担任のC先生だけはいつも生徒たちに熱心に数学を教えている。しかも、サボる生徒がいると、「このまま卒業すると、将来悔いが残るぞ」と叱咤激励する。

ある思想教育の時間で、上から来たえらい人はなぜか十分間の時間を残して話が終り、さっさと帰ってしまった。これとばかりに、C先生はすかさずチョークを取り出して、数学の授業をはじめた。昼下がりの日差しを浴びた窓を背に、情熱的に語りかける姿はいまも目に焼き付いている。

# フランスの街角から世界をみる

荻野アンナ

みなさんはフランスにどんな印象をもっていますか。ブランド品、フランス料理、華やかな町並み……。どれも間違いではありませんが、実際のフランスは意外と質実剛健な農業国です。パリはたしかに綺麗でお洒落ですが、「パリはフランスではない」という言い方もあるように、フランス全土の九九％の田舎の上に乗っかった、とくべつに派手な町なのです。

二〇一五年一月、パリのシャルリー・エブドという新聞社がテロに襲われ、多くの犠牲者を出しました。▼同年十一月十三日、同じくパリのバタクラン劇場と、プティ・カンボージュというレストランで無差別テロが起きました。私はちょうどそのあとすぐにフランスに行く機会がありましたので、今日はそのときに見たフランスの雰囲気をお話しします。写真は、私が実際にパリで撮ってきたものです。

おぎの・あんな＝一九五六年生まれ。小説家。慶應義塾大学文学部仏文科教授。二〇〇五年に落語家の金原亭馬生に弟子入り。『背負い水』で芥川賞、『ほら吹きアンリの冒険』で読売文学賞、『蟹と彼と私』で伊藤整文学賞を受賞。主な著書に『殴る女』『働くアンナの一人っ子介護』『荻野アンナのフラふら落語』『電気作家』などがある。

## テロ後のパリのようす

バタクラン劇場［写真1］は一八六四年に建てられた歴史ある建物です。当時、ヨーロッパでは東洋趣味が盛んで、この劇場も黄色と赤がメインのラーメン屋のような、中国風の見た目をしています。

この劇場は映画館に使われたりもしましたが、テロに遭ったときはライブハウスでした。テロがあった現場には、ものすごい数の花とローソクが供えられていて、そばには「平和」などの文字が書かれていました。その中でも注目してほしいのが"liberté"《リベルテ》、英語では"liberty"つまり「自由」という言葉です。バタクラン劇場近くを歩いてみたのですが、いちばん多かった言葉がこのlibertéです。おおきな鉛筆の模型［写真2］があり、そこにはCharlie Hebdo（シャルリー・エブド）と書かれています。テロへのメッセージなのでしょう。その下のほうには「恐れないで生きよう」とあります。この手の表現もたくさん見ました。テロのあと、パリの市民が恐れながら生活するようになればテロリストの思うつぼなので、「私たちは決してテロに屈しない」という意思表示です。

バタクラン劇場から道ひとつ隔てた公園にも、山のように花とメッセージが手向けられていました。涙を流すピンクのうさぎのぬいぐるみには、「喪の黒を装うのはやめよう。でも、忘れない」と書かれています［写真3］。花束は赤、白、青とフランスの国旗の色に染め分けられていて、自由、平等、博愛を表してい

**▼シャルリー・エブド襲撃事件**
二〇一五年一月七日にパリ十一区にある風刺週刊紙を発行する「シャルリー・エブド」紙本社に覆面をした武装集団が襲撃し、編集長、風刺漫画の担当者ら十二人を殺害した事件。同紙は以前からイスラム教の預言者ムハンマドを揶揄する風刺画をたびたび掲載し、世界的にイスラム教徒の反発を招いていた。事件後、報道と表現の自由の議論に発展した。

**写真1**　写真1～11は荻野アンナ氏撮影

ます。また、ギターもいくつか置かれていました。テロのあった当日はちょうどアメリカのロックバンドのコンサートが行なわれていたためでしょう。

マーチン・ルーサー・キング牧師は、アメリカの公民権運動の立役者です。彼の言葉がフランス語で書かれた看板も見つけました。「兄弟姉妹のように、ともに生きる術を学ばねばならない。そうでなければ、我々は愚か者のようにともに滅びてしまうだろう」。また、一般市民のオリジナルの言葉もありました。「一歩ごとに私は平和と愛を踏みしめる」。「我々の自由は、あなた方の武器よりも強い」。

花束だけでなく、ヒヤシンスや蘭の鉢植えの花もかなり見受けられました。花束はすぐに枯れてしまいますが、鉢植えは咲き続けますので、この記憶を絶やしたくないという強い思いを感じました。

次は、先ほどのバタクラン劇場の反対側から撮った写真です［写真4］。車道にせり出さんばかりに花が手向けられています。圧倒されました。そして、バタクラン劇場近くの教会［写真5］。教会の中にはノートが置かれ、「テロに屈することなく明るく生活しよう」などの言葉が書き込まれています。そこから歩いてすぐの所に、もう一つのテロ現場であるプティ・カンヴォージュがあります。バタクランよりは小規模ですが、花が手向けられ、テロ以来閉じられたままのシャッターにもたくさんのメッセージが添えられています。小学生が描いたらしい絵がいくつか貼られ、武装した兵士や、さまざまな国の国旗が描かれてい

写真2

写真3

写真4

ました［写真6］。絵の下には二十世紀フランスの有名な詩人であるポール・エリュアールの「自由」という詩の一節が添えられています。授業の一環で、先生が書かせたのでしょう。

先ほども言ったように、フランスの国としてのモットーは自由・平等・博愛です。ところが、横の壁に貼られたポスターでは、三つ目は博愛ではなく「連帯」になっていました。国家の危機のときこそ、力を合わせようという意味でしょう。

## テロへのさまざまな言葉

次は、キリスト教的なフランスの側面がよくわかる一枚で、十字架の像と花とローソクとで即席の祭壇になっています［写真7］。街灯などにもキリストのシールが貼ってあり、かつて〝ローマ教皇の長女〟と呼ばれていたくらい国教としてキリスト教が盛んだったことを想起させます。十九世紀にフランス大革命が起こってからは、キリスト教国ではなく市民の国になりましたが、今でも日本人にとってのお寺と同じような感覚で日常に馴染んでいます。

祭壇にはいろいろな国のメッセージが寄せられています。「自由と平和と愛を輝かせる灯台でありたい。恐怖と憎しみの闇を前にして、心を閉ざすことがけっしてないように」。「あなた方は、我々を怖がらせようとした。ところが我々

写真5

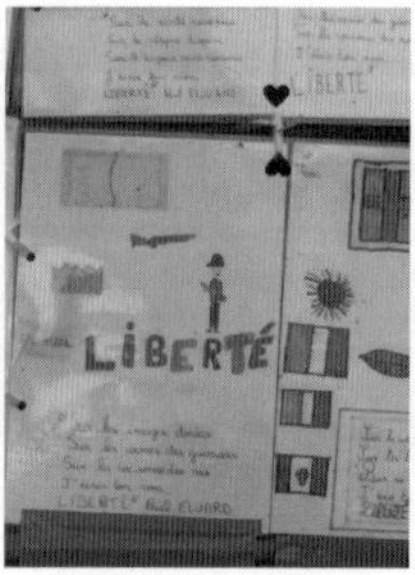

写真6

写真7

は外に出て行くし、食べるし、飲むし、生きていく。あなた方は、我々を分断しようとした。ところが我々は逆に団結した。あなた方は、我々に、あなた方の神が偉大であることを証明しようとした。ところが、あなた方は我々に神が存在しないことを示してみせた。あなた方は全員間違っている。おまけに卑怯者である」。これはやや攻撃的な印象のあるメッセージです。

次に出会ったのは“Vive la tolérance”という言葉です。Vive《ビーブ》は万歳、tolérance《トレランス》は寛大さという意味です。その上には「オプスキュランティズムに対して、ノンと言おう」とあります［写真8］。オプスキュランティズムとは、反啓蒙主義、つまり、人びとに物事を知らせない、人びとが無知蒙昧な状態をキープしておくということ。そういう主義に〝ノン〟と言って抵抗しようというのです。テロリズム＝原理主義側には、人びとにニュースを隠したり教えないという反啓蒙的な傾向がある。とすると、テロリズムの反義語は、「寛大さ」や「文化」といえるでしょう。

次の写真はプティ・カンヴォージュの隣のカフェです［写真9］。ガラスに穴があいて薔薇が差し込んである。最初はなんだろうと思いましたが、写真を撮って拡大すると穴はピストルの弾痕だとわかりました。その瞬間、生々しい傷跡の深さを感じずにはいられませんでした。

ここまで見てきた大抵の言葉は、自由と連帯を訴える比較的寛大な内容でした。食べ、飲み、生きる、つまり普通に暮らすことが、テロリストへの一番の

写真8

写真9

抗議行動だと。もちろん、すべてのフランス人が「寛大であろう、文化的であろう」という立場にあるわけではなく、なかには攻撃的な人もいて「命の盗っ人よ、フランス人は、お前たちと最後のひとりまで闘う」という過激なメッセージも見られました。これは私が見た中でもいちばん攻撃的なメッセージでした。犠牲者の方々の写真も置かれていました。ちなみに、三色旗のとなりに千羽鶴がおいてあり、日本人も訪れたことがわかります［写真10］。

そこからまた少し歩いて、レピュブリック広場に行ってみました［写真11］。レピュブリックには「共和国」という意味があり、フランスを象徴する広場です。かなり広いのですが、ここも花とローソクの祭壇でいっぱいでした。次の写真はポール・エリュアール▼［写真12］です。彼はシュルレアリスムの詩人として知られます。今でも私たちは「シュールだね」という言葉を日常的に使いますが、本来のシュルレアリスムとは、「超現実主義」という意味です。シュール＝超える、リアル＝現実、これを詩や絵画で表現しようとしたのがシュルレアリスムと呼ばれる芸術です。エリュアールは第二次世界大戦が始まると、ファシズム反対の立場にたち、レジスタンスのために闘いました。レジスタンスとは抵抗という意味で、ナチスドイツなどのファシズムに抵抗して戦った運動のことを指します。

写真10

写真11

## 「人を解放する言葉」

そうした時代背景のなか、一九四二年にエリュアールは「自由」という詩を発表します。ここからは、詩を題材にお話ししていきます。

**自由**　（安藤元雄訳）

**学校のノートの上**
**勉強机や木立の上**
**砂の上　雪の上に**
**君の名を書く**

**読んだページの上**
**まだ白いページ全部の上に**
**石　血　紙　または灰に**
**君の名を書く**

**金色の挿絵の上**
**兵士たちの武器の上**

**写真12**
**▼ポール・エリュアール**
一八九五年生まれ、フランスの詩人。ダダイズムやシュルレアリスムなど戦間期の前衛的な文学運動の中心となった。平易な口語で自由や愛を描いたフランスの国民的詩人のひとり。

国王たちの冠の上に
君の名を書く

ジャングルと砂漠の上
巣の上　エニシダの上
子供のころのこだまの上に
君の名を書く

夜ごとに訪れる不思議の上
日ごとの白いパンの上
結び合わされた季節の上に
君の名を書く

切れ切れの青空すべての上
池のかび臭い太陽の上
湖のきらめく月の上に
君の名を書く

畑の上　地平線の上

鳥たちの翼の上
影を落とす風車の上に
君の名を書く

曙のそよぎの一つ一つの上
海の上　船の上
途方もない山の上に
君の名を書く

泡と立つ雲の上
嵐ににじむ汗の上
つまらないどしゃぶりの雨の上に
君の名を書く

きらきら光る形の上
色彩の鐘の響きの上
自然界の真理の上に
君の名を書く

目をさました小径の上
伸びひろがった街道の上
あふれ出る広場の上に
君の名を書く

これは冒頭から半分くらいまでです。いろいろなものの上に「君」の名を書いていく、というとても長い詩です。この「君」とはいったい何を指しているのでしょうか。

まず最初は学校のノートの上ですから、小学校の教室の情景が浮かんできます。木立は教室の窓から眺めた風景でしょう。教室から外へ出て、砂の上、雪の上と大自然が相手になり、「読んだページの上」でまた学校のイメージに戻る。ところが今度は白いページが出てきて、石や木、紙といった自然物が想起されていく。「金色の挿絵」は少年の読む冒険譚のイメージ。白いパンは、日本人にとっての白米のように日常的なものです。ただ、エリュアールがこの詩を書いたころは戦争中ですから、白いフカフカのパンはなかなか食べられず、黒パンを食べていたかもしれません。それから青空や池に映った太陽など、鮮やかな自然が描かれていきます。その先を見てみましょう。

いまともるランプの上

**いま消えるランプの上**
**一つに集まった僕の家の上に**
**君の名を書く**

「僕の家」なら、ふつうは一軒です。ところが、原文ではひとつに集まった〝複数の〟僕の家なのです。少し昔のフランスの夜の町を想像してみてください。家々のランプが消えたり灯ったりしている。それら一軒一軒の家というのは、それぞれが、その住民にとっての「僕の家」です。その家々は各人にとっては大切な居場所で、その集まりとしての町なり村の情景がある。そこで複数形が使われているのです。詩は、たくさんの言葉をギュッと濃縮しますので、このようにふしぎな言葉づかいも出てきます。さらに続きます。

**二つに切られたくだもののような**
**鏡と　僕の部屋との上**
**からっぽの貝殻　僕のベッドの上に**
**君の名を書く**

**くいしんぼうでおとなしい　僕の犬の上**
**ぴんと立ったその耳の上**

**不器用なその前足の上に**
**君の名を書く**

**僕の戸口の踏み板の上**
**いつも見慣れた品物の上**
**祝福された火の波の上に**
**君の名を書く**

**許し与えられた肉体全部の上**
**僕の友人たちの額の上**
**さしのべられる一つ一つの手の上に**
**君の名を書く**

玄関のドアの「踏み板」であったり、家具やお鍋などの「見慣れた」もの、かと思うと「祝福された火の波」といった抽象的なイメージなど、さまざまなものの上に、「君」の名を書く。

**取り壊された僕の隠れ家の上**
**崩れ落ちた僕の烽火台の上**

**僕の退屈の壁の上に**
**君の名を書く**

**望んでもいない不在の上**
**むきだしになった孤独の上**
**死神の歩みの上に**
**君の名を書く**

ここは、壊れたり崩れたり、あるいは寂しさや死といった、ネガティブなイメージが積み重ねられていく。しかし、その上にも「君」の名を書く。そのあと、ポジティブな要素が出てきて、

**立ち戻った健康の上**
**消え失せた危険の上**
**思い出のない希望の上に**
**君の名を書く**

思い出のない希望とは、過去のものではなく、明日の希望ということです。
さあ、次が詩の最後です。

一つの言葉の力によって
僕の人生は再び始まる
僕の生まれたのは　君と知り合うため
君を名ざすためだった

自由　と。

学校の机の上、ノートの上、あらゆるものの上に何を書いていたかというと、「自由」という一言だったのです。

とても長い詩ですが、フランスでは多くの子どもたちが学校で習います。ここに出てくる「自由」には、言葉の力によって自分が生まれ変わるという、人の潜在的な能力が暗示されている。テロから二週間後くらいのパリでは、「自由」という言葉とほんとうに何度も出会いました。そして、いま読んだエリュアールの詩があちこちで引用されていました。テロの情景を思い浮かべながらこの詩を読み直してみると、「自由」という言葉が我々にとってたいへん大切なものであることが、はじめて実感としてわかりました。

## 「自由」とはなにか

私が教える大学の文学部の授業でも、この詩を取り上げました。「あなたなら何の上に『自由』と書きたいですか？」と聞いたら、じつにさまざまな答えが返ってきました。枕、森の奥、海の底、履歴書……。履歴書に「自由」と書いてあったらかっこいいでしょうね、就職は出来ないと思いますが（笑）。みなさんだったら、何の上に自由という言葉を書きつけますか？

文学には、現代国語や古典などで読む、学問としての側面もありますが、フランス文学の立場からいうと、街角の一人ひとりの声の断片が積もり積もってできていくのが文学だと感じます。エリュアールが「自由」という詩を書いたときのパリも、一回のテロどころではない、長く辛いファシズムとの闘いの時代だった。そういう時代を生きた多くの民衆の気持ちが積もり積もって、一人の代弁者の指先から、こうして詩の形で生まれたのです。またその積み重ねが伝統を作っていく。みなさんも日々アンテナを立てて、日常の小さな喜びや小さな理不尽に対して言葉を育ててほしいと思います。

「自由」とはなにか、みなさんも考えてみてください。好き勝手することが自由なのではありません。テロリズムに対向するための言葉としての「自由」も存在する。今日は、みなさんのハートの上に「自由」という言葉を書きました。

——キング牧師は、すべての民族が平等に暮らすことを主張しています。シャルリー・エブド社が風刺画でムハンマドを馬鹿にしたのは、イスラムの人たちを排他的に扱うようで、キング牧師の考えとは少し違うように思います。

いい質問です。まず、シャルリー・エブドはごくマイナーな週刊新聞です。身の回りにある権威をとりあえず笑ってみるのが社の編集方針です。ムハンマドの風刺画を検索すると、行き過ぎたとんでもない画像がたくさん出てきます。ところが、キリスト教やローマ教皇関係の風刺画はもっとたくさん描かれていて、だからカトリック側がテロを仕掛けるかというと、そんなことはないのです。

十八世紀のフランス革命でフランスは共和国になりました。それは自分の自由と同時に他人の自由を尊重するものでした。市民として生きる基本には、自由があります。それならテロをする自由があるのではという考え方もありそうですが、それは間違いです。

自由は、無制限に何をやってもいいというものではありません。他者を人間的に認めた上で、自分が一個の人間として独立した立場を尊ぶということです。テロには他者を尊重するという視線が欠落しているので、やはりテロと自由は対立概念といえるでしょう。

## わたしの思い出の授業、思い出の先生

小学校から、苦手と言えば体育だった。1年生の時、運動会の入場行進で、右手と右足を同時に出しているのは私一人だった。

成績は5段階評価で、決して1を点けない学校の2だった。心配する母親に、担任の山崎先生は言ったものだ。

「別に歩けないわけじゃなし」

この手の大らかな先生たちのおかげで、今の私はある。

問題の体育は、中学で肥満したために、ますます不得意になった。サッカーの時間には、ボールが来ないほうへ逃げながら、友人と無駄話をしていた。

ろくに運動をしなかったせいで、中年以降がつらい。あわててジムに入り、ボクシングのまねごとをやってみると、身体を動かすのが意外と好きな自分がいる。

苦手な授業を大目に見てもらったことで、時間をかけて嫌いが好きになった。教育の懐は広い。

# 第5章

# いま、日本は

# 経済は誰のために、何のために？

## ブラック企業は企業じゃない

浜矩子

今日はこの「経済は誰のために？　何のために？」という問題をみなさんと一緒に考えていきます。まず、経済学とは何かですが、これはひとまず謎解きであると考えてください。我々はこの一時間の授業のうちに経済名探偵になることを目指します。そのような意識を共有しましょう。それはどういうことか。ある人のある言葉を紹介するところから口火を切っていきます。それはジョーン・ロビンソン▼の言葉「どんな馬鹿でも質問に答えることはできる。重要なのは質問を発することである」です。

　たしかに人間は質問されたら、苦し紛れにデタラメでもいいので、何か答えることはそれなりにできます。本当に追い詰められれば、ともかく言うことはできる。けれども、何もないところから、本当にそれってそうなの？と疑問を提示することはなかなか難しいことであり、同時に重要なことでもあります。

　いまこの素晴らしい教室は、良い感じのライティングで、空調も行き届き、マイクの具合も良い。そのなかでみなさんはいま座っている。スマホやパソコ

はま・のりこ＝東京都生まれ。エコノミスト。同志社大学大学院ビジネス研究科教授。二〇一二年より財務省の「財政制度等審議会」人事委員。著書に『グローバル恐慌　金融暴走時代の果てに』『新・国富論　グローバル経済の教科書』『超入門・グローバル経済「地球経済」解体新書』『「アベノミクス」の真相』『地球経済のまわり方』など多数。

ンを使っていろんなことを検索し、勉強の幅を広げていくこともできる。この環境のなかに我々がいるのは、どこかで、あるとき、誰かが質問を発したことの結果です。なぜリンゴは木から落ちるのか。なぜお湯が湧いてくるとヤカンの蓋が持ち上がるのか。なぜ朝になると明るくなるのか。そういった疑問を、誰かが人類の歴史のなかのあるときに発した。そのおかげで、我々はこういう環境のなかで出会うことができています。

言い方を変えれば、これはおかしいのではないか？　本当にそれでいいの？という質問を人びとが投げかけることで、我々はこの民主主義を守ることができるともいえる。ということで、質問を発することの重要性を共有させていただきました。後ほど、可能なかぎりみなさんの質問に答えるつもりですので、絶対に質問を発してやるぞという気合をもって、この講義を聞いてください。

▼ジョーン・ロビンソン
一九〇三年生まれ、イギリスの経済学者。ケンブリッジ大学で教鞭をとった。不完全競争論、経済成長論など経済学のさまざまな分野において大きな業績を残し、何度かノーベル経済学賞の受賞候補に挙がった。

## 「経済とは人間の営みのこと」

まずは私からみなさんに質問を発してみたいと思います。今日のテーマにある「経済」という言葉を聞いたときに、反射的に何をイメージするでしょうか。そんなに難しく考える必要はありません。誰でもけっこうですので、どうぞ発言してください。

——お金、賃金、経済学部、法律、企業、推移。

はい、いいですね。ほかの人はいかがでしょうか？

――アベノミクス。

私に「アベノミクス」と書かせるつもりか（笑）。では、括弧をつけて「アベ（ホ）ノミクス」としておきます。

いろんな答えが出ておもしろいですね。「お金」が最初に出てくるのはよくわかります。経済活動にはどうしてもお金がからんでくる。人に対して払われるお金が「賃金」ですね。経済を学ぶところは「経済学部」です。経済活動は一定の「法」的枠組のなかで行なわれる。あるいは、経済活動の無秩序な広がりを制約するために「法律」があるともいえます。経済活動の大きな主体が「企業」であるのは間違いない。

「推移」という言葉もおもしろい。経済活動がどのような歴史的推移をたどって今日の状態にあるのか。あるいは、経済上のさまざまな現象の背後にはどういう推移があるのか。推移をたどることは、経済について推理することに通じる。「アベ（ホ）ノミクス」は果たして経済か。これは話しだすと確実にこれだけで今日の授業が終わってしまいますので、今日はもっと重要なことを一緒に考えていきますが、よくぞ挙げてもらいました。安倍政権の経済運営が、果たして、なんとかノミクスというに値するのか、というところを謎解きしていくと、いろんなことが見えてくる。

さて、これら全部に共通する要素は何でしょうか。いろんな角度から経済の

**▼アベノミクス**
安倍晋三首相とエコノミクスを合わせた造語で、第二次安倍内閣が進める経済政策として呼称される。金融緩和、財政出動、成長戦略の「三本の矢」を放つことで、経済成長を目指すとし、次いで財政健全化の「第四の矢」、そして強い経済、子育て支援、社会保障を新「三本の矢」とした。

イメージを出していただきましたが、これがないとこれらのいずれもが意味がなくなる、というひとつの共通要素です。

答えは「人」です。いくら質の高い経済学部が存在していても、そこに人がいなければ意味がないし、法律がどのように精緻にでき上がっていても、それを守ったり破ったり、その恩恵に浴する人がいなければどうにもならないし、経済活動は人がいなければ推移することがない。

このアホノミクスについても、人とどう関わるかというところがなければ何の意味もありません。もとより企業の経営をするのも、企業に勤めるのも人ですから、そこに経済活動があるならば人がいることになるわけです。

経済とは何かと問われれば、それは「人間の営み」です。この地球上において、この経済活動に携わる生き物は、じつは人間しかいません。人間による、人間のための、人間しか行なわない活動。それが経済活動です。ということはすなわち、経済活動を営むことこそ人間が人間であることの証しだともいえるわけです。

そうだとすれば次に出てくる結論は、そういう活動が人間を不幸せにする、というのはまったくナンセンスであることです。そんな辻褄の合わない話はない。経済活動は、人間を幸せにするために存在する、と我々は原理原則として理解しておかなければならない。多少とも人間を痛めつけたり、苦しめたり、不幸せにする側面をもっている活動は、一見それが経済活動のように見えても、経済活動ではない。断じてそれを経済活動だと認めてはいけない。それが基本です。

## 「経済合理性」の正しい使い方

本日の演題に「ブラック企業は企業ではない」という言葉をつけているのはそういう意味です。この「ブラック企業▼」とか「ブラックバイト」という言葉は、いますっかり一般化していて、みなさんも強い警戒心をもっているのではないでしょうか。

短い文字数で問題の本質を鋭くとらえているという意味で、この「ブラック企業」という言葉はなかなか良い表現です。しかし、この言葉にはやはり問題があるな、とつくづく思うようになりました。なぜなら「ブラック企業」という言い方をしてしまうと、いわゆるブラックな行動に及んでいる集団とか組織もまた企業であることを認めてしまっていることになるからです。

従業員に対してまともな賃金を払わず、経済活動の主役である「人」を、牛馬のごとくこきつかっているのが、ブラック企業といわれる組織の人たちですが、その人たちが企業を経営していると考えること自体が、本質的な意味において大問題なのです。本当に糾弾したい相手に対しては「おまえら、ブラック企業だ」といっては駄目で、正しい言い方は「おまえら、ブラック」といったところで止めておかなければならない。ブラックであることと企業を経営することは絶対に相容れないという認識を、この経済社会を構成している我々がしっかりもっていないと、とんでもない認識がますます広がってしまうかもしれないのです。

▼**ブラック企業**
一般に、法令に抵触、またはその可能性がある劣悪な条件での労働を、意図的に従業員に強いる企業をいう。派生語として、非正規労働者が被害者となる「ブラックバイト」も登場した。

経済は人のための活動、人を幸せにするための活動である、という認識をもってもらうために、憶えておいていただきたいことがひとつあります。「経済合理性」という言葉がありますが、みなさん、知っていますか？　これはまさに読んで字のごとしの言葉ですが、経済的見地から判断して合理性があるということを「経済合理性にかなう」といいます。

この言葉ほど誤用されているものはありません。

「3・11東日本大震災があった後、原子力発電は嫌だと感じている方が多いと思われます。それはもっともなことです。しかし、経済合理性の観点から考えると、日本経済は原発再稼働なくしては、まともにまわっていくことができません。どうしても原子力発電が日本には必要なのです」

こんな議論はいろんなところで見受けられます。しかし、いま申し上げた「経済合理性」の使い方は完璧なる誤用。なぜなら、経済合理性の見地から考えて正しいと判断される第一の条件は、基本的人権▼を損なわないことだからです。

経済活動は人間の営みなのですから、それが基本的人権を踏みにじるのは、まったく合理性のないことです。経済活動が人間を幸せにするためにあるのであれば、そのなかで主役的な役割の企業経営が人間に対してブラックな行動に及ぶなどというのは許されないことだ、となるわけです。それと同じ意味合いで考えれば、原発に経済合理性があるという言い方はおかしい。

福島第一原発▼のあの実態を見れば、いかに原子力発電の技術に対して人間が

**▼基本的人権**
人間が人間として当然もっている基本的な権利。日本国憲法は、思想・表現の自由などの自由権、生存権などの社会権、参政権、国・公共団体に対する賠償請求権などの受益権を保障している。

**▼福島第一原子力発電所**
福島県双葉郡の大熊町と双葉町にまたがって立地する、東京電力の原子力発電所。二〇一一年三月十一日に起きた東日本大震災に起因して、その後、炉心が溶融、建屋が爆発するなどした。チェルノブイリ原子力発電所の事故と同レベルの重大事故となった。

しっかりした制御力をもっていないか、いかに原子力発電の事故が人間の命を危険にさらすか、われわれはこの間、嫌というほど見てきたわけです。そういう側面をもっているものを使いつづけることのどこに経済合理性があるのか。どこに人間を幸せにできる側面があるのか。

基本的人権のなかでも最も基礎的な部分を構成するのは生存権ですね。まともに生きながらえることができる権利。あの福島第一原発の事故で、取り扱いを誤ると、いかに人間の生存権が脅かされるか、はっきりわかったわけです。したがって、この「原子力発電は経済合理性の観点から考えれば避けて通れない」という論理は完璧に誤りだといえます。

いわゆるブラック企業についても同様に、人間を牛馬のごとく扱う行為に経済合理性は微塵もない。人を人とも思わぬ行動のなかには、基本的人権を守るという要素が完全に欠けてしまっているわけですから。

## 「孔子とアダム・スミスの言葉」

言葉の正しい意味において、経済合理性にかなう経済活動が我々の日常のなかで実現するためには、どのような条件が必要か、残された時間で一緒に考えていきましょう。歴史上の二人の人物が重要なことをいっているので、それらをご紹介したうえで、ふたつの条件が必要であることをお伝えします。

中国の思想家・哲学者である孔子▼が『論語▼』の中で「己が欲するところに従えどもノリを踰《こ》えず」という言葉を残しています。自分の夢や願望を徹底的に追求する、というのが「己が欲するところに従う」の意味ですが、その一方で「ノリを踰えず」でないとだめですよ、と孔子はいっている。この場合の「ノリ」は、法律を守ることも含めて、人間としてのまともな生き方、他人の基本的人権を踏みにじらない生き方を総称して「ノリ」というわけです。

孔子の主張したかったことは、自分がやりたいことを追求して頑張るのはけっこうだけれども、ノリを踰える行動をとってはならない。そのことで人を不幸にしてはいけないということです。『論語』の中で孔子は、この欲とノリの黄金バランスをいつも実現できているのが、人間として最も完成度の高い姿、いわば悟りをひらいた境地であるとして、人間七十歳ともなれば、この黄金バランスを容易に実現できるようになる、といっています。

私は、基本的人権を決して踏みにじらない経済活動の本来の姿は、この欲とノリの黄金バランスが保たれているときに実現する、と考えています。というのも、たしかに経済活動は、人間の欲によって後押しされていくことが多分にある。企業経営は、お金をたくさん儲けたいとか、誰もやったことのない事業をやってみたいとか、欲望や夢に後押しされて展開します。

その一方において、経済活動は人間を幸せにしなければいけない。基本的人権を支えるものでなければいけない。この経済合理性にかなうということは、

▼**孔子**
紀元前五五一年生まれ(紀元前五五二年という説も)。中国、春秋時代の学者、思想家。弟子を従えて十数年間諸国を遍歴し、諸侯に徳の道を説いて周った。孔子が説いた仁(人間愛)や礼などを重視した考えを体系化したものが儒教。

▼**『論語』**
孔子の死後にその言行を弟子らがまとめた書物。「朋あり、遠方より来る、また楽しからずや」などの言葉は有名。「温故知新」など論語に由来する四字熟語もあり、日本文化にも影響を与えた。

基本的人権をしっかりと守れるということ。そういう観点から見れば、経済活動は人間を不幸にしてはいけない、ということがこの「ノリを踰えず」に通じるわけです。

さて、この「ノリ」でありますが、漢字で書くと浜矩子の「矩」でございました。最初、それを知ったときには感動いたしましたが、まさに欲と矩が程よく出会ったところに経済活動の本当の姿はあるといえるでしょう。

もう一人、重要なことをいっている歴史上の人物がいます。それはアダム・スミスです。彼が『国富論』を書いたことで経済学が誕生したといわれている。そのアダム・スミスが、経済活動を営む人びととは人のために泣ける人びとである、といっています。自分以外の人びとの痛みに思いを馳せ、涙することができる感性、すなわち共感性をもっている人びとが営むものが経済活動であると。

人のために泣けるこの共感性を有することと「己が欲するところに従えども矩を踰えず」は、基本的に同じことをいっている、ということでまちがいないでしょう。いかに、自分の夢を達成しようと必死に考えていても、人の痛みがわかる人は、矩を踰えたり、基本的人権を踏みにじることはないはずです。中国の思想家である孔子や、経済学の生みの親であるアダム・スミスなら、経済合理性にかなうから原発再稼働はいいとか、ブラック企業もいい、などとは決して考えないでしょう。

▼アダム・スミス
一七二三年（洗礼を受けた年。正確な生年は不明）、スコットランド生まれ。十八世紀のイギリスの神学者、哲学者、経済学者。一七五九年に『道徳感情論』を発表。個人の心理と社会の関係を解明した。その考えを経済学の理論へと発展させ、一七七六年に発表したのが『国富論』。

▼『国富論』
アダム・スミスの主著。本書の概念としてしばしば言及される「(神の) 見えざる手」の背後にある思想は、人びとがその欲求と窮乏の追求を通して無意識的に自らの国を発展させるであろうという主張。

## 「傾ける耳、涙する目、差し伸べる手」

さて、これを私の話の最後のポイントにしますが、孔子とアダム・スミスの言葉をふまえて考えたとき、経済活動がその本来の姿を実現できるために、その主役である我々は、どんな道具を常に持っておく必要があるでしょうか。それは耳と目と手の三つです。

まずは耳からいきますと、傾ける耳。人のいうことを傾聴できる耳。たとえ自分とまったく違う意見の人がいっていることでも、しっかり聞いてあげられる耳。どんなに微かにしか聞こえない救いを求める声でも、聞き取ることのできる感性をもった耳、というのが第一の道具です。

第二の道具として我々が用意しておくべき目とは、先ほどお話ししたアダム・スミスの言葉そのもの。涙する目です。人のために泣くことができる目ですね。最後の手ですが、それは「差し伸べる手」です。助けを求めている人に対して、惜しげなく差し伸べる手。いま窮地に陥っている人びとに共感して、貰い泣きすることができるということは、その対象の人びとに対して、救いの手を差し伸べることができる、ということです。

傾ける耳と、涙する目と、差し伸べる手。この三つの道具を手元に用意できて、この経済活動はそもそも誰のために、何のためにあるのか理解していると、まさに本来の経済活動の姿が実現してきます。

残念ながら、いまの世界の政治状況を見ていると、なかなかこの三つの道具を持っている人たちの姿が見当たらないと言わざるをえない。たとえば、次のアメリカの大統領、いまの日本の総理大臣、いまのフィリピンの大統領を見るに、こういう人たちが最も持っていないのが、この三つの道具、傾ける耳、涙する目、差し伸べる手です。

いま私があげた一連の人たちが持っているものは何かといえば、彼らの耳は、聞く耳もたずの耳。彼らの目は、涙枯れし目。もともと涙はなかったのかもしれませんが。そして彼らの手は、決して、差し伸べる手ではなくて、奪い取る手です。そういう人たちが政治の前面に出てくると、とても怖いのであります。

今日の話は、大切なのは質問を発することである、というところから出発しました。まさに、本当にそんなことでいいの？という疑念、疑問を我々自身がもって、それをしっかり発していくことで、とんでもない方向に行ってしまいそうな世の中の状況を変えていけることにもなるわけです。そういう意味では、いまほど、重要なことは質問を発することだ、と強くいえる時代、状況はないのではないでしょうか。

**Q&A**

――原発を止めることによって経済活動が衰え、幸せでなくなる人たちもいると思いますが、いかがでしょうか？　先生は、原発を止めたほうがいいとお考えですか？　原発を止めた場合、代替エネルギーの課題もあります。

そもそも原発の存在に依存して生きていること自体が不幸な状況です。原発周辺の人たちの基本的人権が危険に晒されている。その地域の経済を政府が支えてあげるので原発を作らせてもらいます、という話のなかで、騙されてしまった人たちもいるでしょう。そもそもそれはその原発周辺の住民のみなさんが悪いわけではなくて、一種の原発詐欺ですね。原発を押しつけるのではない方法で、政府は難しい経済状態に陥っている人たちを救済する義務があります。

政治は、基本的人権を守るためにあるので、なんらかの理由で生存権が脅かされている国民がいるのに、変な代償を求めるかたちでしかその人たちを助けないというのは、ルール違反を犯しているといっても決して過言ではありません。そこをしっかり見据えていかないといけない。一番まずいのは原発周辺住民と、そのほかの市民たちとの対立ができてしまうこと。政府はそういう方向に追いやる面もありますので、そうならないように、根源的な問題はどこにあるのか、整理していく必要があります。

まずやるべきことは、周辺住民とそのほかの反原発の運動家たちとの間に溝がある場合は、その溝を埋めること、その対立を解消するために全力を上げることです。そのためには問題の本質が何なのか、過激な言い方をすれば、敵は誰なのかをきちんと整理し、問題意識を共有していく。そういう努力をしていけば、なぜそんなことになったのかがわかってきます。

それこそ推移ですね。どんな推移をたどってこんな状況になっているのか、みんなできちんと整理できる流れをつくると、本来、味方同士である者の対立はなくなっていくでしょう。だから問題意識の共有に向かって、飽くなき努力をしていくことが必要です。そういう共有ができてくると、政府に対していろんなことが強くいえるようになるでしょう。

原発は絶対に止めたほうがいい、と私は思います。そうすると、原発推進派の人たちは、日本経済は成長できなくなってしまってもいいのか、と間違いなく反論してくると予想される。それに対してどのように答えるかといえば、日本経済は成長しなくていい、ということです。

経済は成長しなければならないという、とてつもない神話がありますが、いまの日本はそういう状況ではありません。経済活動の成長がどうしても必要なケースは二種類あります。逆にいえば、そのふたつを除けば、経済の成長が絶対必要というわけではないということです。ひとつは、これからすべてが始まろうとするとき。ふたつめは、これまでのすべてを失ってしまったときです。

前者は、これから発展の途上につこうとする経済の場合。その場合は、大急ぎで経済の規模を大きくしていって、人びとのために雇用を増やし、彼らが所得を稼げるようになり、病院や学校がある状態をつくっていかないと、乳幼児の死亡率の高い状態が続いていく。まさにこの生存権が脅かされる状況になってしまわないために、経済を成長させないといけない。

後者は、例として一番わかりやすいのは、戦後間もない頃の日本ですね。焼け跡になってしまったら、大急ぎで経済を復興して、規模を大きくしていかないと、せっかく平和になったのに人びとは飢え死にしてしまう。これも生存権が脅かされる状況だから、経済を成長させる必要があるということです。

しかしながら、現在の日本が、これからすべてが始まる経済なのか、これまでのすべてを失ってしまった経済なのか、どっちも当てはまらない。いまはとても規模が大きくて、完成度の高い、すべてを手に入れてしまった経済です。

ですので、これ以上規模が拡大することは求められていないと思います。むしろ、こんなに成熟しているのに、そのなかに貧困に喘ぐ人たちがいる事態が異様なのであり、そちらのほうを心配するべきです。日本経済をさらに成長させるために原発が必要だという論理は、いまの日本ではまったく通用しません。

最後に代替エネルギーについてですが、いま、さまざまなものがあり、それらを真剣に追究していく必要があります。それにはかなり時間がかかるでしょうし、原発と同じエネルギーを生み出せないかもしれない。だけど、それはそれでかまわないでしょう。ここまで豊かさのレベルが上がってきた経済ならば、これから少しずつ開発されていく代替エネルギーに支えられるだけの範囲で経済をまわしていくことで、けっこう十分うまくいくのではないでしょうか。そのうち代替エネルギーを作り出す力も大きくなるでしょうから、それに従っていけばいいので、意外と自然体でいけてしまった、ということが大いに想定されると考えています。

# 変化する日本社会の中でどう生きるか

本田由紀

ほんだ・ゆき＝徳島県生まれ。東京大学大学院教育学研究科教授。専門は教育社会学。日本労働研究機構研究員などを経て現職。著書に『多元化する「能力」と日本社会』『「ニート」って言うな！』『社会を結びなおす』など多数。

これからあえて気が滅入る話をします。その現実から目をそらして私たちは生きていけないからです。現在の閉塞状況を見据えて正面から立ち向かわないかぎり、もう本当に将来はありません。この社会の実像を、醜いものの上に生クリームを塗ってごまかすようなことはせず、みなさんにそのままお伝えします。

二〇一四年のＮＨＫスペシャル「老人漂流社会」の話から始めます。一人暮らしの高齢者はいま約六百万人もいて、その半数が生活保護以下の額の年金収入しかないそうです。約三百万人のうち生活保護を受けているのは七十万人くらいで、二百数十万人は少ない収入で暮らしている。年金が引き下げられ、医療や介護の負担が重くなり、貯蓄もなくぎりぎりの暮らしを続けてきた高齢者が、自己破産寸前の状況に追い込まれている。年をとって悠々自適の生活が送れると思っていたら実はそうではなかった。

次は二〇一六年の朝日新聞の記事から。三歳の保育園児が、西日本のスーパーマーケットで、ズボンとシャツのポケットにアメとチョコを詰め込み、背中にロールパンの袋を隠していたところを補導される。五歳上の長男、四歳上の長女も万引きでの補導歴が数回あった。貧困は父親が連帯保証人になっていた友人の借金を数年前に背負ったのがきっかけでした。給料はほぼ返済にあて、母親はパートで働いたが家計をやりくりできず、闇金融から借りてしのぐ。その苦しさが子どもの世話をできないところに反映された。こんな小さい子どもも生活に事欠き、お腹がすいた日々を送る事態が出てきている。

さらに、『女性たちの貧困〝新たな連鎖〟の衝撃』▼と『下層化する女性たち　労働と家庭からの排除と貧困』▼で書かれていますが、いま非正規の仕事にしかつけない女性が増加しています。働く世代の単身女性の三分の一が年収百十四万円未満で、なかでも深刻化しているのが十代二十代の貧困。日本の女性は若いときは父親の経済力に、結婚すれば夫の経済力に守られ、本人の収入が高くなくてもそれほど厳しい状況にはないと考えられていました。しかし、いまや日本では晩婚化や非婚化が進み、家族からの支援にくるまれない女性が増えていると同時に、未だに女性差別が残る社会です。

また、あるサイトにいわゆる生活保護バッシングの記事がありました。東京都内の福祉事務所、生活保護業務を受け持つ四十代男性のケースワーカーは、非難の電話が事務所に大量に寄せられるという。一連の報道によって、まるで生活保護が楽をして儲けるための制度だと誤解されてしまっている。数年前に吉本興業所属のお笑い芸人の母親が、生活保護を受給していたことが社会的な

▼**『女性たちの貧困　〝新たな連鎖〟の衝撃』**
NHK「女性の貧困」取材班編、幻冬舎、二〇一四年。NHKクローズアップ現代「あしたが見えない　深刻化する若年女性の貧困」（二〇一四年一月放送）、続編のNHKスペシャル「調査報告　女性たちの貧困　〝新たな連鎖〟の衝撃」（二〇一四年四月放送）の書籍化。

▼**『下層化する女性たち　労働と家庭からの排除と貧困』**
小杉礼子・宮本みち子編著、勁草書房、二〇一五年。従来、性別役割分業という社会通念が、主婦パートに代表される低賃金の非正規雇用の労働条件を規定してきた。見えにくい女性の貧困問題を可視化し、女性たちを支援する現場の報告も交えつつ社会的支援策を検討する。

関心を呼び話題になりました。別に法律違反をしているわけではないのに、高収入の芸人の母親が受給しているのはけしからんという風潮でした。

生活が苦しい人が増えているのに、セーフティネットである生活保護は叩かれ、本来なら受給してもいい人のうち実際に受給している人は一〇数%しかいません。なぜならバッシングされるからです。

二〇一六年九月に日本テレビの番組「NEWS24」で報道された話。名古屋市で、トラック運転手の父親が、受験勉強をめぐるトラブルから小学六年生の長男を殺害しました。自分は人生がうまくいかなかったので子どもは医者にさせたかったが、思いどおりに動かなかった長男を殺す行為に及んでしまった。親が子どもを殺す。子どもが親を殺す。この種の報道はもう毎日後を絶たない。いま日本では悲惨なことが次々に起きているわけです。

いま紹介した以外にも、在日と呼ばれる韓国人、朝鮮人の方へのヘイトスピーチもすごい。ときには公務員、教員、ニートとか、気に入らないやつらを叩いていれば鬱憤が晴れるような振る舞いをする人が多い。この歪みがどのようにして生まれたのかを説明します。

## 団塊世代と団塊ジュニア世代の人生

戦後日本の経済成長率は、一九五六年から一九七三年までを平均すると九・

一％です。で、その後、がくっと急激に下がります。転機は一九七三年〜七四年のオイルショック▼で石油の値段がグンと上がったことです。その後はもちなおして、オイルショックから九〇年頃までを平均すると四・二％ぐらいの成長率になりますが、この安定成長をたたき出すために、日本社会にはさまざまな無理が生じはじめていました。

一九九一年のバブル経済崩壊後▼は低迷状態が続き、二〇〇八年にはリーマンショック▼によってこれまでにない打撃を受けた。経済が不活発な状態のなかで日本はずっと苦しんでいるわけです。平均すると一九九〇年代以降現在に至るまで、日本の経済成長率は〇・九％です。四・二％が、いかに高い数字であったかわかるでしょう。ここのバブル経済崩壊前後の変化は大きなポイントになっています。

いまや仕事や賃金や貯金など、私たちの生活を成り立たせる最も基本的な土台が崩れていっている。大学の学費の高さと奨学金の少なさの点でも、日本は世界で最悪の状況にあります。なぜ生活の土台が崩れかけている九〇年代以降に、学費が高い大学への進学率が上がっていたのか。ひとつは九〇年前後に当時の文部省が、大学の設置基準や入学定員など、規制緩和を選択したことです。もうひとつの大きな要因は、バブル経済崩壊後、新規高卒者に対する求人が約十分の一に減ったことです。親御さんの中には自分の子どもを比較的安定した仕事につかせるために、苦労して子どもを大学に行かせようとした人が増えたのです。

そこで家庭が頼りにしていたのが奨学金です。これは実は世界的な基準でい

**▼オイルショック**
一九七三年十月六日に第四次中東戦争が勃発。これを受け、石油輸出国機構（ＯＰＥＣ）加盟産油国のうちペルシア湾岸の六か国が、原油公示価格を七〇％引き上げることを発表し、アラブ石油輸出国機構（ＯＡＰＥＣ）が、原油生産の段階的削減を決定した。日本経済は大打撃を受け、インフレが巻き起こった。

**▼バブル経済の崩壊**
内閣府による定義ではバブル崩壊期間（平成不況や複合不況とも呼ばれる）は、一九九一年三月から一九九三年十月までの景気後退期を指す。バブル崩壊により一九七三年から続いた安定成長期は終わり、失われた二十年と呼ばれる低成長期に突入した。

うと奨学金とはいえないものばかり。日本ではほぼ全部ローンです。いま学部生で奨学金を受けた人の卒業時点の負債額、借金の額は三百万から四百万円といわれている。すなわち高等教育進学率、大学進学率の上昇が、日本社会の閉塞を深める方向にも作用してしまっているのが現在の状況です。

日本の人口の中で、団塊世代と団塊ジュニア世代という人口の多い世代がふたつあります。戦争が終わって、一九四七年頃から一九五〇年頃までのあいだに生まれたたくさんの人たちが団塊世代です。中卒、高卒、大卒のいずれも、この団塊世代が学校を出て仕事を始めた時期は、高度経済成長期だったわけです。それはこの世代にとっても産業界にとっても幸運なことでした。

日本の経済が拡大して会社が増え、人手が足りない時期に、この人数の多い世代が社会に出てきてくれていた。産業界は大喜びで彼らを採用していました。彼らがまだ二十代の半ばぐらいにオイルショックが起き、経済は失速しましたが、その後の安定成長期に、団塊世代は三十代から四十代前半の働き盛りの年齢になりました。

このときすでにいろんな問題が日本社会には現われはじめていた。安定成長期といっても、成長率が九・一パーセントから四・二パーセントまで半分以下になったわけで、会社も苦しくなった。社員を解雇したい会社に対して、政府が補助金を出すので解雇しないように、という雇用調整助成金▼のしくみが導入されます。こういう制度が必要になるぐらい、人余りの状態がこの時期にはっき

▼**リーマンショック**
二〇〇八年九月十五日に、アメリカ合衆国の投資銀行であるリーマン・ブラザーズが破綻したことに端を発して、続発的に世界的金融危機が発生した事象を総括的に呼ぶ。

▼**雇用調整助成金**
労働者の失業防止のために事業主に対して給付する助成金。景気変動や金融危機などの理由で企業の収益が悪化し、被雇用者を一時的に休業・教育訓練・出向させる場合に、政府がその費用の一部を負担するというもの。一九七五年、雇用調整給付金として創設され、八一年、雇用調整助成金となった。

りしはじめていました。

企業側は雇ってやってるんだから言うことを聞けという感じで、長時間仕事をさせたり、家族がいるのに単身赴任を命じたり、経験のない仕事をさせたり、人余りの状態を緩和しようとします。

だんだん厳しくなる働かせ方のもとで、精力的に働いていたのが、働き盛りの時期であった団塊世代だったわけです。この世代が四十代半ばのときにバブルが崩壊。その後の低迷期にこの団塊世代は五十代に差しかかっていました。年功制で給料が上がっていってピークに達する時期がこの年齢層です。人数が多いうえに賃金が高い。この世代がどっしりと企業の上層部にベテラン社員として存在していたということが、実はこの時期の日本企業にとって圧迫になっていた。

ようやくこの団塊世代が六十五歳に達して定年退職を迎え、労働市場から抜けたことによって、会社が身軽になったのがここ数年間の状況です。

他方の団塊ジュニア世代は七〇年代前半に生まれた人たちで、一九七二年生まれの人は高卒のほうが大卒よりもずっと良い企業に就職できていた珍しい世代です。高卒で就職していればバブル経済のピークのときに就職できました。ところが、同じ七二年生まれでも大学まで進学していると就職は苦しかった。いわゆる就職氷河期を最初に経験したのが団塊ジュニア世代の大卒者だったのです。いま四十代半ばになっている人たちですが、彼ら以後の世代は、バブル崩壊後の厳しくなった日本社会で辛酸をなめて生きてきました。

つらいなあと思うのは、この四十代半ばより上の年齢層の人たちが、すでに古くなってしまった自分たちの常識を、いまの若い人たちに押しつけようとしている事柄が、さまざまに見出されることです。彼らはよく、いまの若者が駄目だから日本の社会に活気がないのだと若者バッシングをしてきます。それに対して私は強い憤りを感じます。若者が日本を悪くしているのではない。こういう社会構造の変容のなかで、むしろ若者は苦しんでいるのです。その典型がニートでしょう。バッシングのために「ニート」という言葉を使うなという意味で、私は『「ニート」って言うな!』という本を書きました。

## 戦後日本型循環モデルの特徴

「家族」から子どもが学校に通うことで「教育」へ費用や意欲が注ぎ込まれ、「教育」からはその卒業生が労働力として「仕事」の世界に注ぎ込まれる。「仕事」からは主に父親が持って帰ってくるお給料が生活を支える資源として「家族」に注ぎ込まれる。この循環で社会を回していたのが戦後日本型循環モデルの大きな特徴です。

このサイクルによって社会全体が回っていたので、政府は「家族」と「教育」と「仕事」の間にあるほころびを補う必要がありませんでした。主に「仕事」の世界をいろんな政策で支えておけば、この循環が勝手に回ってくれる状況がありました。どうして日本でだけ、このサイクルができあがったのか。

一九六〇年代、急速かつ同時に、「家族」の世界と「教育」の世界と「仕事」の世界という三つの社会領域が変化しました。これは日本の独特な経験でした。それを可能にしたのは、ひとつの社会領域がひとつ手前の社会領域から最大限に資源を吸い取ることによってです。こうして、それぞれの社会領域の間に緊密な関係が成立したのです。

たとえば「教育」領域から「仕事」領域への労働力という資源の流れ込み方について見てみると、新卒一括採用は日本では当たり前だと思われがちですが、同じやり方をしている国は他にありません。高度経済成長期は人手不足だったので、新しく雇う人がどんな知識やスキルを持っているか問うている暇はなく、頭数だけ揃えてあとは企業の中で育てようとしていたことが、新卒一括採用が広がる大きなきっかけとなりました。

「仕事」と「家族」の間ではどういうことが起きていたでしょうか。当時は仕事に就くといえば正社員になることを意味し、特に男性の場合はこのルートに乗っていれば、長期安定雇用と年功的に上がっていく賃金制度がほぼ保障されていました。

「家庭」と「教育」の間ではどうだったか。政府が教育にかけるお金を極限まで節約していたため、そのしわよせが家庭に及んでいました。日本はGDPに占める学校教育費の公的財源の割合が世界の中でも低く▼、子どもの教育は家

▼**教育への公的支出**
経済協力開発機構（OECD）が加盟国の教育状況の調査結果を発表した「図表でみる教育二〇一三年版」で、二〇一〇年の日本の国内総生産（GDP）に占める教育機関への公的支出の割合は前年と同じ三・六％で、加盟国で比較可能な三十か国中最下位だった。

族が注ぎ込む費用と意欲によって支えられていました。学校教育だけではなく、塾やお稽古事にも熱心にお金を払ってきたのが日本の家族です。

みなさんは高度経済成長期の循環モデルを良いと思うかもしれません。思っちゃだめです。大間違いです。当時は一見、効率的でうまく回っているように見えていました。しかし高度経済成長期から安定成長期にかけて、すでにいろんな問題が出はじめていたのです。

たとえば「教育」の領域では、少しでも良い成績をとり、良い高校、大学に入り、良い会社に入れば、人生安泰で、そのために勉強するのだという動機づけが、学校を支配していたわけです。学ぶ中身そのものへの関心はさておいて、点数を上げるための教育に邁進する状態が、すでに高度経済成長期から起きていた。

会社に入れば、自分の仕事の意義などにこだわることはできず、上司の指示には問答無用で従わなければならない。妻と子どもを食わせるために嫌でもやらなければならない、という働き方が広がりました。家は大切なプライベートの場のはずなのに、家族と一緒に過ごせる充実した時間もなく、愛のある家庭が形成されないままに、社会を回す歯車のひとつになっていったのです。

こうして、戦後日本型循環モデルは、学ぶ意味も、働く意味も、人を愛する意味も、すべて空洞化させていきました。みなさんは古い人たちから、昔は良かったというような言い方をされることが多いでしょう。それに対して、昔は良かったわけではないことを知っておいてもらいたい。

バブル経済崩壊後の低迷する社会で、戦後日本型循環モデルの何がどう変わったのでしょうか。それは、教育を終えたからといって安定した仕事に就けない若者、労働条件があまりに悪いので家族をつくれない人、収入などが足りなくて子どもにしてやりたいことができない家族が増えたことです。

最初に変わったのは「仕事」の世界でした。景気が悪くなったにもかかわらず、団塊世代が賃金の高いまま大量に企業の中に存在していたため、九〇年代には新卒の正社員を採用しづらくなります。その代わりにその都度、非正規社員を採用することで事業をもたせる。さらには正社員なのに労働条件が悪い企業も増えました。

家族にも学歴にも仕事にも守ってもらえない、循環からこぼれ落ちてしまう人たちが、いろんな層に現れてきてしまった。冒頭で紹介したのは高齢者や幼い子どもや若年女性の話でしたが、それだけではなく若年男性のなかでも彷徨っている人たちがいま存在しています。

## 「新しい循環モデルで支え合う社会に」

苦しい人がいっぱい現われてきたのに、いま政府はこう考えています。財政赤字になって困るので、セーフティネットや年金の水準を下げます。介護も要介護1、2▼の比較的軽めの方は介護保険の対象とはしません。障がい者の方の

**▼要介護1、2**
要介護1は、日常生活はおおむね自立しているが排泄や入浴などに一部介助が必要で、立ち上がりや歩行がやや不安定で支えが必要な状態。要介護2は、食事や排泄、入浴、衣類の脱ぎ着などに一部または多くの介助が必要で、立ち上がりや歩行に支えが必要な状態。

障がい年金も引き下げます。といった具合に、自分で生きろ、家族で支え合って勝手に生きのびろというのです。

いまだに戦後日本型循環モデルの常識を引きずっている人は多く、厚生労働省も非正規社員を正社員にするのが良いという考え方が強いのですが、そもそも正社員の働き方自体が悪くなってきていることを肝に銘じておきたい。

日本の正社員の特徴は「ジョブなきメンバーシップ」で、一人ひとりの職務の輪郭が不明確。その企業の一員であることだけが強く強調される。やるべき仕事の範囲についての契約が曖昧なので、「悪いけど、いま人が足りなくて、これもできるよね」などといわれて仕事がどんどん膨らんでいく。

このメンバーシップ重視により、採用障壁も生じます。メンバーに入れていい人かどうかが基準になるので、仕事の能力などではなく気に入るかどうかが、採用側にとって重要になってくる。

そこにはいろんな差別の視線が簡単に入り込みます。いまなお差別されているのは女性で、企業の採用担当者は「女性はあてにならないんだよね。子どもができたらいなくなるし」と平気でいいます。他の先進諸国では明らかに差別的行為として罰せられますが、日本ではそれがまかりとおっている。経歴差別もあります。フリーターの時期や無職の時期があった人たちに対して「君、自由が好きなんでしょう。うちの組織に腰を据えてくれるかわかんないよね」といわれる。採用されたら採用されたで、先ほど述べたようにブラックな働き方に巻き込まれていくことも普通に起きています。

一方、非正規社員は逆にメンバーシップがない。有期雇用であることが苦しさの根源であることが多く、必要な時期だけ来てもらう人ですから、使い捨てなわけです。使い捨ての分、低賃金だったり、教育訓練も施してもらえなかったりする。ですから一度非正規の世界に入り込むと、抜け出すことが難しい。正規社員と非正規社員は両極端なわけですが、その両極端さゆえにどちらも働き手にとって苦しい状態をもたらしている。

それに加えて、この正社員、非正規社員の〝悪いところ取り〟をするような働かせ方が増えてしまっている。非正規社員と変わらないほど賃金水準が低い正社員、正社員のように何でもさせられる非正社員が増え、疲れ果てたらすぐ切るやり方を意図的にする会社です。それがブラック企業とか、ブラックバイトといわれている現象です。

もうこの社会は限界に来ています。社会のかたちそのものをつくり直していかなければなりません。私が考えている青写真を説明します。先ほどお話しした「家族」と「教育」と「仕事」の間に一方向の矢印があったのが戦後の日本型循環モデルでしたが、それは、人を愛する意味も教育の意味も仕事の意味も取り崩していく、問題だらけのモデルでした。ですから、三つの社会領域の間に、いままでなかった逆向きの流れを意図的につくり出すことが必要なのです。

それによって、「家族」が一方的に「教育」を支えるのではなくて、「教育」が「家族」を支えてあげる。具体的には、「家族」が子どもの「教育」の責任を一手に担うのではなくて、「家族」の外でもその重荷を負担する組織や機関が必要です。そこに来ている子どもたちの様子から、その家族の苦しみを透かし見て、それを社会サービスにつなげる。地域の拠点みたいな役割を、学校や保育園などが果たしてもらいたい。

また、「教育」はこれまでは卒業生を仕事の世界に送り込むことが主な役割でした。でもこれからは、学んでいることが卒業生の職業人生にどういう意味で有効なのかにまで、教育機関が責任をもつ必要がある。つまり、学校や大学が教育の職業的意義をしっかり説明できなければならないし、有用なことを伝えなければならない。またリカレント教育▼として、一回仕事についても、必要があればもう一回勉強して、力をつけ直して出ていく。いろんな人に利用してもらえる教育システムをつくっていく必要がある。

「家族」と「仕事」の関係に関しても、男が働いて女が家族を支えるという古い考えの性別役割分業では、もうこれから先は社会を維持できません。労働人口が減るなかで、女性の才能やアイデアを生かすためにも女性は働いたほうがいい。どんな人生の状況に出くわしても生きていけるようにするには、女性も経済力をもつべきです。経済力だけではなくて政治的な発言力もつけ、さまざまな場所で女性の比率を上げていかなければならない。

しかし、男性も女性も長時間労働だと、家族が空っぽになってしまいます。

**▼リカレント教育**
義務教育または基礎教育の修了後、生涯にわたって教育と他の諸活動(労働、余暇など)を交互に行なう教育システム。スウェーデンの経済学者G・レーンの提唱した概念で、一九七〇年、経済協力開発機構OECDの教育政策会議で取り上げられ、研究が進められている。

深夜まで働いたりせずにちゃんと夕方には帰ってきて、仕事生活と家庭生活が両立できるようにしないと社会がもたない。つまり、ワークライフバランスとか、長時間労働の是正が絶対に必要です。

さらに、もう「家族」と「教育」と「仕事」の関係だけで社会は回していけません。人の生命と生活を支える「セーフティネット」と、職業訓練やカウンセリング、社会体験などによって元気を取り戻してもらう「アクティベーション」。このふたつを少なくとも資金的には政府の責任で手厚く敷いてもらいたい。

最後に、みなさんに問いかけたいのはこういうことです。これまでの戦後日本型循環モデルのなかで形成された生き方、つまり良い成績をとって、良い大学に入って、良い会社に入って、終身雇用で安泰で、みたいなモデルは、とうに通用しなくなっていることです。私はいま、これからの社会についての自分の青写真を示しました。かなり確信をもっていますが、私の提案以外にもいろんな提案があっていい。みなさんがそういう活動の担い手のひとりになってくれたら、どんなにありがたいことか。苦しい人を足蹴にするのではなく、どうか社会を救う人になってください。

**Q&A**

――高度経済成長は日本社会にとって必要だったと思いますか？

日本に対して人類が使ってはならない原爆を使って戦争を終わらせたアメリ

カは、自分たちが行なったことの負い目を払拭するために、また日本を経済的にも活力のある民主的な国家に立て直したことを主張するために、高度経済成長を誘導しました。でも、その成長のしかたはアメリカが意図した以上のものでした。日本人が頑張ったのは事実ですし、期待に応えた面もありました。ところが日本の経済が成長しすぎて、八〇年代にはジャパンバッシングなど、アメリカからの反発も生じました。アメリカは次第に日本への保護の手を放して、たとえば戦争にも協力しろみたいなことも言ってくるようになっています。

国内的には、経済成長は確かに日本を豊かにする結果をもたらしましたが、それがあまりにも急速だったがゆえに、お話ししたような大きなひずみを今日に残していることも忘れてはなりません。

## わたしの思い出の授業、思い出の先生

残念ながら、私は学校時代の授業に「意義」を感じたことはほとんどありませんでした。授業ではしばしば寝ていたり、落書きをしていたりするような、「悪い生徒」でした。高い点数をとるためだけなら、授業を聞いているよりも夜遅くまで自分で勉強したほうが効率的だと考えていたのです。

そんな私の記憶に残っている先生は、たとえば、授業をしながら私に落書き用の紙をすっと差し出してくれたり、寝ていてもとがめなかったりした先生方です。たぶん、この「悪い生徒」の心や生活をすべて見透かしたうえで、泳がせておいてくれたのでしょう。

でも振り返れば、そんな学校時代は虚しかったと思います。その疑問が、今なお私の原動力になっています。

# 新国立競技場から現代建築を考える

五十嵐太郎

建築や都市を論じ、本にして発表するのが、ぼくの仕事の中心です。建築といえば設計デザインの仕事を連想するかもしれませんが、それだけが建築の仕事ではありません。建築はさまざまなジャンルに関係します。大学の建築学科は一般的には工学部に所属しますが、美大にあるケースもある。地震にも耐えられる壊れにくいものをつくる点では物理学に関係があり、コンクリートなどの材料の使い方の分析では化学にも近い。僕が専門としている建築史学は、歴史学など文系の学問に近い。建築のデザインは芸術や美学にかかわります。建築が社会のなかでつくられることを考えれば、社会そのものをよく知らなければならない。それが建築という分野です。

ところが、誰がどういうことを考えてつくられたのかはあまり話題になりません。残念ながら、新国立競技場問題のようにネガティブな話題で炎上するほうが広がりやすい。今日は新国立競技場をとおして、いま現代建築の世界にどんな人がいるのか、どんなことが考えられているのかをお話しします。

いがらし・たろう＝一九六七年パリ生まれ。建築史、建築評論家。東北大学大学院教授。ヴェネツィアビエンナーレ国際建築展コミッショナー、あいちトリエンナーレ芸術監督。主な著書に『新宗教と巨大建築』『戦争と建築』『被災地を歩きながら考えたこと』など多数。

**▼ザハ・ハディド**
一九五〇年生まれ、建築家。イラクのバグダッドに生まれ、フ

## 「ザハ・ハディドのやろうとしたこと」

オリンピック東京開催決定前の二〇一二年、二〇一九年に行われるラグビーのワールド・カップのためのスタジアムの設計競技（コンペ）で建築家ザハ・ハディド▼の案［図1］が一等に選ばれました。UFOが東京に舞い降りたような、未来的な風景と、巨大なサイズが目を引きます。二〇一六年、自らの案が白紙撤回されることが決定してまもなく、不幸にして突然亡くなってしまったこの建築家は、一体どんな人だったのでしょうか。

ザハは一九八〇年代以降の現代建築のある側面を象徴する存在でした。建築家の世界は欧米中心で男性社会です。にもかかわらず、イラク生まれの非西洋人で、女性であるザハは、四百人以上のスタッフを抱えた世界でも最大級の建築設計事務所を率いていました。二〇〇四年、建築界のノーベル賞といわれるプリツカー賞を女性で初めて受賞したのも彼女です。いまでこそ、女性建築家は大勢いますし、学生のほぼ半数が女性という美大の建築学科も珍しくありませんが、ザハのデビューした一九八〇年代初頭には例外的な存在でした。彼女は女性の活躍の場をたったひとりで切り拓いて来た先駆者なのです。

ザハが一躍世界的に有名になったのは、一九八二年に開催されたあるコンペで一等を獲得したときでした。香港の山頂にある会員制クラブのための施設を

セイン政権を逃れてロンドンへ移住。建築学校の名門AAスクールで学び、ポストモダニズム建築を主導する建築家のひとり、レム・コールハースの事務所勤務を経て独立。直線的で鋭角を多用したものや、流動的なラインが交差し重なり合うようなデザインなど、従来にない近未来的なスタイルで知られる。世界でも有数の規模の個人の名を冠した設計事務所を率いていた。二〇一六年三月歿。

図1 「新国立競技場」ザハ案

建てるためのコンペに、彼女は非常に前衛的な、特殊な世界観を投影したデザインを提出します［図2］。当初はこの図面は理解されず、いったんは落選案の山に入れられます。それを審査員だった日本人の磯崎新▼さんが拾い上げ、一等に選んだ。

鋭角的で、爆発で飛び散った金属片のようなものが山頂から突き出て、何層にもそれが重ねられています。結局実現することはありませんでしたが、彼女はこれまでの建築空間の歴史を変える、大きなことをやろうとしていた。それは何か。ルネサンス時代以来、五百年以上にわたって一般的な空間表現に透視図法▼と呼ばれるものがあります。透視図法による安定的な空間の把握は、絵画や建築図面でももっとも基本的とされています。それに対してザハは、まったく違う空間をつくろうとしていました。それが鋭く尖ったデザインを多用し、透視図法を解体するエネルギーを秘めた空間を描いた意図でした。

一九八〇年代に東京で計画された作品があります。麻布十番の商業ビルですが、水平や垂直といった安定したかたちを傾けることで、動きのあるダイナミックな空間を目指しています。実現しませんでしたが、ザハという建築家を発見したのも、最初に仕事のチャンスを提供したのも日本人でした。

## 「一九九〇年代に建築の流れが変わる」

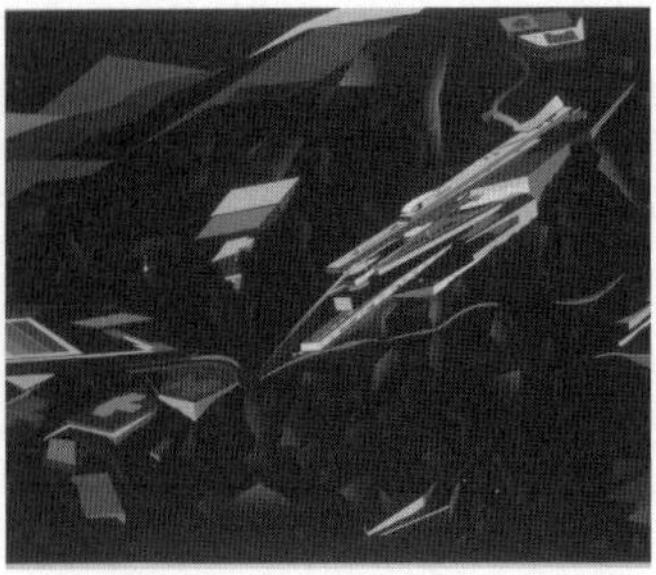

図2「ザ・ピーク」コンペ案

**▼磯崎新**
一九三一年生まれ、建築家。東京大学建築学科を経て、丹下健三の下で学ぶ。日本のポストモダン建築を言説と作品とで主導し、作品に「大分県立大分図書館」「水戸芸術館」など多数。

**▼透視図法**
三次元の物体を平面上に表現する図法としてルネサンス時代に発展した。対象は視点と消失点との関係に応じて、伸縮したり変形されて表現される。

デビュー以来十年間こそ、ザハには実現した建築がありませんでしたが、その後、時代が変わります。

その先駆けとなったのはある展覧会でした。ニューヨーク近代美術館で「脱構築主義の建築」という展覧会が八〇年代の終わりに開かれます。ここで紹介されたのは、ザハと同じく安定した空間を壊すことを考えた建築家、ダニエル・リベスキンド▼やフランク・ゲーリー▼でした。彼らもザハ同様、当時こそあまり仕事がありませんでしたが、いまや世界中で仕事をしている巨匠です。でもかつてこんな建築はあり得ないとさんざんいわれたものです。学生だったぼくも、この建築家たちは一生、作品を実現させることはないのではないかと思った。それくらい建築に対する世の中の受け入れ方が当時といまとでは変わりました。

展覧会で取り上げられた建築家たちを中心とする脱構築主義と呼ばれる潮流は、やがて世界を席巻します。伝統的な様式とも、近代以降のモダニズムの様式とも違う、未来的なとでもいうべきアンバランスなかたちが特徴ですが、そんな建築を許容し、場合によっては積極的に求める時代になったのです。ザハのプロジェクトも、九〇年代以降、次々に実現してゆきます。「アンビルドの女王」というのはもはや彼女に失礼な言い方です。むしろ世界中で作品を量産する売れっ子の建築家となってゆく。

いくつかザハの作品を見ておきましょう。スイスとドイツの国境近くにあるヴィトラ消防ステーション［図3］では鋭角的で尖った空間が特徴的です。最初、

**▼ダニエル・リベスキンド**
一九四六年生まれ、建築家。ポーランドからアメリカに渡りニューヨークで建築を学ぶ。脱構築主義の建築家の代表的な存在。主な作品に「ユダヤ博物館」「帝国戦争博物館」など。

**▼フランク・ゲーリー**
一九二九年生まれ、建築家。彫塑的な自由な造形を特徴とし、コンピュータによる構造解析も活用して大規模な建築を実現している。作品に「自邸」「ビルバオ・グッゲンハイム美術館」など。

彼女は手書きで設計していましたが、コンピュータを使うようになり、作風も変わります。尖ったかたちではなく、うねるような流動的な空間を追求するようになりました。ローマにある国立二十一世紀美術館ではチューブ状の空間を束ねて建築がつくられ、ローマの古い建物と衝突させるようにつくられています。同じようなSF的な空間に、ウィーンの集合住宅やウィーン経済経営大学図書館［図4］があります。

二〇一二年のロンドン・オリンピックの水泳場は、ロンドンの著名な建築学校AAスクールで学んだ彼女にとって、地元で実現した作品となりました。オリンピック期間中は座席数を十分に確保し、終了したら取り外してしまえるようになっています。このようなキャリアをもつザハ・ハディドが手がけるシンボリックなメイン・スタジアムの存在は、まちがいなく東京がIOCの総会でオリンピック開催を勝ち取った勝因のひとつでした。

ところで新国立競技場問題とならんで、エンブレム問題もよく覚えていることでしょう。前のデザインが撤回され、選ばれた新しいエンブレムをデザインしたのは野老《ところ》朝雄▼さん。実は彼もAAスクールで建築を学び、その後グラフィック・デザインの仕事をしている人です。幾何学的なパターンの図柄をどう展開するか、とても緻密で論理的に考えてゆく作風で、建築家とのコラボレーションで空間をたくさん手がけています。

スタジアムは当然ですが、エンブレムのデザイナーも建築を学んだ人だった。

図3　ヴィトラ消防ステーション

図4　ウィーン経済経営大学図書館

このことはいまの時代をよく表わしています。たとえばかつての日本では好景気を背景にどんどん建築をつくり、どんどん壊すのが当り前でした。しかしいまはそんな時代ではありません。建築家にも建物を設計するばかりではなく、関連したデザインを専門とする人もいますし、ファッションや家具のデザインを手がけることもごく普通になってきました。ザハも野老さんも、クツやネクタイなどファッションや家具のデザインをしています。

**▼野老朝雄**
一九六九年生まれ、デザイナー。東京造形大学客員教授。「大名古屋ビルヂング」の外装など、建築家との作品も多い。

## 都市の顔をつくる建築

ザハの近年の仕事に、ソウルにつくられた東大門デザインプラザ▼［図5］という巨大な建築があります。ソウル都心の地下鉄駅の上に、スタジアムをふたつ取り壊し、長い工事期間をへてようやく完成しました。CGみたいにみえますがすべて本物の風景です。工事中と完成後と二度観にゆきましたが、すごい作品です。完成後まもなくソウルの観光名所となり、夜には光る人工的な丘のような地形を散策する若い人が大勢集まってきます。

彼女は中国にも、観光名所になる作品をつくりました。北京のオフィスも商業施設も居住エリアもある複合施設GALAXY銀河SOHO▼。やはり曲線的で、彫刻的なボリュームのあるかたちがひとつのキャラクターとして街の顔になっています。中国ではその他にもザハによる空港が登場する予定です。

**▼東大門デザインプラザ**
ソウル中心街の大規模展示・商業施設。二〇一四年オープン。年間五百五十万人が訪れるといわれる。

図5　東大門デザインプラザ

建築には、その場所の指標となるアイコンとしての役目があります。その建築をみれば、その土地を連想させ広告塔のような役割を果たす。ザハの作品はどれもが、そんなアイコン建築としての役目を果たしています。グローバリズムで世界中の人の流れもものの流れも激しくなったいま、それぞれの都市は目立つ建築をつくることで競争を繰り広げています。アジアではいま台湾で、台中と台北と高雄の三都市がいくつも競うように象徴的な建築を建てています。新幹線で繋がれ、移動が容易になってしまったこの三都市が建築によって存在感を競っている。ザハの新国立競技場が実現したら、まちがいなく東京の新しいアイコンとなるはずでした。でも東京はそのチャンスを白紙撤回し、拒絶する道を選びました。

▼GALAXY 銀河 SOHO
地下二階、地上十五階建ての商業ゾーンとオフィスゾーンからなる巨大な賃貸ビル。

## 「建築がメディアになるとき」

オリンピックのために建てられた建築には、歴史に残るものがたくさんあります。短い会期の間に世界中の人びとがそのスタジアムに注目し、都市の名前とともに記憶される。そのことで建築がメディアとなる。

二〇〇八年北京オリンピックのために「鳥の巣」と呼ばれるスタジアムがつくられました[図6]。設計したのはスイスの建築家グループ、ヘルツォーク&ド・ムーロン▼。正式名称は北京国立競技場ですが、ニックネームの「鳥の巣」の方

図6　北京国立競技場

▼ヘルツォーク&ド・ムーロン
スイス出身のふたりの建築家によるユニット。建築の時間的変化や素材の物質性を重視した斬新な作品を発表、初期はミニマルな作風で知られたが近年ではダイナミックな造形もみられる。

がすっかり有名になりました。開会式のとき、このスタジアムを舞台に映画監督チャン・イーモウ▼がド派手な演出を仕掛け、世界中にTV中継されました。一晩で十億人あるいは二十億人ともいわれる人が、この建物を目撃したことになります。そしてオリンピックの期間中ずっと、このスタジアムはTV中継の絵になる背景として使われていました。いまでは入場料を払えば観光できる施設となっています。オリンピックのときの記憶を甦らせながら、海外からの観光客はもちろん、中国国内も地方から北京にやってきて記念に見物してゆく、そんな建築になっているのです。

人びとの心に刻まれるだけでなく、建築史に残るものもたくさんあります。「鳥の巣」には、門型のフレームが少しずつズレて、鳥の巣のような全体の構造をつくりあげる斬新なアイデアがあります。オリンピックの歴史ではフライ・オットー▼が手がけた膜構造をつかったミュンヘン・オリンピックの競技場や、カラトラヴァ▼設計の吊り屋根の技術を大胆に使ったアテネ・オリンピック競技場などが大胆なスタジアムとして知られています。国や時代を代表する建築家が、新しい建築技術を用いた斬新な造形を提案する、そんな場がオリンピックの建築なのです。

日本には、一九六四年の東京オリンピックのメインスタジアム「国立代々木競技場」［図7］があります。丹下健三▼の設計は、二か所の垂直のポストからケーブルを張り屋根を吊る、吊り屋根の形状でとても印象的な曲面を描きだしてい

主な作品に「シグナル・ボックス」「テート・モダン」「プラダ・ブティック青山店」など。

**▼チャン・イーモウ**
一九五一年生まれ、数々の受賞歴のある中国を代表する映画監督のひとり。『赤いコーリャン』『初恋のきた道』など。

**▼フライ・オットー**
一九二五年生まれ、ドイツの建築家、構造家。ケーブルのネットや膜を利用して空間をつくる作品が知られる。

**▼サンティアゴ・カラトラヴァ**
一九五一年生まれ、スペインの建築家、構造家。骨を組み合わせたようなフレームからなる構造で知られる。

**▼丹下健三**
一九一三年生まれ、建築家。東京帝国大学に学び、前川國男建築事務所を経て戦後、東京大

る。装飾ではなく構造の発想が造形になっている点がユニークです。このスタジアムはオリンピックの歴史でも建築の歴史でも高く評価されています。手がけた丹下健三は、戦後、第二次世界大戦から復興してゆく日本を代表する建築家として世界的に評価されてゆくことになりました。

この当時、建築に求められていたのは復興する日本のパワーを世界に表現すること。そのための日本的な建築デザインとはどういうものか、日夜、議論がたたかわされていました。丹下健三は、吊り屋根という技術的な提案と同時に、神社の屋根にある千木《ちぎ》を意識したようなデザインを採用し、スタジアムの屋根も古建築の屋根の曲面を連想させるかたちを選んでいます［図7左］。同じ頃につくられた日本武道館は、日本建築風の大屋根がダイナミックなコンクリート製の構造体に乗っている帝冠様式のスタイル。帝冠様式とは、鉄筋コンクリートの洋風建築に和風の屋根をかけるもので、瓦屋根を乗せてある九段会館などが典型です。武道館を設計した山田守▼が手がけた京都タワー［図8］では、オリンピックにあわせて開通した新幹線と響き合うデザインを採用しています。この京都タワーは白い蠟燭がデザインのモチーフですが構造に特徴がある。ふつうは塔にあまり使われないモノコックという鉄を溶接してつくった殻の構造体になっていて、いわば新幹線を垂直に建てたような具合になっています。また駒沢公園に行けば、一九六四年のオリンピックのためにつくられた施設群を見ることができます。そこには、日本的な建築とはどういうものか、議論が散々

学に研究室をもつ。作品に「広島平和記念公園」「香川県庁舎」「東京カテドラル聖マリア大聖堂」「新東京都庁舎」ほか多数。

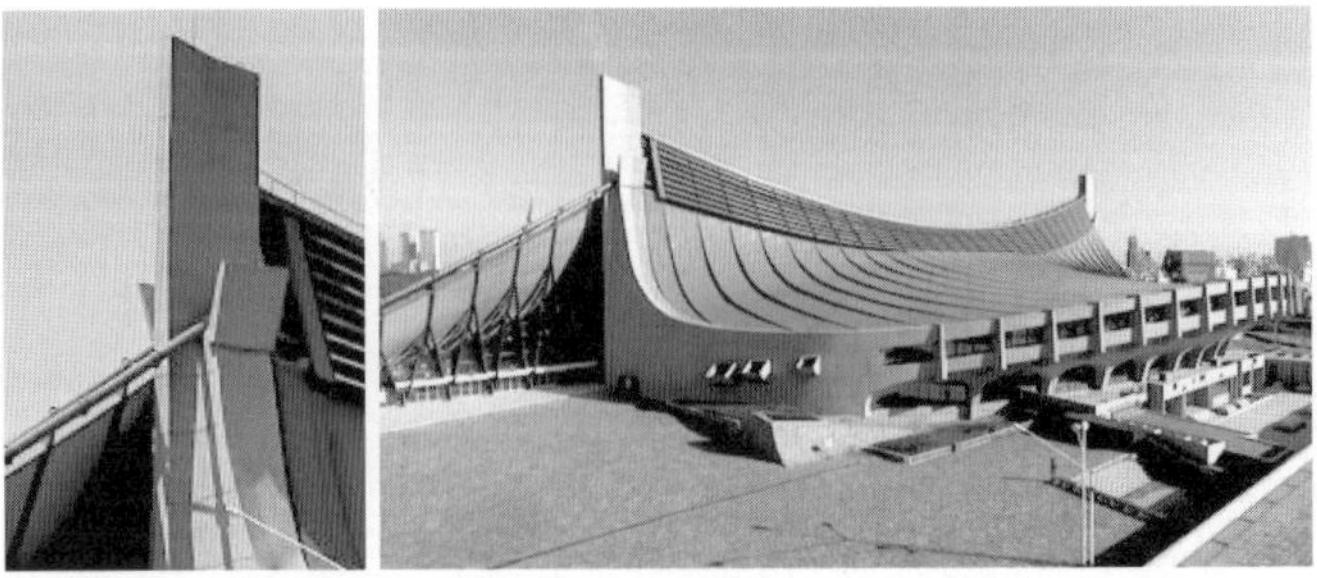

図7　国立代々木競技場

行なわれたことを感じさせる建築が残されています。

## 「オリンピック招致と建築」

招致活動の段階から、建築はオリンピックに欠かせません。石原慎太郎元都知事が二〇一六年のオリンピックを東京に誘致しようとしたときタッグを組んだのは、日本を代表する建築家のひとり安藤忠雄▼さん。彼は東京の臨海部に安藤デザインのメインスタジアムほか、複数の施設を新たに建て、比較的広い範囲を会場として使ってゆくプランを考えていました。

二〇一六年オリンピック招致活動では、まず国内で複数の都市が立候補し、東京と争ったのは福岡でした。東京に安藤忠雄がいたように、福岡にはザハを発見した磯崎新がつき、実に面白い提案を出します。

磯崎さんも世界的な建築家のひとりで、批評的な作品や提言が数多くある、とても面白い人です。これまで原爆投下後の廃墟と未来的な現代建築をコラージュしたドローイングを発表したり、東日本大震災のあと、福島に国会を移転すべきだと提言したりしています。磯崎さんはこう提案した。オリンピックを国家の威信を掛けて首都で開催するという発想はもう古い。福岡はアジアと近いのだから、その地の利を生かし、アジア諸国と連帯するオリンピックを開くべきだ、と。博多湾を中心に関連施設を展開し、数千人を収容できる巨大な豪

▼山田守
一八九四年生まれ、建築家。曲線や曲面を用いた、日本のモダニズム建築の先駆者のひとり。作品に「東京中央電信局」「聖橋」「東京厚生年金病院」など。

図8 京都タワー

▼安藤忠雄
一九四一年生まれ、建築家。工業高校卒という経歴ながら独学で建築を学び、打放しコンクリートを用いた簡素な幾何学的造形によって高く評価される。作品に「住吉の長屋」「光の教会」「フォートワース現代美術館」「表参道ヒルズ」ほか多数。

華客船を停泊させて、スタッフの基地やメディアセンターにしようというのです。船ですからオリンピックが終われば、移動してゆくこともできる。ナショナリズムに傾きがちなオリンピックそのものへの批判を含む刺激的なプランでした［図9］。

ともあれ、候補地は東京に決まります。でもその理由はヒドいものだった。当初、プランを競わせ、よりよいものを採用すると言っていたのですが、東京を選んだ理由は、知名度とお金が福岡よりもあるからというものでした。そんな理由で決めるのならば、最初からコンペをする必要はありません。磯崎さんがカンカンになっていたのも当然です。そしてブラジルのリオに負け、二〇一六年の東京招致は失敗しました。

臥薪嘗胆を期して、二〇二〇年の開催案はこれまでとは一八〇度方向性を変えます。広域開催ではなく、「コンパクト」をキーワードにしました。そしてコンパクトなオリンピックの中心には、ザハのスタジアムがあるはずでした。オリンピックは単なるスポーツの祭典ではありません。都市の未来をどう考えるかというビジョンを考え、世界に発信する機会でもあります。一九六四年の東京オリンピックのときには、戦争からの復興を印象づけ、立体的で巨大な高速道路網、首都高速を建設して、新しい東京をつくりました。もし東京が広域開催のプランを変更しなければ、ザハのスタジアムも都心で建物が密集した神宮外苑ではなく、お台場の余裕ある敷地に計画され、あまり批判を受けず、実

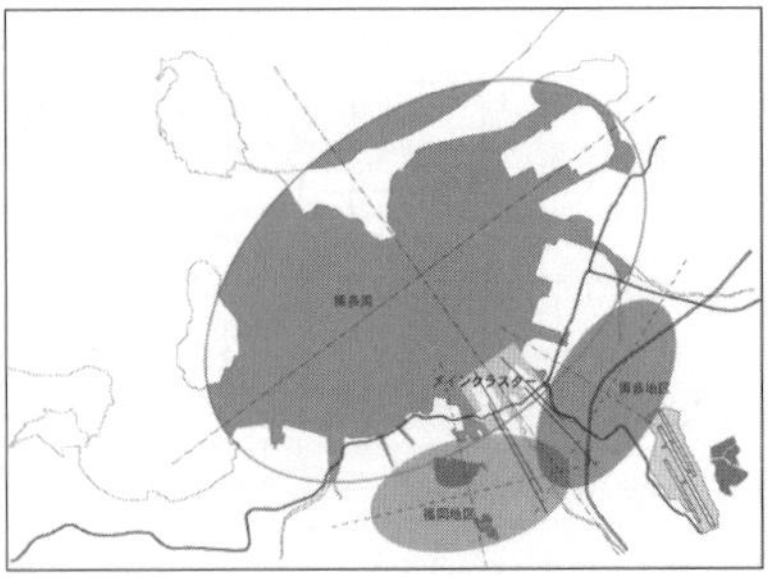
図9「福岡オリンピック」開催案
「21世紀型オリンピックのための博多湾モデル」より

現していたかもしれません。今度のオリンピックは東京にちゃんとレガシーを残せるか注視したいと思います。

## 「選ばれなかったコンペ案」

くり返しになりますが、今回のいきさつは東京の未来を決定付けた、大きな分岐点でした。ソウルは、ザハの建築によって未来のイメージを街のど真ん中に埋め込んだ。東京はそれを選ばなかった。それが今回の出来事です。

ザハが選ばれた二〇一二年のコンペには、数多くのアイデアが寄せられ、必ずしもザハのような未来像ばかりではありませんでした。ザハの亡き後、世界でもっとも有名な女性建築家というべき妹島和世さんと西沢立衛さんのユニット、SANAA▼の案［図10］は、建築の存在感を消したとても面白い案でした。グニャグニャの屋根と壁の間から外の風景が見えている。二位に選ばれたこの案は、一度はザハの代替案として検討されましたが、より予算が必要となること、非対称的な屋根はアスリートにとって自分の位置を把握しづらく、良いスタジアムではないことなどの理由で実現しませんでした。

世界中のコンペでザハと競い、勝ったり負けたりしてきたSANAAの特徴は、透明感があって軽くて柔らかい空間を志向していることです。ルーブル美術館のランス別館や金沢21世紀美術館［図11］が有名です。金沢の美術館は、

図10「新国立競技場」SANAA案

▼SANAA
妹島和世（一九五六年生まれ）と西沢立衛（一九六六年生まれ）による建築家ユニット。周囲に開かれた建築、ガラスなどを多用した繊細で透明なデザイン、ゆるやかな空間分節などに特徴がある。作品に「ローザンヌ工科大学ラーニングセンター」「ルーヴル・ランス」ほか多数。

美術展そのものというよりもこの建築を観に来る人を大勢呼び寄せ、人の流れを変えたといわれています。

田根剛▼という若い建築家を含むユニットが提案したプラン［図12］も話題を集めました。スタジアム全体を古墳のようにして、上には植栽をめぐらせてしまう。あたかも丘が出現したようなランドスケープになります。東京にこんなスタジアムが出現する、そんな未来もあり得たのです。

もうひとり世界的な建築家を紹介しておきましょう。ザハの案を、巨大過ぎてここにはふさわしくないと最初に批判したのは建築家の槇文彦▼さんでした。ザハのスタジアムに隣接することになる東京体育館を設計した人です。自分が設計したときには高さ制限が厳しく、高さを抑えつつ良いスタジアムをつくるのにとても苦労したのに、今回、いきなり規制を緩和して巨大スタジアムを許容したことに対する怒りがあったのかもしれません。コンペの要項自体がおかしい、という槇さんの批判はだんだん大きなうねりになって、ついにはザハ案の白紙撤回に至ります。

槇文彦さんは町並みのことを考える建築家です。代官山の駅から数分のところに、四十年を超える時間をかけて少しずつつくりあげてきた代官山ヒルサイドテラスが有名です。ひとりの建築家がストリート沿いに特徴的な街並を形成した点でも稀有なプランで、とてもいい建築です。その槇さんが、神宮外苑にこんな巨大なものが建設されていいのかと批判したのはもっともなことでした。

図11　金沢21世紀美術館

図12　「新国立競技場」田根剛ほか案

しかし、ここは未来的な建築の似合わない歴史的な空間である、という点にはぼくは異論があります。スタジアムの建設予定地のすぐ近くに、明治天皇の業績を記念する聖徳記念絵画館がある。このデザインはどう見ても、日本的でも何でもありません。一九二六年建設当時には、かなり周囲から浮いた建物だったでしょう。その意味では、この地に建てられるべきスタジアムは、ザハの案でも決しておかしくはなかった。せめてザハに再設計を依頼して、実現させればよかったと思います。

## 世界から評価される日本人建築家たち

さて、ザハの案の白紙撤回の後は、ご存知のように、日本を代表するふたりの重要な建築家、伊東豊雄▼さんと隈研吾▼さんが競う仕切り直しコンペが行なわれました。

伊東豊雄さんは近年、構造と装飾が一体となったデザインを展開しています［図13］。人間ではとても不可能な構造計算をコンピュータが行なうようになったことが背景にあります。その一方で、東日本大震災の後に仮設の集会所「みんなのいえ」を提案したりすることで人にやさしい居場所を考えようとしている。

他方、隈研吾さんはコンペで勝利した案［図14］のとおり、木を使うことと、

**▼田根剛**
一九七九年生まれ、建築家。「古墳スタジアム」のコンペ案のほか、「エストニア国立博物館」、インスタレーション「LIGHT is TIME」などでいま注目を集める若手建築家のひとり。

**▼槇文彦**
一九二八年生まれ、建築家。丹下健三の下で学んだ後、アメリカ留学を経て独立。都会的で端正な設計を得意とする、日本におけるモダニズム建築を代表するひとり。作品に「名古屋大学豊田講堂」「スパイラル」「幕張メッセ」「東京体育館」など多数。

**▼伊東豊雄**
一九四一年生まれ、建築家。東京大学で学んだ後、菊竹清訓設計事務所を経て独立。都市空間との関係、自然の造形への参照、構造的な発想など、さまざまなアプローチから大胆かつ精緻な建築を構想する。主な作品に「せ

線を集積し非常に繊細な表層をつくってゆく点に特徴があります。威圧感を与えない、日本的な感覚を現代の技術で追求していると言い換えてもいいでしょう。ちなみに伊東案の特徴である巨大な列柱は、特殊な技術を使って木の中に燃えない層を組み込むことで、実現可能になったものです。木造建築の弱点を克服し、構造に木を使っていることを大きく見せる大胆な建築です。

二〇二〇年のオリンピックを題材に、現代建築がどうなっているか、お話ししてきました。日本人建築家を何人も紹介しましたが、いま彼らは世界的にも高く評価されていることは覚えておいていいでしょう。プリツカー賞のことに触れました。国籍や人種、信条を問わず一年にひとり表彰する権威ある賞ですが、いわば欧米世界が主宰し与えるものです。この受賞者にこれまで丹下健三、槇文彦、安藤忠雄、SANAA、伊東豊雄、坂茂がいます。国別の受賞者数では日本はアメリカに次ぐ二位。この点をみても日本人建築家への注目と評価の高さがわかります。数でこそトップのアメリカ人建築家には、二〇〇五年以降受賞者がいません。一九八〇年代、ぼくが学生の頃には何はともあれアメリカに学ぶという雰囲気でしたが、時代は大きく変わったのです。

最後にもう一度、社会における建築の意味を考えておきましょう。

オーストラリアの首都シドニーにオペラハウス［図15］が建っています。だれでも一度くらいはこの姿を見たことがあるでしょう。このシドニー・オペラハ

図13 台中国家歌劇院

図14 「新国立競技場」隈研吾案

ウスは、当時の技術では施工が非常に難しかったこともあり、時間も予算もかかり過ぎて、竣工までもめにもめた。設計者ウッソン▼は完成前に解任されています。しかしいまや、パリでいえばエッフェル塔と同じくらいの観光名所として、あらゆるガイドブックに写真が載っています。人工的な構築物としてはもっとも最近建てられた世界遺産にも選ばれました。つまり、シドニーという都市の新しい顔を、ひとりの建築家がつくったのです。

実はウッソンはオーストラリアの人ではありません。国際コンペに勝って、設計者となった。パリの名所ポンピドゥセンターもルーブル美術館にあるガラスのピラミッドも、設計者はフランス人ではありません。日本人建築家も、世界各国にその街の顔となる作品を建てています。それはいま世界中であたりまえになりました。日本のメディアが外国人であるザハを「アンビルドの女王」と言いがかりをつけ、排除したこと、またオールジャパンで日本らしさを表現しようという流れが起きたことにはどんな意味があるのか、予算や工期のことだけではなく、もっと文化的に深く考えるべきことはたくさんあります。

**Q&A**

――時代とともに求められる建築も変わってゆくとすれば、いまの日本ではどのような建築が求められているのでしょうか。

日本の建築を考える上で、最初に指摘しなければならないのは、スクラップ・

んだいメディアテーク」「多摩美術大学図書館」「みんなの家」「台中国家歌劇院」など多数。

**▼隈研吾**
一九五四年生まれ、建築家。ポストモダニズム的な作品を経て、木材などの自然素材を生かした作品を手がける。作品に「M2」「水/ガラス」「根津美術館」「GINZA KABUKIZA」など多数。

**▼ヨーン・ウッソン**
一九一八年生まれ、建築家。コンクリート製のシェル構造を用いた「シドニー・オペラハウス」は当時実現不可能をいわれ、予算も大幅に超過したが、二十年近くをかけて完成した。作品に「バウスベア教会」などがある。

アンド・ビルドの時代は終わったということ。平均余命が世界最高レベルなのにもかかわらず、日本の住宅の寿命は先進国の中ですばぬけて短く、三十年程度で建て替えることが一般的でした。そのことでたくさんの建築家がチャンスを得たのは事実です。でも一九八〇年代にバブル経済が崩壊すると、そんな時代は終わりました。どうやって経済をドライブさせてゆくか、その舵取りがとても難しい時代に入っています。建築の世界では、いまある建物をなるべく保存し、リノベーションによって街の資産、観光資源にしてゆく。それが重要になってきています。

次に、市民の感じ方や考え方が重視されるようになりました。これまで行政が決定し、トップダウンで進められてきたことが、市民と建築家が議論し、課題を共有しながら設計を進めてゆくワークショップ型のプロジェクトがこの十五年ほどの間にかなり増えてきました。

いま建築が抱えている問題点も指摘しておきましょう。それはメディアの一面的な報道です。誰が悪者なのか、お金は幾らかかるのかという話ばかりで、考えるための情報や場が共有されているとは思えない。そして数年単位の短いスパンでしか判断しようとしていません。近代建築でも丁寧に補修をしてゆけば百年、あるいはもっと長い間残すことができるでしょう。長きにわたって、その都市にその建築が存在することのどんな意味があるのか、長期的なスパンと広い視野で考えてゆくべきことなのです。

図15　シドニー・オペラハウス

## わたしの思い出の授業、思い出の先生

**Q1: 思い出の授業を教えてください**

金沢大学附属高校、木村明人先生の世界史の授業(とくに冷房がなく、汗をかきながら出席した夏の補講)。

**Q2: その授業が記憶に残っている理由はなんですか?**

進学高だったので、入試問題を解くのにすぐ役立つ授業は多かったけれど、この授業だけが、どう考えても大学入試のレベルでは不要だと思われるくらい(自分は理系だったが、おそらく文系志望の生徒にとっても)、細かくていねいに、そして熱心に世界史を教えていたから。

夏の補講に突入したのも、正規の時間数では足りないからで、そういう意味では「無駄」が多かったかもしれないが、逆に受験のための勉強とは違う、学問の奥深さを感じることができたことには大きな意味があった。実際、学問とはそういうものであるし。

**Q3: その授業は人生を変えましたか?**

その後、東京大学の理科I類から建築学科に進み、建築史の研究室を選び、西洋建築史の卒論や修士論文を執筆したことを考えると、高校3年の夏の体験が無関係だったとは思えない。

### 図版出典

「新国立競技場」デザイン案:図1、10、12、14:独立行政法人日本スポーツ振興センター(JAPAN SPORT COUNCIL)HP
ザハ・ハディド:図2〜5:©Zaha Hadid Architects. 図3から順にphoto Hélène Binet, Iwan Baan, Virgile Simon Bertrand
図6:https://nl.wikipedia.org, Henk Bijsterbosch
図7:日経BP社HP、ならびにhttps://ja.wikipedia.org, Rs1421
図8:https://ja.wikipedia.org, Wiii
図11:金沢市
図13:National Taichung Theater
図15:photo Bjarte Sorensen

# 見えない暴力と「私」の居場所

内藤千珠子

ないとう・ちずこ＝大妻女子大学文学部准教授。近現代日本語文学、文芸批評。著書に『帝国と暗殺　ジェンダーからみる近代日本のメディア編成』『小説の恋愛感触』『愛国的無関心「見えない他者」と物語の暴力』など。

「物語」というキーワードを手がかりに、見えない暴力の問題と、自分にとって居心地のいい場所を探すためのヒントを、みなさんと一緒に考えてみたいと思います。私は文学を研究していますので、文学研究の考え方を背景にお話ししていきます。

現代の日本は、一人ひとりの「私」が居心地のいい場所を奪われている状況にあります。自分の中にある小さな違和感や、我慢させられてしまっていることなどを、日常を取り巻く環境とかかわらせながら考えてみましょう。

まず知ってほしいのは、普段は意識することはありませんが、言葉の中には、いつでも物語になろうとする力が働いているということです。たとえば、小説、映画、ドラマ、漫画、ゲームなどを読んだり、観たり、遊んだりするとき、私たちはそれらを「筋のあるもの」、つまり物語として受け取っている。人とコミュニケーションするときも同じです。おもしろさや、わかりやすさや、楽しさの感覚と結びつくかたちで、言葉には物語化の力が働いています。

そのおもしろさや楽しさにはある種の暴力も潜んでいて、人の中にあるネガティブな欲望と結びつくこともある。たとえば、物語の中で誰かが不幸な目に遭っているとか、いじめられているとか、あるいはゲームの中で敵に攻撃されているとか。登場人物に何の恨みもないのにもかかわらず、物語の中で誰かが攻撃されている状況を楽しんでしまう、ということがあると思います。

物語の外側に自分がいるので、自分の安全は保証されている。物語の内側で起きたことをおもしろがっているだけ、と思うかもしれません。しかし、たとえ物語であっても、誰かが攻撃されたり、不幸な目に遭っているのを楽しんでしまう感覚は、ひるがえって自分にも返ってきます。実はその楽しさやおもしろさは、自分の居場所を危うくして、気がつかないうちに自分にダメージを与えてしまう性質をもっているのです。

そのことを、文学の問題とつなげて考えてみると、人間関係が「私とあなた」という単数形の関係ではなく「私たちと彼ら」という複数形の関係になってしまったときに発生する、ある種の危うさが見えてきます。

## 「現実世界にせり出してきた暴力」

私が普段研究しているのは主に日本の近代、現代の小説なのですが、現代の問題に焦点を絞って、いまの日本の状況と日本の小説をかかわらせて説明していくことにします。世紀の変わり目からのこの二十年間、一九九〇年代の後半ぐらいから現在までは、大きな転換期として物事を見る目線や感覚が組み換えられていった時期でした。一九四五年に大きな戦争が終わり、そこから「戦後▼」と呼ばれる枠組みの中でつくられてきた感性が、いろいろなかたちで変質してきているのが現在です。

戦争はかつての悲惨な出来事であり、いまは戦争をしない時代なのだというふうに、戦争が過去の領域に閉じられてきた時期が続きましたが、そのイメージはこの二十年くらいでだいぶ変わってきている。戦争は良くないこと、できるだけ体験したくないこと、とどこか他人事のように感じていた時期から、これから実際に起こりうる出来事と感じられる時代へ変化したといえます。

メディアの問題として考えると、インターネットの世界で使われる言葉のやりとり、匿名性と結びついた暴力が、現実世界に現れてきたと指摘されている。ネットの世界では、自分の身元や固有名が特定されないことを前提とした暴力が繰り広げられてきました。それがいま現実世界にまでその感覚がせり出している。その一方でネットの世界では匿名性は失われ、個人が特定されてしまう状況が現れました。

大きな問題はヘイトスピーチ▼と憎悪の拡大です。ヘイトスピーチは、ネットの中の攻撃性や悪意をそのまま現実世界に接続してしまったものだと指摘されています。ヘイトスピーチとは、人種や民族や性別や宗教、あるいは性的指向、

**▼戦後**
一九四五年以降の日本は大規模な国際紛争・戦争に巻き込まれていないため、「戦後」といえば、もっぱらアジア・太平洋戦争（第二次世界大戦）終戦後から現在までの期間というイメージが固定化されている。

**▼ヘイトスピーチ**
人種、民族、出身国、宗教、性的指向、性別、障害など、自分から主体的に変えることが困難な特質を理由に、特定の個人や集団をおとしめ、暴力や差別をあおるような主張をすること。差別的憎悪表現とも呼ぶ。

障害など、その人やその集団のもっている条件や属性をターゲットにして、そこに向けられた憎悪、中傷を含んだ表現行為のことをいいます。

インターネットの空間での暴力は、見えない相手、「記号」として存在する誰かに向けられるものでした。その記号は女性であったり、在日コリアンであったり、障害者であったり、同性愛者であったりします。記号化された誰かに対して向けられる憎悪の表現が、ネットの空間で匿名性にくるまれたかたちで行なわれていたものが、二〇一〇年代になって現実世界にデモ行為などを通して現われてきた。その際に「死ね」とか「殺せ」とか、面と向かって言ったら傷つくような表現が、まさに目の前にいる相手に対して向けられる。

日本には曖昧であったり隠微であることが好まれる文化的な風土がありますから、直接的で暴力的な言葉のやりとりはあまり一般的ではなかったのですが、インターネットというメディアを通じて、言葉の使われ方が変化し、現実世界の言葉遣いの中にも暴力性が定着してきています。現実に生身の相手がそこにいたとしても、記号の向こう側にいる相手を見ているような感覚で暴力がやりとりされる状況が訪れている。

ところが、人を記号として見てしまうことは、自分も記号として見られてしまうことを意味します。そのことで「自分の居場所」に対してあった、かつては守られていたという感覚が失われていきます。

居場所の喪失が、私という存在をめぐる不安につながっていく。このことは日本だけの問題ではなく、世界的な状況でもあるともいえます。

## 「普通」の中身が変わってきた

日本では人の目を気にする傾向が強いので、社会的な環境として、「普通」であることへの要求が大きな縛りとして働いています。自分が普通でいたいという願望より、むしろ、自分だけが普通の場所からこぼれ落ちて、そこから排除され、普通ではないという烙印を押されてしまうことに怯える社会的な心理がある。

その一方で、時代の状況は変化していて、実は「普通」でいることは難しくなっています。普通であることのイメージは昔と変わらないのだけれども、現実は少し変わってきてしまっている。たとえば、働き方ひとつとっても、かつて当たり前であった、終身雇用的な社会人としての働き方が、皆に保証されている時代ではなくなっています。

社会人としての普通とは、かつては自分の経済力で自分の生計を成り立たせることでした。そういうイメージが残っている一方で、現実には非正規や非常勤や派遣といった、不安定な労働形態がより一般的になってきている。「普通」は、ずれてきてしまっているわけです。

規範とは、そうであることが望ましいとされる理想の状態のことです。普通をめぐる規範は昔のまま変わっていないのに内実のほうは大きく変わってしまっている。この規範は、他者の目を仲立ちにしたかたちで私たちに刷り込まれてきます。もちろん規範に縛られないほうが自由に生きられるのですが、現実には、個人をさまざまなかたちで縛って、社会の中に通念として行き渡ってしまうのです。

普通をめぐる規範が、実際の「普通」の中身が変わってしまっているのに、過去の理想的なかたちで保たれている。そして理想的なイメージとは違っている人を、普通という領域から逸脱した人というふうに意味づけていく。つまり規範が見えない暴力として働いている。

会社や社会で「普通」であることが難しい状況のなかで、それに代わるものとして、「日本」とか「日本人」という、大きくて安定していて、そこに頼っていれば安心できる記号が選ばれていきます。普通をめぐる規範からはみ出してしまうかもしれない「私」を証明する根拠に、日本や日本人という記号が選ばれている。これが現在のナショナリズムを成り立たせている社会的な心理の構造であるといえます。

## 攻撃の底にあるのは冷たい無関心

日本や日本人という記号の歴史的な経緯を見てみましょう。この記号を使うと自動的に伴われてしまう効果、作用があります。それはプラスの側面だけではなく、マイナスの側面もあります。「私」を集団の中で安心させてくれる効果もあるけれども、世界を私たちとそれ以外の彼らという複数形で区切って、彼らの側を攻撃してしまうのです。ふたつに区切ったときに、味方と敵しかいない世界の感覚が伴われてしまう。そのふたつに上下の序列をつけてしまう。そういう問題点があるのです。

この働きやそれに伴う社会的心理の問題を、私は自著で「愛国的無関心」という用語を使い、説明しました。和風のものを好むという嗜好のレベルから、日本が好き、日本人であることが誇らしいという感性のレベルまで、愛国的な空気は現在の日本に行き渡っているといえるでしょう。こうした雰囲気は、本人が自覚していなくても、線引きされた外側にいる誰かを、無意識に排除する構造の中にある。ですから、その線引きされた外側にいる誰かを攻撃する衝動と見えないところでつながっているのです。

外側にいる誰かは実は何でもいい。この相手に対してはバッシングしていいのだ、と皆が賛成したときに、その理由を特に細かく確認することなく、決めつけに乗っかっていくかたちで攻撃してしまう。攻撃する側は「私たち」という共同性や連帯感の中で安心した気持ちになり、標的になるものが選ばれたとき、皆と一緒になって攻撃する。

その誰かに対して、大きな関心をもって熱狂的に攻撃しているように見えますが、その底には冷たい無関心があるといえるでしょう。なぜなら、攻撃の対象にされている人の中身を少しも想像しようとしていないからです。もし想像してみたなら、その人の全部が極悪で、間違いなく世界の全ての人から断罪されるべきだ、ということにはならないはずだからです。

自分もいつどんなきっかけで標的になってしまうかわからない殺伐とした雰囲気が、いまの日本の標準的な状況となってしまったようです。攻撃的な熱狂と、無関心な冷たさとを、矛盾したかたちで同居させる。そんな気持ちでいると、自分にとっての居心地の良さが見えなくなってしまいます。

## 「物語の主人公はみなし児である」

こうした暴力性の問題について、小説を通して考えてみましょう。最初にお話しした通り、物語のもっている原理原則は、暴力性とシンクロしやすい。それは物語がそもそも備えた、おもしろくなろうとする力が差別の原理とつながっているからです。

物語には、始めがあって、中を経由して、終わりまで到達しないと、物語として完成しないというルールがあります。物語を始原的なかたちで考えてみましょう。語り手がいて聞き手がいるところを想像してみてください。聞き手が、おもしろくないと途中で聞くのをやめてしまったら、語り手は最後まで語ることはできません。そうなると物語は成立しない。最後まで聞く人がいることが大きな条件になり、聞いてもらうために、おもしろさを持続させようとするわけです。物語は自らを魅力的なものにしようとして、できるだけ普通ではないものを選択しようとします。そのときに社会的な標準、普通からは差別されている条件を取り込んでいこうとする。

親のいない主人公が出てくる物語は昔からたくさんありますが、それは物語のはじまりに規範的な普通とは異なった条件を設定することです。主人公の条件を普通とは違った特別なこととして描くことは、現実世界の差別を前提にし、固定化します。つまり、物語は差別を呼び込み、差別を補強してしまう働きをもつのです。

そういう観点から振り返ってみると、社会的に差別されたり、否定的な条件をもった主人公が多いことに、みなさんも思い当たるのではないでしょうか。かつて小説家の中上健次▼は、「物語の主人公の原型はみなし児である」と言いましたが、主人公はマイナスの要素をもっていたほうが輝くのです。

物語のもっている差別の力をその自分のうちに取り込みながらも、それと格闘しているのが、小説の言葉であるといえます。物語は差別を取り込みながら、定型、パターンになっていきます。小説の場合は、どこかで見たことがあるものとは違う姿になろうとするので、物語の定型化への力に抗おうとする。物語の中にある暴力と馴染み合ってシンクロしながらも、それをどんなふうにずらすことが可能なのか。こうした観点で小説の言葉を考えていくと、物語の暴力

▼**中上健次**
一九四六年生まれ、小説家。七六年『岬』で芥川賞を受賞し、戦後生まれで初の芥川賞作家となった。九二年、四十六歳で死去。被差別部落をモデルとする「路地」を舞台に小説を書き続けた。代表的な作品に『枯木灘』『千年の愉楽』『奇蹟』など。

に対峙する上でのヒントが見えてきます。

小説の言葉がどのように物語と格闘しうるのか。それを実践した作家が中上健次です。「物語の主人公はみなし児だ」と言葉にも表れていますが、物語の制度やルールを考え、物語のもっている魅力と差別の毒という両義性を知り抜いたうえで、小説が何をなしうるのか、極限的に考えていた作家です。興味のある方はぜひ読んでみてください。

## 小説のなかの「私」から読み取る

では、二〇一六年の現在、純文学系の小説の中で話題になっている村田沙耶香▼の『コンビニ人間』と、崔実《チェシル》▼の『ジニのパズル』のふたつを取り上げて、物語の見えない暴力と、現実世界の中にある暴力の姿をかかわらせながら、考えてみましょう。

まず『コンビニ人間』のほうですが、主人公は一人称の「私」です。物語の主人公が、「私」という立場で語り手になり、物語の外にいる私たち読者に出来事を伝えます。「私」は、いわゆる「普通」からはちょっとはみ出す奇妙な子どもだった、と自分を位置づけつつも、その奇妙さが具体的にどう普通と違うのかわかっていません。

たとえば中学生の頃、教室で男子のケンカが始まり、まわりから「やめて!」

▼村田沙耶香
一九七九年生まれ、小説家。二〇〇三年『授乳』が群像新人文学賞優秀作となりデビュー。一六年、『コンビニ人間』で芥川賞を受賞。『ギンイロノウタ』『殺人出産』などの作品がある。

▼崔実
一九八五年生まれ、小説家。二〇一六年『ジニのパズル』で群像新人文学賞を受賞してデビュー、同作は織田作之助賞を受賞した。

という声がかかる。すると、主人公が用具入れからスコップを持ち出して、その男の子の頭を思い切り殴りつけてしまう。殴れば動きが止まると考え、そういう行動をしてしまうのです。読者は「私」を通して物語を受け取るので、突飛な出来事にびっくりしながらも、物語の登場人物の中で一番近い存在になるのは「私」です。この「私」の立場に寄り添いながら、物語を読んでいくことになります。

主人公は自分が普通でないことだけはわかっているので、できるだけ変わったことをしないように、自分の意思で動くのをやめます。なるべく自分の意思を外側に出さないように生活していくのですが、大学生のときにコンビニの仕事と出会います。コンビニでのアルバイトにはマニュアルがあるということが、主人公を落ち着かせてくれるのでした。マニュアル通りにしていれば「普通」の人でいられる、だから私の居場所はここだ、と思うようになっていく。まわりのアルバイトが入れ替わる中、主人公だけが留まり、アルバイトを続けて今では十八年になります。

コンビニにいる人たちの話し方やしぐさを真似て、みんなと同じになれた気持ちをもつ主人公の排除されないための努力は、ある段階までは有効でしたが、年齢を重ねれば重ねるほど、正社員にもならないでコンビニでアルバイトをしているのは普通ではない、と指摘されるようになってしまう。

主人公は、コンビニは強制的に正常化される場所で、そこにいれば大丈夫だと思っていたのに、規範から正常ではないと位置づけられ、「普通」であることを要求されてしまう。それでもやはり私にはコンビニしかない、と信じることが、この小説がたどりつく地点で、ずれて分裂した「私」にとっての「普通」を読者が受け取るという構造になっています。

『ジニのパズル』も、同じように語り手の「私」が主人公です。教室の「普通」がもっている残酷さを題材にしている小説なのですが、主人公が「革命」として何かを変えようとする意思が主題になっています。

主人公は日本の小学校に通っていたのですが、中学から朝鮮学校に通うことになります。その朝鮮学校の教室で普通だとされていることと世間で普通だとされていることが違っていることに気づき、当惑し混乱してしまう。小学校から朝鮮学校に通っている、自分以外の生徒たちは学校の中が普通だと思っていて、「私」だけはみ出し者になってしまいます。教室には金日成▼と金正日▼の肖像画が飾られていて、「私」はそのことにびっくりしてしまう。目立つ記号として教室の肖像画を意識するのだけれども、その肖像画は他の人たちにとっては当たり前にそこにあるから無視される記号になっている。象徴的にいうと、マイノリティとして他者化された人がおかれてしまう場所と、教室にある権力の象徴とされている記号が同じ位置に設定されていて、それらの記号が目立ちながらも無視されているということになるのですが、そのことの両義性を考えていくと意味深いテーマが見えてきます。

▼**金日成**
一九一二年生まれ。アジア・太平洋戦争時、抗日パルチザンを指導した。ソビエト連邦の支持のもと、一九四八年、北朝鮮に朝鮮民主主義人民共和国を建国。以後、死去するまで同国の最高指導者の地位にあった。

▼**金正日**
一九四二年生まれ。金日成の長男であり、北朝鮮の最高指導者の地位を父より継承した。

主人公は、この肖像画をベランダから外に投げ捨てることが学校に対する革命的な行為だと考え実行するのですが、そのことで一番大切な友だちを傷つけてしまいます。小説は革命が失敗する物語を読者に伝えます。そして、読者に近い「私」の目線から、普通を決める規範とどう闘うべきなのか、それがどんなに難しいことなのか、失敗を受け止めることで何が始まるのか、自分の居場所をどう作り出すのか、ということを一人ひとりの読者に語りかけています。

## 自分らしくいられる場所を探す

ふたつの小説を例にお話ししましたが、小説の中にいる語り手の「私」は、外側にいる読者に最も近い場所にいます。語り手である「私」が、一人ひとりの読者に、普通であることを選ばない選択肢もありうるということ、あるいは、普通というのが分裂していくつもの姿をもっていることを手渡す役目を果たしている。つまり、「私とあなた」の単数形の関わり方で、物語を受け取る感性を作り出しているのです。

小説の語りは、目に見えない物語の暴力の仕組みを描き出し可視化していく働きももっています。それを一人の私が黙読して、その世界の物語を受け取っていく。小説の中の「私」が、黙読する私にメッセージを渡す。そのようにして読む行為は、現在の自分を縛っている規範から自由になる視点を生み出しているといえるでしょう。

リラックスしていられる居場所を確保することは、案外と難しいものです。家族や親しい友だちに囲まれていたとしても、無意識に気を遣ったりして、居心地がいいと思えない場合もあるかもしれません。何にも縛られずに自分の緊張をといていられる時間と場所がある人は、そこで自分を整え自分の基盤をつくれます。人から見た私らしさではなく、私が私でいられる時間や場所を大切にしてください。

**Q&A**

――これからの日本では、アジア諸国に対して技術的な優越感を前提としたナショナリズムで攻撃することはなくなるかと思います。

ナショナリズムは、歴史性をもつのと同時に、時期によって現われ方が違う場合もあります。変化したように見えても、思いがけないかたちで過去のイメージが回帰することもあります。どのような観点や立ち位置から連続性と断絶をとらえ、論理として可視化するのかということが、これからのナショナリズムを考える上では重要だと思います。

## わたしの思い出の授業、思い出の先生

学生の頃は、「わからない」ものに出会い、それを「知りたい」「わかりたい」という気持ちにさせてくれるタイプの授業が好きでした。知るためには、本を読んだり、資料を調べたり、考えたり、誰かと議論したりすることが必要なわけで、その時間をきっかけに自分自身から動きたくなってしまうような授業の記憶は、いまの自分の原点にもなっています。

ただ、それらとは別に、授業中に耳にした内容が断片化されたフレーズになって記憶されている、そんな授業がいくつかあります。その当時はあまり重要だと思っていなかったのに、後になってから印象深く思い返される、時間差のある言葉の感触というのは、独特な重みがあるものです。

# 第6章

# 考え方を変えるヒント

# 俯瞰する時代

松井孝典

まつい・たかふみ＝一九四六年静岡県生まれ。惑星科学、地球物理学者。東京大学名誉教授、千葉工業大学惑星探査研究センター所長。著書に『宇宙誌』『地球システムの崩壊』『われわれはどこへ行くのか?』『新版地球進化論』『文明は〈見えない世界〉がつくる』など多数。

今日の講演タイトルは「俯瞰する時代」としました。時間と空間について、この宇宙も地球も生命も、すべてをまとめて話そうと思うからです。

いま人類の文明は究極の分岐点にきています。このまま終焉を迎えるのか、さらに発展していくのかという岐路に立っている。人類がこれからどちらにいくのか、君たちの判断にかかっています。その際、いま人類が得ている知識のすべてを知らなければ判断を下せない。しかし世の中の指導者といわれている人たちは、ほとんど何も知らないで判断している。これは危険なことです。

この宇宙には生命が存在しています、なんといってもそれがもっとも不思議なことです。生命の構成要素であるタンパク質は二十種類のアミノ酸の組み合わせでできている。計算上膨大な数にのぼるアミノ酸の組み合わせのうち、ごく限られたタンパク質が重要な要素として生命を支えている。そこにどのような論理が働いているのか、そもそも生命はどうしてできたのか、その理由はまだまだわかっていません。もしこのさき地球がダメになるとわかったら、私が人類の指導者だったら、生命をなんとしてでも宇宙に残すことを考える。そのためには、乾燥凍結させれば何億年でも生きられるバクテリアを宇宙に送ることを考える。バクテリアはたとえ宇宙空間でもずっと生きていることができる。

太陽系以外にも系外惑星▼と呼ばれる惑星が多く見つかっています。地球とよく似た環境をもつ惑星も数百光年ほどの距離以内にたくさんある。そこに向けて、バクテリアを積み込んだロケットを打ち込むのです。そうすると、地球でかつて起こったような生命進化が起きるかもしれない。私たち地球上の生命は、バクテリアからいまの姿になるまで三十四億年くらいの時間がかかりました。そのくらいの時間を経れば、多様な生物も生まれて来るかもしれません。

私たちがどこからきて、どこへ行くのか。その大きな問いを考えなければならない時代は、もうすぐそこまで来ているのです。

## 極微と極大の間に我々の世界がある

「俯瞰する」とは、時間と視野を拡大して物事を捉え直すことです。ではどのくらい、俯瞰すれば良いのでしょうか。

時間軸と視野を拡大するとき、この宇宙の始まりであるビッグバンの起こったとき百三十八億年がひとつの目安となります。私たちの存在するこの宇宙には観測できる限界▼があり、それが百三十八億光年なのです。この観測できる宇

**▼系外惑星**
一九九〇年代以来、観測技術の進歩に伴い、太陽系の外にも、恒星の周りを公転する惑星が発見されるようになった。これにより十六世紀の天文学者ブルーノの時代から想定されてきた系外惑星の存在が実証された。三千個以上が知られる。NASAは二〇一七年二月、約三十九光年の距離に、水が液体で存在できる惑星を発見したと発表している。

**▼観測限界**
百三十八億年前にビッグバンにより誕生した宇宙の中では、光は最大でも百三十八億光年しか進むことができない。したがってその距離が宇宙を観測できる限界となる。膨張しつづけている宇宙の果てはさらに遠い距離に存在し、最近の宇宙論ではその外部に、この宇宙以外の宇宙も存在することが、理論的には予想されている。

宙の中に何があるのか、宇宙の始まりから終わりまでのあいだにどんなことが起きるのか、それを知ることが必要です。そしてその知識を数学的な論理で拡張することで、見えない世界も理論的には見えてくることになります。

見えない世界を見る、その最たるものが超弦理論▼（superstring theory）です。この理論のポイントは、時間や空間は分割可能かという点です。「アキレスと亀」というギリシアの哲学者ゼノン▼が唱えたパラドクスをご存知でしょうか。勇者アキレスが亀と競争をする。足の遅い亀はアキレスよりも少し先にスタートし、後からアキレスが追いかける。先にいる亀のところまでアキレスが追いかけるのに時間がかかる。その間に亀はさっきよりも少しだけ先に行く。そこへアキレスが着く間に、また少しだけ亀は進んでいる。論理的に考えると、アキレスはいつまでたっても亀に追いつけないことになってしまうというのです。

時間や空間が分割可能で非連続的であるとするならば、ゼノンの説明は間違っていない。しかし時間も空間も、分割不可能な連続するものであるとしたら、この論理は成立しない。古代ギリシア以来の深淵な問いでしたが、最近ようやく答えが出ました。物理学者マックス・プランク▼の提唱した「プランク長」「プランク時間」という極微の単位があります。その値はある特定の定まった数字（定数）です。世界がなにで構成されているか極限まで追究してゆくと、素粒子と呼ばれる物質にゆきつくと聞いたことはあるでしょう。プランクの提唱した単位は、素粒子によってできているこの世界の基本となる単位として提

**▼超弦理論**
物質の最小単位を点ではなく弦であると考える弦理論を発展させ、超対称性まで拡張した理論。自然界に存在する四つの基本的な力を統一的に説明する理論となることが期待されている。理論の発展の歴史には、南部陽一郎も貢献している。

**▼ゼノン**
紀元前四九〇年頃に生まれたといわれる。パルメニデスを始祖とする、感覚的な認識を疑う古代ギリシア、エレア学派の自然哲学者。

**▼マックス・プランク**
一八五八年生まれ、ドイツの理論物理学者。量子論の創始者のひとり。光のエネルギーがある最小単位の整数倍の値しか取ることができないと仮定し、量子力学の基礎を築いた。

唱されたものです。

ところがこの時空には限界があります。プランクの提唱した単位より小さな世界は、物理学的には意味がありません。しかし、たとえば「プランク長」がなぜその長さになるのか、その理由を解き明かすことはできません。たくさん存在する物理学の自然定数には、なぜそうなっているのか、その理由がわからないものばかりです。ある単位系で6・67×$10^{-11}$という万有引力の定数についても、なぜその数字になるのか、理由はわかりません。この限界を突破し、素粒子の世界と重力の合体を追究する超弦理論によって、それが何によって決まっているのかが明らかになりつつあります。この宇宙の空間は三次元ですが、その限界以下のコンパクト化された六次元の空間の構造によってこの自然の定数も定まっているということがわかってきたのです。

一方の極大のほうの宇宙の観測限界の先には、どこまでも広がっているかわからない、いわばキリのない時空があります。つまり、極小の超弦理論の世界と、観測もできず理解することもできない極大の果てしない世界の間に、星々や地球や生命の世界もあるのです。

## 「自然科学の考え方」

私たち、ホモ・サピエンスを他の動物と隔てる違いは、外界で見たことに基づいて、脳の内部にイメージをもつことです。そして今日の人類は、自分の目ばかりでなく、道具を使って世界を見ています。たとえば、物理学の理論などを使って極小の世界を見てゆくと、日常とはまったく異なる世界が広がっています。そこで観測したデータをもとに、脳内にその世界のモデルを構築する。それが「見る」「わかる」という作業です。

脳内の内部モデルを数学の世界だとするならば、外部の世界を扱っているのが物理学。物理学で観測した現象を、あるモデルに従って数学的に記述すること。言い換えれば、外界を観測によって認識し、数学に基づいて記述することこそが「わかる」ことであり、自然科学の営みなのです。

自然科学には、ふたつの基本的な考え方があります。それは二元論と要素還元主義。

二元論とは、観測すべき外界と自分とはまったく無関係であるという立場です。いま外界を観測しているこの私とは何だろうか、などと考え始めてはいつまでたっても堂々巡りから抜け出せません。外界を「私」から切り離して考えてゆく。哲学者のベーコン▼やデカルト▼たちによって次第に二元論は確立され、近代の自然科学は急速に発展しました。要素還元主義とは、考えるべき対象を分割し、絞り込んでゆく考え方です。宇宙全体ではなく銀河、銀河よりも星、星よりも物質、という具合に観測する対象を明確に定義できるものに限定してゆくのです。

**▼フランシス・ベーコン**
一五六一年生まれ、イギリスの哲学者。アリストテレス以来の目的によって事物を解釈することから、経験的な知から帰納法によって普遍的な法則を導くことを提唱し、近代科学の発展を準備した。

**▼ルネ・デカルト**
一五九六年生まれ、フランスの哲学者。信仰ではなく、合理的な理性による真理の探究を唱え、近代哲学の端緒となった。西欧の近代を象徴する「我思う、ゆえに我あり」は著書『方法序説』に記されている。

このふたつの考え方により、自然科学はどんな人同士でも、共通の土台に立って議論してゆくことができるようになりました。科学を発展させるためには、天才的な個人の力が必要なときもありますが、そのアイデアを共有し、宇宙や地球、この世界についての知識を広げてゆくことも重要で、それができるようになったのです。

## 「わかる」と「わからない」をはっきりさせる

私は何にでも興味があり、さまざまな調査や研究を続けていますが、最近では、考古学の研究までやっています。ヒッタイト帝国▼をご存知でしょうか。ヒッタイト帝国は、青銅器が主流だった時代に初めて鉄器をつくり、いまから三千九百年から三千二百年前頃、メソポタミア地方、いまのトルコのあたりで隆盛を誇りました。帝国の滅亡とともに、それまで機密とされた製鉄の技術が広まり、本格的な鉄器時代が始まったといわれています。

技術的に、人類がどのように鉄器を開発したか、実は謎です。私は宇宙から降ってきた鉄隕石がかかわっているはずだと睨み、鉄器の起源を解明してやろうと考えました。

専門の考古学者はあまり考えないようですが、どんな文明も宇宙とつながりがあるはずです。たとえば、ヨーロッパにもアジアにも、どこにでも龍や蛇の

**▼ヒッタイト帝国**
紀元前十五世紀頃、現在のトルコに位置するアナトリア半島に築かれ、メソポタミアを征服した帝国。高度な製鉄技術によって周囲の民族を圧倒した。紀元前一一八〇年頃、周囲の海洋民族の侵攻により滅亡。

伝説があります。そしてそれらは必ず社会に災害をもたらす存在として描かれている。私は、龍とは彗星に伴う現象なのではないかと考えています。人類に文明が誕生して以来、一万年くらいの時間が経っています。その間には巨大な彗星の飛来や、大流星群がみられたこともあったはずです。

これはいまのところ、私の想像に過ぎませんが、まだ誰も調べていない。ならば調べてみよう。地球には、流星塵と呼ばれる微細な物質が宇宙から降っています。湖の底に溜まった堆積物を調べると、年縞といわれますが、その堆積の様子が縞模様になって現われます。これを丹念に分析し、一万年間のうちにどんなものが宇宙から落下してきたのか調べようということです。

すると確かに、いまから五千年くらい前には流星が活発だった時期があることがわかるかもしれない。鉄隕石も降っていたでしょう。ならば鉄器とも関係があるに違いない。そう考えていたら、トルコの遺跡を発掘しつづけている研究者から「ヒッタイト時代よりも古い鉄器が出た」と連絡をもらいました。四千三百年前の鉄器だというのです。そしてこれを最新の手法で分析したら、たしかに炉などで製鉄した人工の鉄だった。

私がこんな発見をできたのは、何がわかっていて、何がわかならいのか、その境界をはっきりさせ、調べるべき事柄を明確にしたからです。なぜ急に高度な鉄器が、ヒッタイト帝国に出てきたのか、そしてどのようにつくられていたのか、詳しくわかっていませんでした。そこで私は、最新の分析技術を導入することにした。科学では観測するスケールを変えるとまったく違う世界が見えてきます。考古学の世界で普通行なわれるよりも一〇の四乗くらいより精密な分析をすると、まったく新しい世界が見えてきます。たとえばヒッタイトの鉄器では一五〇〇度もの高温に達していますが、四千三百年前の鉄器では八〇〇度くらいで製鉄を行なっていたことや、ヒッタイトの鉄器では酸化鉄から鉄を取り出す際の還元剤に炭酸カルシウムを使っていたことなどが見えてきた。

宇宙でも、これまで見えていなかったことが見えてきています。二十年ほど前から観測技術が進歩し、太陽系にも見えていなかった世界があることがわかってきました。太陽系の果てと思われていた海王星の軌道の外側にも無数に天体が存在し、なかには冥王星よりも巨大な天体もあった。準惑星セレス▼などの名前を聞いたことがあるかもしれません。銀河にも、先ほど紹介した系外惑星が発見されたり、褐色矮星と呼ばれる小さな天体が観測されるようになるなどさまざまな発見があり、銀河系レベルで惑星とは何かという定義そのものを見直す必要が出てきました。

科学によって世界を解き明かしてゆくときに、大事なことがあります。それはわかっていることとわからないことをはっきりさせることです。そうすることでこれまでの常識を覆すような成果も出すことができるのです。

もっとも科学にはまだ困難なこともあります。物質の実体を観測し理解することはできるようになってきましたが、物と物の関係性を解き明かすことは難

**▼準惑星セレス**
火星と木星の間には、小惑星が集中している領域がある。その小惑星帯にある、一八〇一年に発見された最大の天体。二〇〇〇年代になると太陽系外縁部でより大きな小惑星が発見されるようになっている。ドーン探査機などによってセレスそのものの精密な観測が進み、水蒸気も観測されている。

しい。ネットワーク論とか複雑系▼と呼ばれる分野です。生物学にはまだまだわかっていないことがたくさんありますが、それは生命の世界は複雑系だからです。いま膨大なバリエーションのあるゲノムの世界を解読▼し、生命現象を記述しようとしていますが、まだその起源を解き明かす段階には到達していません。

## 「納得する」と「わかる」は違う

科学によって「わかる」ことと、みなさんが勝手に「納得する」ことは違います。たとえば宗教のことを考えてください。キリスト教や仏教、イスラム教などさまざまな宗教があり、それぞれに信者がいます。信仰をもつ人びとは、それぞれの神さまがこのように述べた、という教えに則って、外界を判断します。ですから、同じ宗教というルールを共有する信者同士であれば話が通じますが、それはその宗教の外の世界では通用しません。キリスト教の天地創造説と、科学の進化論とでは合い入れません。「納得する」ことは、科学のルールに基づいて「わかる」とは違う。そのことは意識しておかなければなりません。

ちなみに「考える」とはどういうことでしょうか。人が考えているとき、脳の側頭葉や前頭葉などでは、神経回路を構成するニューロンの接続状態が活発に切り替わり、外界のデータが伝わってゆきます。インプットしたデータを蓄積し、情報を統合して判断する。それが「考える」ことです。生物学者はあま

**▼複雑系**
相互に関連する複数の要因からなる全体の挙動は、必ずしも個々の要因や部分からは明らかにならない。そのような系を複雑系という。人間社会や経済、気象現象も複雑系であり、それらを研究する理論にはカオス理論や非線形力学などがある。

**▼ゲノム解析**
ある生物のＤＮＡ分子に含まれた遺伝情報ゲノムを解析することにより、生物の進化の過程を明らかにしたり、人工的に生物の特性を調整したりできることが期待されている。

りホモ・サピエンスの特殊性に目を向けませんが、ホモ・サピエンスとほかの人類は異なります。「考える」ことを始め、地球上の「人間圏」という新しい構成要素を生み出して生きているのはまぎれもなく、私たちホモ・サピエンスだけです。この特殊性に目を向けることから、私たちはどういう存在なのか、これからどこへ行こうとしているのか、解き明かすことは始まるのではないでしょうか。

## 地球そのものを「システム」と考える

私たちのことを考えてゆくためには、地球とはどういう天体なのかも考えなければなりません。重要なのは、地球を、複数の構成要素の間にさまざまな関係性をもつ、ひとつのシステムとして考えることです。

システムとして考えることで、解決できる問題があります。「暗い太陽のパラドクス」と呼ばれる有名な例を挙げておきましょう。実は、太陽は昔、いまよりも暗かったことがわかっています。内部で水素原子核が燃えている太陽では、燃えカスのヘリウム原子核は次第にたまってゆきます。ヘリウムは水素より重い物質ですから、太陽の中心にヘリウムが溜まると次第に重力が増し、縮もうとします。縮んでゆくと、今度は太陽の内部の温度が上がり、水素はよりよく燃えるようになる。こうして暗かった太陽は明るさを増してきた。

過去に遡ると太陽は暗くなるということです。この過程を考慮して地球の地表温度を計算すると、三十億年前には地表温度は零度以下だったことになってしまいます。ところがこのときすでに地球には海があった。このことは地質学的に確かめられている。この矛盾のことを「暗い太陽のパラドックス」といいます。この矛盾も地球がシステムであると考えると解き明かせます。

プレートテクトニクス▼という考え方を聞いたことがあるでしょう。大陸を乗せたプレートは不動ではなく、ゆっくりと動いていて、日本列島の太平洋側などでは海洋プレートが沈み込んでいる。さて、大気中の二酸化炭素は雨に溶け込むかたちで地表に降ります。そして岩石を浸食し、さまざまな物質を溶かし込みながらやがて海に注ぎ込む。海水の陽イオン、すなわち塩分は元はといえば大陸の侵食されたものです。

その陽イオンと、水素イオンとによって海水の酸性度は決まっています。雨が降りこみ続けることで、海の中の重炭酸イオン濃度は高まり、カルシウムイオンと反応し、やがて海底に炭酸カルシウムが沈殿する。それがプレートによって運ばれ、やがて地球のマントルの層に入ってゆく。そこでは温度が高く、炭酸カルシウムと珪酸が反応し分解され、二酸化炭素が発生して火山ガスとして再び大気中に放出される。このような循環システムがあります。

この循環というしくみがあることで、たとえ太陽が暗くなっても地表温度は単純には下がりません。太陽が暗くなれば、海水の蒸発が減り、雨そのものが少なくなります。そのせいで、大気中には二酸化炭素がだんだん増えてきます。

**▼プレートテクトニクス**
地球の表面には固い岩盤があり、それは地球内部のマントルの対流によって動いているとする理論。日本列島の東の海中では太平洋プレートが北アメリカプレートと衝突して沈み込み、深い海溝を形成している。

そしてそのせいで、地表の温度も下がりにくくなるのです。

地球をシステムだととらえるならば、地球の歴史も単純化することができます。それは火の玉地球と呼ばれる高温の状態から冷却してゆく歴史、そして物質が分化してゆく歴史です。その大きな流れの途中途中に、現在の地球システムの構成要素である海や、生物圏ができるなどの出来事が起こったのです。それが分化ということです。システムとしての歴史から考えれば、汚染だって悪い一方ではありません。地球の歴史は汚染の歴史といってもいいかもしれない。

海の塩分は大陸物質の汚染の結果だし、大気中の酸素も生物圏による汚染の結果です。海に陽イオンが大陸から入ってくる段階は、言葉をかえれば海が大陸物質に汚染されたといってもいいのです。でも塩分によるその汚染は、システムの働きによる適度な中和によって、生命誕生の基礎となりました。

生物圏が地上にできると、生まれた光合成生物は酸素を放出します。大気中にはこれまで存在しなかった酸素が溜まってゆく。これも汚染です。私たちは酸素がなくては生きてゆけませんが、大昔、嫌気性生物▼の時代には酸素の蓄積によって無数の種が滅んだ。もし汚染は悪だとしか考えなければ、好気性生物が繁栄してゆく歴史や地球システムの歴史をうまくとらえられないことになる。私たちがいま、人間圏を形成して石炭や石油を大量に燃やしていることも、陽イオンや酸素による汚染と同じ意味で汚染なのです。このようにとらえることができず、善悪を問う倫理の問題を持ち出す人がいます。それでは一面的な答

▼**嫌気性生物**
増殖に酸素を必要としない生物。光合成を行なうシアノバクテリアの誕生以前、地球上には嫌気性細菌が繁殖していたが、やがて大気中に酸素が増え、好気性細菌が多数になると、深海中などの極限環境に適応していった。

えしか得られません。地球の歴史は汚染の歴史とはそういう意味です。

## 知識はドラスティックに変わっていく

ときには、宇宙から飛来した天体が衝突することで地球の歴史が変わることだってあります。かつては斉一説と呼ばれる、いま現在起こっている出来事が古来起こりつづけているのだという発想で地球の歴史も考えられてきました。ところが天変地異も導入しなければ、本当の歴史は見えてきません。月も、地球に巨大な天体が衝突したはずみに誕生しましたし、恐竜が絶滅したのも六千五百万年前の天体衝突が原因です。

歴史をたどる上で重要なのは、生命には系統樹があることです。チンパンジーとゴリラとヒトは、歴史上のあるとき三つに分かれ、現在のようになったのです。ずっと三種に分かれていたのではありません。系統の分岐がいつ、どのように起こったのか、実は最近になって判明しました。ゲノムの解析によって初めて、ゴリラとはより昔に、チンパンジーとは最近になって分かれたことが明らかになりました。これまで骨格の形態学的な分類によって考えられてきた系統樹は、最新の科学によって更新されつつあります。

最近になってわかったことはたくさんあります。教科書に書かれている常識も、どんどん新しいことがわかり、更新されてゆきます。二十一世紀に入って

**▼斉一説**
条件に変化がなければ現在起こっている自然現象は同じように過去もくり返されたはずだ、という仮定は斉一説と呼ばれ、地球が形成されてきた長く連続的な変化を捉える地質学など近代科学の基本的前提となった。それ以前にはノアの方舟のような破滅的な出来事によって、現在の地質が短期間に作り上げられたと考えられていた。

からはとりわけ、そのスピードは速くなっています。最先端がどこにあるのか、新しいことを貪欲にフォローし、最新の知識を知っておかないと、世界を俯瞰して考えることはできません。

## 「生命は宇宙空間を旅している？」

さて、私たちはどこからきて、どこへ行くのでしょうか。この問いに対して、いま私が考えていることをお話ししましょう。

生命はどこからきたのか、その起源はまだ解明されていません。私はさまざまな根拠から、生命は宇宙からきたのだろうと推定しています。私たちの生命はタンパク質と核酸から成り立っています。このふたつが一緒になっている必然性はない。遺伝情報の伝達という点では稚拙な伝達しかできないタンパク質がもともと、タンパク質生命として単純に生きていたかもしれない。これは情報しかもっていない核酸からできているウィルスを考えるとよくわかります。自分で再生することができないウィルスは、生命であるとは定義しにくい。人間の身体に侵入し、なかの細胞を使って自分の子孫をつくらせて残す、そのための情報しかもっていないからです。しかし核酸生命というものを考えれば、ウィルスはそれにあたります。言い換えれば、タンパク質生命と核酸生命が合体したものが、いわゆる地球生命なのです。

こうした合体が地球上で起きなければならない必然的な理由はありません。宇宙空間と地球とは、決して隔絶されているわけではありません。地球に飛来する物があり、地球から飛んでゆく物があります。この現象を生命に応用すると、惑星間パンスペルミア▼といいます。人類は惑星探査機を飛ばすことによって、それを意図的に行なっているともいえます。探査機に付着した生命によって、太陽系を汚染している。

こう考えると、生命は地球に生まれた、と考える必要もありません。むしろ宇宙空間を旅していると考えるべきでしょう。私はその証拠を見つけてやろうと思っています。成層圏を通じて生物はどのように出入りしているのか、それを観測気球によって調査するのです。そこを通じて、地球から宇宙に生命が飛散しているのか、逆に宇宙から落下しているのかがわかるはずです。

赤い雨▼という現象があります。実際、今世紀にもインドのケラーラ州とスリランカとで三回降ったことが知られています。この真っ赤な雨は一体何か。ゲノム解析の技術で調べてみると、実は非常に古い生物であるシアノバクテリアに近い組成の細胞であることがわかりました。地上で緑色のはずの細胞が赤くなっているのは、紫外線を浴びて赤い色素だけが生き残ったためと考えられます。これは地球から一度宇宙空間に出てゆき、また舞い戻ってきた細胞ではないかと私は考えています。

地球と宇宙との生物の行き来のプロセスが証明されれば、赤い雨の謎も、私

**▼惑星間パンスペルミア説**
異なる惑星間を生命が何らかの方法で行き来したことが、生命の起源にあるとする説。岩石に寄生する微生物による実験では、宇宙空間でも生存できる種が存在することが確認されている。

**▼赤い雨**
二〇〇一年、南インドのケラーラ州では二か月に渡り、服が染まるほどの赤い雨が降った。同様の事例は少なく、赤い色の理由は、アラビア半島の砂嵐という説などが出されたが長らく不明だった。二〇一二年にはスリランカでも同じような現象が観測された。のちに松井らの研究によりそれが細胞であることが明らかにされた。

たちの生命の起源も解き明かすことができるかもしれません。

## 「さまざまな分野の最先端を追いかける」

いま私たちが考えなければならないこと、それは「文明」の問題です。文明とは、人類が地球システムの中につくり上げた人間圏という構成要素をつくる生き方のことです。狩猟採集という生き方は、生物圏の中の種のひとつとしてそのなかに閉じて生きる生き方です。農耕牧畜によって地球システムの物質やエネルギーの流れを変えることに成功し、人間は自分たちのための人間圏をつくりだしました。それが文明という生き方です。人間圏がこれからどうなるか、それが私たちの課題です。

最初に、地球がダメになったとき、という話をしました。突拍子もないことではありません。どんどん拡大してきた人間圏が地球と同じくらいの大きさになってしまう可能性がある。試しに計算してください。二十世紀初頭、十五億人だった人口はたった百年間で六十億人になりました。五十年で二倍になる割合です。この割合が続くと人間の重さが地球の重さに達するのはいつのことでしょうか。そんな計算は意味がないといわれるかもしれません。人間の身体はほとんど水分だからです。では人間の重さが、海水の重さと同じになるのはいつ頃のことでしょうか。二千年もかかりません。

私たちが本当にいままでと同じ生き方をつづけられるのか、私たちはどこへ向かっているのか。そのことはあらゆる世界と歴史を俯瞰する視点で考えなければなりません。

**Q&A**

――先生はなぜ「俯瞰する」ことができるようになったのでしょうか。

何がわかって、何がわからないか、それがわからないと最先端の研究はできません。つまり、あらゆる分野のあらゆることを知らなければならない。それはなかなかできません。私の経験では、できるようになる方法がふたつあります。ひとつは何にでも好奇心をもつこと。分野にとらわれない興味を持ちつづけることです。そしてもうひとつは実行力。研究プランが承認され、予算がおりないと研究をスタートしない、そんな研究者も大勢います。そんなことでは知りたいことがわかるのも何年も先になってしまいます。その間に、研究者としての能力も衰えてゆく。だからやれる範囲で、まず実行する、これがあらゆるジャンルの最先端を知り、全体を俯瞰できるようになる秘訣でしょう。

## わたしの思い出の授業、思い出の先生

思い出の授業というものは特にありません。私の学生時代の東大理学部での講義は、基本的に、自分で努力して理解するもので、いまのように、どんな学生にも理解できるように工夫されたものではありませんでした。体系としていかにまとめられているかが重要な点で、その独創性を評価するというのが、私としての基準でした。

したがって、自分が講義をもつようになってからも、その学問の本質をいかに体系だててまとめるかを、講義ノートを作るうえでの指針としていました。

講義というより、学会での講演発表という意味で衝撃を受けたのは、アメリカでの学会に参加するようになったときです。そのプレゼンテーションのわかりやすさに接し、目を開かれた思いでした。優れている研究者ほど、わかりやすいプレゼンテーションをいかにして行なうかという準備に、ものすごい労力を費やしていたのです。

以来、学会であれ、一般講演であれ、講義であれ、聴衆にいかにわかってもらえるかというのは、いつも気にかけています。

# デザインと質感

松田行正

まつだ・ゆきまさ＝一九四八年、静岡県生まれ。ブック・デザイナー。本のデザインと併行して、本のオブジェ性を探求するミニ出版社、牛若丸を主宰し、出版活動も行なう。『眼の冒険 デザインの道具箱』のブックデザインで講談社出版文化賞を受賞。著書に『はじまりの物語 デザインの視線』『線の冒険 デザインの事件簿』『時の冒険 デザインの想像力』『図地反転』『和力』『和的』など。

## はじめに

“Look before you leap.” という英語のことわざがあります。日本語にすると「転ばぬ先の杖」。これをイギリスの詩人W・H・オーデンは leap を先にもってきて、“Leap before you look.” と書いた。作家の大江健三郎さんがその詩を自らの短編集のタイトルにしました。『見るまえに跳べ』です。これをデザイナーであるぼくの文脈でいえば、「見るまえに背景を知れ」となります。視覚はときには人を騙します。それを今日の隠れテーマとします。視覚の背後にはさまざまなものがあります。まずはその背景を知ることからはじめましょう。

精神分析学者ユングに元型論という概念があります。世界中の神話が似ているのは、人間に刷り込まれている集合的な無意識の類型があるからだという発想です。それを形にも適用しました。円、四角、三角、螺旋などです。

しかし、円は自然や星の運行を見れば想像できます。秩序は鳥の群れを見れば感じとれます。その先には秩序としての人工的な四角という形があります。したがって、ユングがいう類型というよりも、自然観察から学ぶところは大です。「セレンディピティ」ということばを知っていますか。漫画でいえば、頭のうえで、電球が点いて、ああそうかと手を打つ感じのこと。一つ言えるのは、何も考えてない人にセレンディピティはやってきません。デザインも同じ。ぼくの経験ではずっと考えた末の夢うつつのときに、セレンディピティはやってくるのです。セレンディピティの背景には、考え続けた時間があるのです。

物理学者マッハが発見したマッハバンド（帯）［図1］という現象があります。それは、データ的にはなだらかなグラデーションのはずなのに、途中で濃さに段差があるように見える現象です。なぜそういうことが起きるのか。

人類が森から草原に出て二足歩行になった頃、周りは敵だらけ。相手が自分を襲うのか、そうでないのか判断するためには、エッジつまり輪郭がはっきりしていたらすばやく対処できます。輪郭がぼやっとしていたら簡単に襲われます。危機対処のために輪郭強調能力が発達した。これがマッハバンドの原因ではないかと思っています。何事も、探せば、なんらかの理由は見つかるものです。

## 「デザイナーのイメージ」

本をデザインすることは、本全体の質感を決めることです。手触り、読みや

**図1　マッハバンド**
グラデーションに段差ができましたか？

すさ、重さ、そういうことにデザインは全部つながってくる。しかし実際のデザイナーの仕事と、世間のデザイナーのイメージの間には差があるようです。

ぼくはドラマ好きで、デザイナーが出てくるドラマは必ず観ます（あまりありませんが）。そこで、世間のデザイナーにたいするイメージが少しわかります。

こんなドラマがありました。デザイナーが、ポスター・デザインの賞に応募して見事受賞します。ところが、その作品に使っている写真は、ある本の表紙の写真をそのまま複写したもの。当然、その本の持ち主はそこそこいるはず。そしてお定まりの、デザイナーは脅され、思いあまって脅迫者を殺す。しかし、印刷物を複写してポスター大に拡大していますので、どうしても網点がでてしまうはず。印刷のことを知っていれば、全くありえない盗作騒動でした。

「相棒」でもデザイナーが出てきます。これも非常識な展開でした。本の装幀でデザイナーが絵を描く。編集者はその作品が気に食わなくて、あろうことかデザイナーに了解をとらないで、自分で原画に直接彩色してしまう。普通は、デザイナーかイラストレーターに描き直してもらえばすむことです。ドラマでは怒ったデザイナーが編集者を殺してしまいました。非常識な展開で、殺すほうも、殺されるほうも悲しい限り。

「重版出来《しゅったい》」にもコミックの装幀デザイナーがでてきます。彼の事務所はおそろしく広くて、しかもメゾネットタイプ。バブル期か、とつい疑いたくなります。しかも、装幀の仕事をしているのに、なぜか書籍が少ない。

## 「本の様式」

能は、シチュエイションすべてが様式化されています。鏡の間から怨霊が橋掛りを通ってでてくる仕方も定式どおり。幽霊が出ると「ヒュードロドロ」と音が流れる。あの音は能舞台の笛の音が定着したもの。本も能のように様式のかたまりですが、そこに至るまでいろいろ歴史がありました。見ていきましょう。たとえば、単語と単語のあいだにはスペースがあるのが常識です。ところが、スペースのない時代がありました［図2］。本は自分で読むのではなく、語り手から聞くものだったので、語り手さえわかっていればよく、スペースは必要なかったのでした。それが、九世紀になって、敬虔なキリスト教信者の王様が、写本に力を入れたことによって、筆写しやすいように単語間を開けるようになりました。目次や見出しが登場するのもそのあとです。

印刷術がはじまったころは、まだ写本時代のセンスを引きずっていて大判の本しかありませんでした。ところが、ルネッサンス真っ盛りのイタリアで、持ち運びやすい文庫のような小さな本が登場。人気を博し、本の様式に加わります。

本の様式の基本といえば、以下の二つです。

まず、ハードカバー＝ドレスアップした、いわば盛装した本。

そして、ソフトカバー＝カジュアルな本。

この分け方は、呼び名そのままで、表紙の硬さがハードか、ソフトか、の違いです。

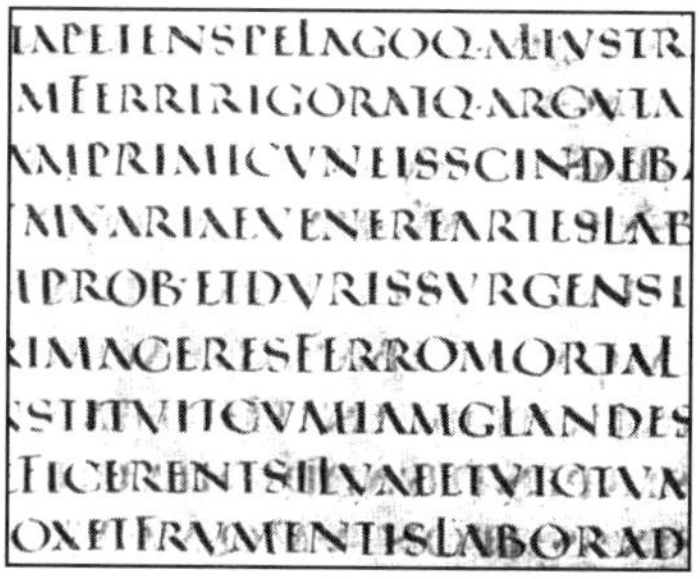

**図2　単語間のない文章**
ローマの詩人ヴェルギリウスの『田園詩と農事詩』のラテン語版、四世紀ごろ。

本のこのスタイルはずっと堅持されていますが、もう一つ大事なことがあります。紙は劣化するということです。これも一種の様式かもしれません。いま大手の出版社は、本は永遠に新品でないといけないという思いが強く、紙の劣化はタブーです。新品だと思って買ったのに紙が劣化している、というクレーム逃れかもしれません。そこで紙選びにも制約がかかります。劣化もそれなりに魅力的だとは思いますが……。

そうです、本のデザイン作業の中心は選択することなのです。書体から紙まで、既製のものから選ぶ。これが仕事の九割を占めます。いわゆるクリエイティブなセンスはこの「選ぶ」ところに現れます。本とは、このようにレディメイドのものなのですね。

## 「デザインの意味」

「デザイン」ということばには、「設計する」「計画する」などの意味が一般的です。しかし、この意味をより深めると、「謀る」「悪巧みをする」というダークな意味も派生します。冒頭でお話しした「視覚は騙す」は、デザインという営為に内在することだったのです。ここでデザインの意味の展開を少し見てみましょう。

たとえば、一九三〇年代にアメリカで流線型デザインの流行がありました。

図3

なんでもかんでも流線型の形で蔽ってしまえ、です。もっとも機能は変わらない。デザインの力で速そうにみせようとしたのです。ストライプを入れただけで速そうに見えます。そして、ブームは、速度とは無縁なもの、日用品とか、女性の身体のラインなどへと波及。ガードルなどもこのころ登場しました。最後には流線型的人種ということでナチスによるユダヤ人迫害を生んでしまいますが……。これはデザインで「装う」例でした。

次は、デザインで「道筋をつける」。下の商店街の写真［図3］から何が感じられ、池のような図［図4］は何だと思いますか？　ヒントはなしです。言うとすぐわかってしまいますから。「池」だなんて誘導してしまいましたが、池とは関係ありません。どちらも、答えは次ページ下段。ラインをつけて理解の補助をしています。これが「道筋をつける」。こういったイラストや写真は、一度知ってしまったら、二度と以前の知らなかった状態には戻れません。あたかも騙して謀るという、デザインの本質があるように思えます。

次は、デザインで「改変する」。銀座松屋は、もともと家紋のようなロゴマーク［図5上］を使っていました。それが、一九七八年にモダンな欧文を使ったロゴマーク［図5下］に変更しました。これは、欧文（多くは英語）をさまざまな媒体に取り入れるようになった時代の先取りでした。きっかけは、一九七六年刊行の『ポパイ』創刊号［図6］。ご覧のように欧文だらけ。いまでは想像できませんが、七〇年代半ばまでは雑誌や書籍に欧文が使われることはほとんどあり

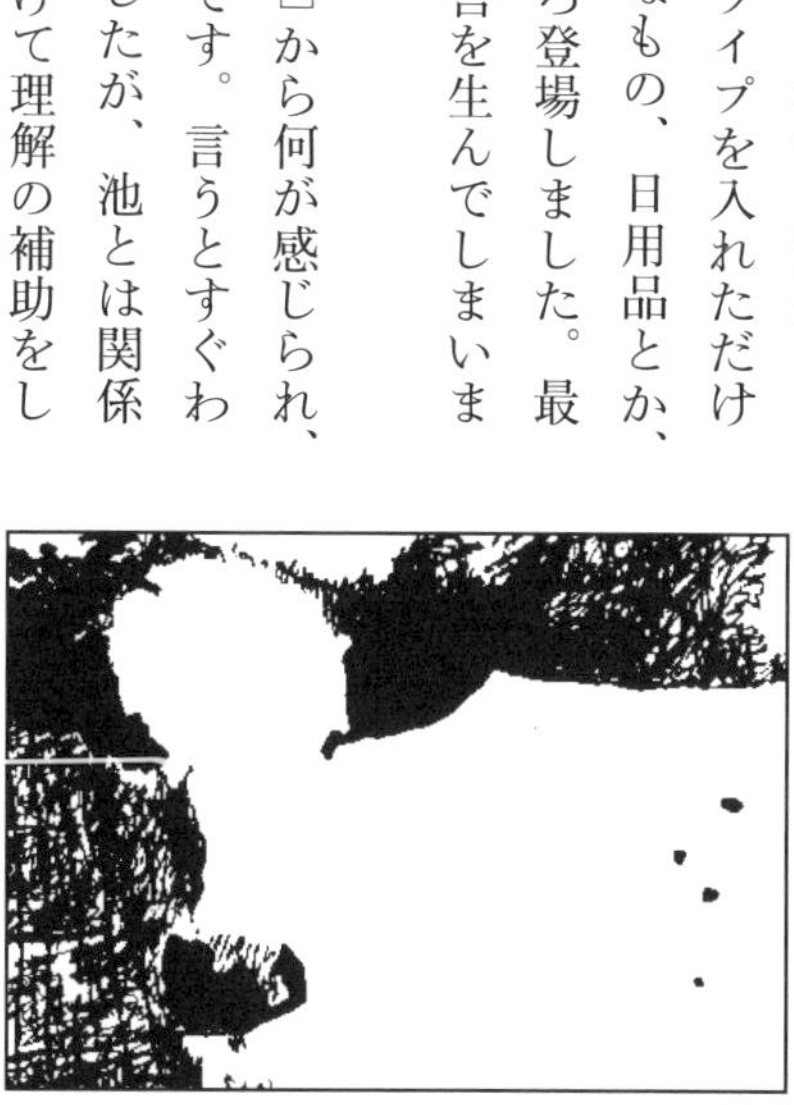
図4

図5　松屋銀座の新旧のマーク

図6　『ポパイ』創刊号表紙

ませんでした。『ポパイ』創刊後、広告にも欧文のコピーが入る。そうした文化的な流れもあって、松屋銀座のマークも欧文にしよう、となったのかもしれません。このロゴマーク・デザインにはほかの選択肢はないものだろうか、と思い、自分でデザインを試みたことがありました。ところがそのプロセスで、仲條正義さんがデザインした「M」の部分に家紋のデザインの香りのあることに気づき感動しました［図7］。

また、(よい意味で)「真似る」こともデザインの重要な手法です。ビートルズの有名な「サージェント・ペパーズ・ロンリー・ハーツ・クラブ・バンド」のジャケット・デザインは、その後、多くのカバー・ジャケットを生みます。ポールの発案からはじまったジャケット・デザインですが、近年、新しい情報が発見されました。ビートルズがスウェーデンにライブに行ったとき、空港で歓迎してくれたバンドがいました。そのときバンドのメンバーがポールに、ビートルズの曲をカバーした自主制作盤［図8］をプレゼントしました。それがバスドラムの周りにマーチングバンドの格好をしたメンバーたちが取り巻いているというものでした。まさに、「サージェント・ペパーズ〜」のアイデアのもとがあるように感じます。こういった「真似」「カバー」探しは楽しいものです。どれだけ自分が元になったデザインを理解しているかが試されます。

最後に、デザインの役割の一つ「強調する」です。村上龍『半島を出よ』は、北朝鮮軍が福岡に攻めてきて日本が乗っ取られそうになるというありそうで恐

図7　松屋銀座のマーク・デザインの流れ

図3答え　アニメの少女の顔。

図4答え　なんと牛でした。

い小説です。装幀は、空撮した市街地の上にカエルが張り付いています［**図9**］。カエルは、小説に登場しますが、ストーリーとはあまり関係ない。そこをいかにも侵略軍的なイメージで使ってインパクトあるデザインにしている。あるところにスポットを当ててほかとの極端な差別化を図るのもデザインです。

## 「不気味の谷現象」的質感

本のデザインで、質感と言えば、「様式」のところで述べた経年劣化も含めた、手触りが筆頭でしょう。ここでは、それ以外のぼくの考える質感について述べてみます。

「不気味の谷現象」とは、ロボット工学者の森政弘さんが一九七〇年代に言いだしたことばです。人間だと思って触ったら手が冷たくて、あれ、ロボットだったの、と不気味な感じがしたとき、不気味の谷現象と名付けた。ぼくはこれを拡大解釈して、デザインにもそういう現象があると考えます。たとえば、取手のドアはふつう引くか押すかする。ところがたまにスライド式だったりすることがありますね。その場合、矢印がついています。説明がなくてもわかる、というのがデザインの基本で、矢印をつけるのはよくないデザインの例。このときの、「あれ、ちょっと違う」という感覚が不気味な谷現象。言い換えれば「違和感」ということになります。いい意味で使いたいと思いました。

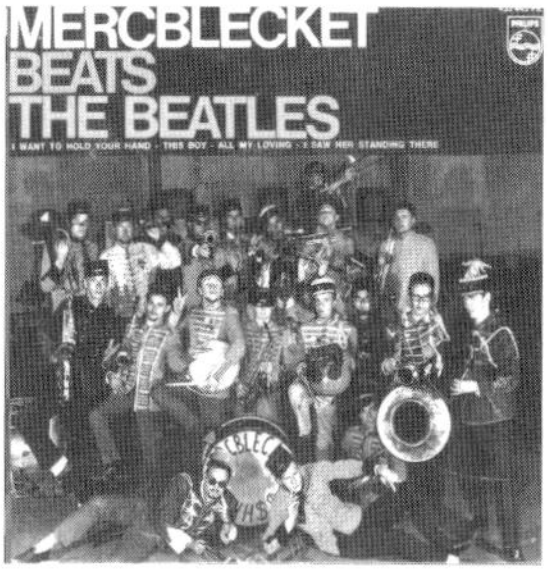


**図8　ポールに影響を与えたかもしれないジャケット**

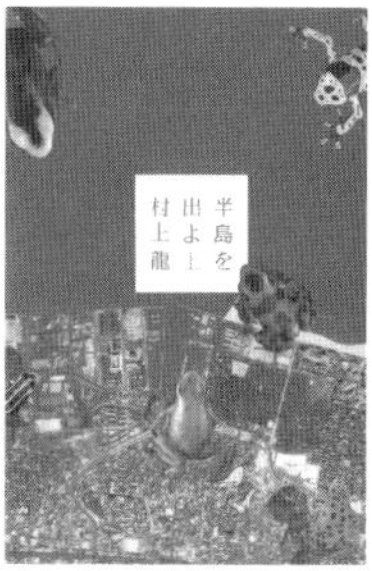


**図9　『半島に出よ』カバー表1**
デザインは鈴木成一さん。

「牛若丸」はぼくが八五年に立ち上げた、デザインを主軸に置いた出版社。「牛若丸」という社名は、五条大橋での弁慶との戦いの、牛若丸のフットワークのよさにあやかりました。つまり反「頑固」。前に言いましたが、デザインの仕事の大半は「選ぶ」こと。ですので選択肢は山ほどあります。狭い了見だとデザインの可能性を追究できません。デザイナーが陥りがちなのは「このデザインしかない」という頑迷さです。ぼくは逆に能動的に選択肢をどんどんだします。

そんな牛若丸で手がけた本の一部を紹介すると、本の形が書名と同じ本。書名が『B』ですので本の形もアルファベットのBになっている［図10］。また、鉱物の写真集では、小さい本ながらひたすら重い。鉱物に関した本だから重いのは当然、という発想です。反対に、とても軽い本もつくりました。表紙の芯に使う紙に小さい穴をたくさん空けて、その上に薄い紙を貼っています。ちょうど、飛行機の翼には軽くするために穴が空いているのですが、同じ手法ですね。

ほかの出版社からだした自著では、本の小口に絵を入れています［図11］。小口をスライドすると絵がでてきますので、たいていの人は驚きます。ちょっとした工夫で本に、より楽しく接することができます。これらが、いい意味での「不気味の谷現象」的質感です。

一方、質感を排除しようとした歴史もあります。それは、モダニズム。モダニズムは質感を排除することで近代性を獲得したと言えます。

モダニズムが認知されるまでにはいろいろと事件がありました。アドルフ・

**図10　書名と同じ形をした本**

**図11　小口絵**
左右で違う絵が入っている。

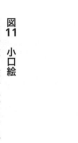

ロースが設計したウィーンにある通称ロース・ハウス。この建物の低層階はまだ古典建築の香りを残していますが、上層階のアパート部は白い壁面のまま。現在では、おしゃれ、というかもしれませんが、当時はアール・ヌーヴォーの流行が終わって間のないころ。装飾のなさに大ブーイングが起きました。結局、窓辺に花壇をおくことで騒ぎが収まります［**図12**］。

バウハウスの校舎もモダニズム建築として有名です。バウハウスは、四六時中学校で学ばなければならない、かなりハードなところです。ところが、校舎のなかもシンプルすぎてウツになる人もでてきた。そこで、廊下などに花瓶を置くようになった。潤いが必要だったのですね。

モダニズムはかなり危ない橋を渡っているように感じます。味けなくなるか、ミース・ファン・デル・ローエが"Less is more."（少なければ少ないほど豊かだ）と言ったように、満ち足りた空間になるのか。日本の「余白の美」がこの問題の解答になる気がします。これについてはまた別の機会に。

## 「意味のオーラ」的質感

「意味のオーラ」というのは、哲学者森本あんりさんのことば。ぼくも経験がありますが、男にとって、まだ付き合っていない大好きな彼女が飲み残したペットボトルには、単に百円ちょっとのペットボトルではない、特別なものを感じ

**図12　ロース・ハウス新旧比較**
右が旧、左が新。窓の下に花壇が加わっている。

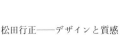

られます。
ると思います。それを「意味のオーラ」と言った。この事例はいくつも見つけ
最初は映画から。「プラダを着た悪魔」に次のようなシーン［図13］がありま
した。主人公のアン・ハサウェイは、ジャーナリストになりたい若い女性。そ
れでニュース誌をだしている出版社に応募したところ、ファッション誌のカリ
スマ編集長の秘書の仕事が回ってくる。メリル・ストリープ演じるこの編集長
は、スカートに合わせるベルトはどれがいいかと、二本のベルトを見比べてい
る。ハサウェイは横で見てて、ふふと笑ってしまう。編集長は、なにがおかし
いの、と。彼女は、同じようにしか見えませんけど、とノーテンキに答える。
編集長は言う。あなたが着ているセーターはブルーじゃなく、セルリアン。
ターコイズ（トルコ石色）でもなく、ラピス（瑠璃色）でもない。そのセーターの色は、
オスカー・デ・ラ・レンタが二〇〇二年に発表したドレスの色で、イヴ・サン
ローランもその色のミリタリー・ジャケットを発表し、それがデパートの洋服
売り場に広がり、そのうちスーパーでも売られるようになった。あなたはその
スーパーのワゴンセールでそのセルリアンのセーターを買った。しかし、その
色を選んで雑誌に掲載し、人気に火を付けたのは、私たちなのよ、と。
ファッション誌の秘書なのに繊細じゃない、ということは置くとして、単な
る安物の青いセーターに「意味のオーラ」が付いてしまいました。
次はアートから。マルセル・デュシャンの「泉」という作品［図14］は、ホー

図13 映画「プラダを着た悪魔」

ロー質の男性用便器を横倒ししてサインしただけのもの。二〇〇四年、イギリスの美術系のジャーナリストや評論家によって、二十世紀最大のアートに選ばれました。なにがすごいか。機能を無効にし、芸術という考え方も無効にした、と言われています。

しかし、この作品、もともといやがらせをするためのもの。いやがらせの最大の効果を発揮できるのはどんな作品か、というところから発想されたものでした。つまり、お金さえ払えば誰でも出展できる展覧会にたいして、本当にどんな作品もオーケーなのか、と。結局、展示されなかったのですが、カメラマンのスティーグリッツが撮影し、時代状況もあって評判になったのです。

ここから、先に述べた、機能と芸術の両者を無効にした論がでてきますが、デュシャンの意図を深読みした説もでてきます。それが、「過去の便器を懐かしむ」説。デュシャンが小さかったころのトイレは、装飾過多で洒落たアート［図15］でした。しかも愛されていて便器に名前もついていた。だからデュシャンも「泉」と名付けたのかもしれません。それが、ホーロー質になって味気なくなった、と。先に述べたモダニズムの問題の先取りもあります。これが、単なる新しもの好きではないデュシャン像に新たに加わった「意味のオーラ」です。

もう一つアートから。アルブレヒト・デューラーに、遠近法を説明する絵［図16］があります。この絵には、横になっている半裸の女性の右側に、デューラーらしき画家が、糸でグリッドを張った枠の前で絵を描こうとしています。この

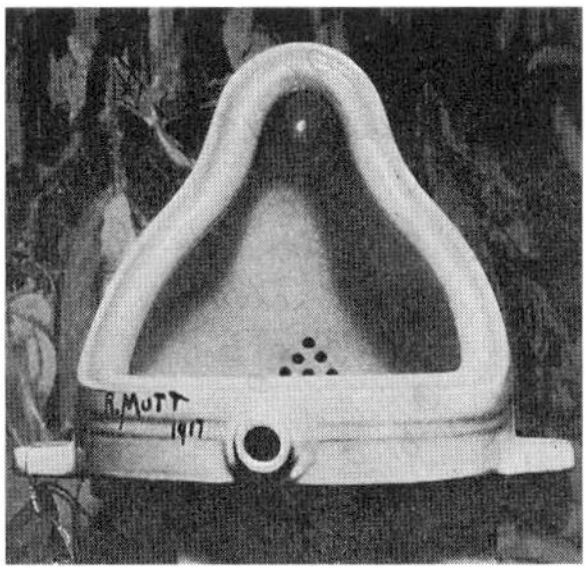



**図14 デュシャン作「泉」**
このスティーグリッツの写真で有名になった。

**図15**
かつての華やかな小便器。海野弘ほか『ヨーロッパ・トイレ博物誌』（INAX）より。

女性のポーズは、ジョルジョーネが描いた「眠れるヴィーナス」のオマージュでしょう。しかし、ポイントはそれではありません。背景の窓なのです。

ヨーロッパ中世では、信仰の世界なので、感覚は全部神まかせ、つまり聴覚中心で、目は曇らされていた。ところが十字軍で負けたり、ペストの猛威で、神は助けてくれない、という、神への不信が生まれます。

そして、徐々に神から離れて、自らの感覚を自覚するようになる。イタリア・ルネッサンスでは人間中心主義が唱われます。比喩的に言えば、上（天）を見続けていた生活から、下（地上）に目を向けるようになります。そこで、風景の存在に気づくのです。それまでの窓はゴミを捨てたり、汚物を捨てる穴。空気感染と信じられていたペストが流行したときは窓にタペストリーが掛けられました。カーテンは、このタペストリーから発展しました。

もう一度デューラーの絵を見ると、なんと窓が開けられて、背景が描かれている。花瓶まで置かれている。時代状況を踏まえると、また違うイメージが立ち上がってきます。これも「意味のオーラ」が付いたといえそうです。

グラフィック・デザイナーの杉浦康平さんは、タイトルやリード文などを斜めに組んだことで知られています。この斜めの角度をどう決めたのか。なんと、地球の地軸、二三・五度に合わせたのでした。杉浦さんは「本は一つの小宇宙である」と常々語っていましたが、それの具体的な表現だったようです。

牛若丸でも「意味のオーラ」を探求しています。太陽からはじめてページを

**図16　デューラー作**
デューラー『定木とコンパスによる線、平面、立体の計測法教本』（一五二五）より。

繰るごとに太陽系の果てに向かって進む、太陽系を六〇〇ページに収めたミニチュア本。また、映画「2001年宇宙の旅」にでてくるモノリス〔図17〕の比率、1：4：9をそのまま本の形〔図18〕にしたのもあります（本の幅も比率に沿っています）。「ヒョウタン」をテーマとした本では、文庫の上製本なのですが、本文の周りを特殊印刷で透けさせました。ヒョウタンのなかには別世界があるという中国の故事のイメージを本であらわしたかったのです。透明の部分が水で、本文が別世界だ、と。

## 「おわりに」

稲垣足穂さんは「文学は暗い玩具《おもちゃ》である」と言っています。音楽は勝手に耳から入ってくる、絵は目の前にあれば自然に目に入る。ところが、文学は読まなければいけない。そういう意味で暗いと言っている。それをもじって、ぼくは「本は明るい玩具《おもちゃ》である」と言いたい。重さを感じ、小口で絵を見る。比率に感動し、透けている部分に意味を感じる。中身を読む前にいろいろ楽しめる。そういう意味で、本は明るいおもちゃではないのか。

コンピュータがさらに発達する世の中。これから本はどうなるのか。そんなに遠くない時代に、3Dプリンターで臓器まで作れるようになるかもしれない。そうなったら出力センターさえあれば事足りる。物流業界には大激震が走るか

図17　映画「2001年宇宙の旅」より

図18　モノリスと同じ比率の本

もしれない。

「帆船効果」ということばがあります。蒸気船が誕生したとき、帆船はもうだめだといわれた。そのとき帆船界は創意工夫を重ねて、蒸気船より速い船をつくった。つまり、新しい技術が生まれたとき、古い技術がそれを乗り超えるためにそれまで以上に工夫をこらすことをいいます。「本は明るい玩具《おもちゃ》である」という発想がその帆船効果の一例になるのでは、と思っています。

映画「ハリー・ポッター・シリーズ」にでてきた動画付きの新聞や本をご存じの方も多いと思います。これが未来の本のイメージの大きなヒントになるような気がします。

マーシャル・マクルーハンは「人間拡張の論理」という考えをうちだしました。車や船、飛行機は、走ったり、泳いだり、飛んだりする人間の能力の延長だ、という考えです。しかし、二十一世紀、なんでもコンピュータまかせで、記憶しようとしない、運動不足による病気も併発する。はたして、機械は人間の能力を拡張したといえるのか。原発は、能力を過信しすぎた結果の産物ではないのか。など、今後進むコンピュータ世界に、否が応でも考えざるを得ない時期にきているように感じます。

**Q&A**

——本のデザインの中心は選択することとおっしゃいました。選択することは、

**図19　映画「ハリーポッター・シリーズ」のワンシーン**
写真のところが動画になっている。

限られた既存のものから選ぶことにもなるので、その部分ではデザインは枯渇することになりませんか。
限られたなかから選択するからこそ工夫がはじまります。コンピュータ草創期、フォントの数や機能も少なく、皆似たようなデザインになってしまう危険がありました。しかし、そんな状況のなかから、ほかと違ってよりインパクトのあるデザインをしたい、というモチベーションは逆に高まります。少ない選択肢というのはむしろよいことかもしれません。まあ、現代は、選択肢もいろいろと多様になりましたが。

## わたしの思い出の授業、思い出の先生

学校の先生というよりも、ぼくにとっての人生の師ともいうべき人がいます。日本のコンセプチュアル・アートの草分け、故松澤宥さんです。

大学生のころ、ぼくは文科系でしたが、周りには美術大学生が多く、それまで関心の低かったアートの世界を知るようになりました。そんなとき、高校の同窓生でアート活動をしている友だちから、松澤さんを紹介されました。といっても、ぼくは、松澤さんとは26歳も年が離れている、これからどうなるかさっぱりわからない学生の分際。いわば「馬の骨」みたいなもの。

ところが、松澤さんは、そんなことを少しも気にせず、一人の表現者として遇してくださいました。まだ何をやるかも考えていなかったぼくは、咄嗟に「詩人」ですと答えてしまったのです。詩らしきものを書いていたのは事実ですが、作品といえるようなしろものではありません。でも何かが降りてきたような感じがしました。それから無理矢理詩人らしくしようと思い、どんどん表現することの楽しさにのめり込んでいきました。

牛若丸を立ち上げてから、松澤さんは、1～2年に1度くらい事務所に訪ねてきてくださって、いろいろとアドバイスをいただきましたが、残念ながら10年ほど前にご逝去なされました。

# 詩を身近に感じよう

細見和之

ほそみ・かずゆき＝一九六二年兵庫県生まれ。詩人、京都大学大学院人間・環境学研究科教授、大阪文学学校校長兼任。専門はドイツ思想。自分の詩に曲をつけ、高校時代のバンド仲間とライブ活動を行なっている。著書に『アドルノ　非同一性の哲学』『「戦後」の思想　カントからハーバーマスへ』『フランクフルト学派』『石原吉郎　シベリア抑留詩人の生と詩』など。詩集『家族の午後』で三好達治賞受賞。

## 「はじめに」

細見です。兵庫県の篠山市というところからやって来ました。篠山といってもご存じないかたが多いと思います。関西では「丹波篠山」という名で親しまれていて、田舎の代名詞のようにいわれているところです。私が暮らしているのは篠山市の中心部で、まわりは田んぼや畑というわけではないのですが、自転車でどちらかの方向へ五分も進むと、あたりは一面、田んぼと畑です。今朝は六時過ぎの電車に乗ってこちらに参りました。六時過ぎの電車に乗ってなんとか十一時にこちらに着ける、まあ、それぐらいの遠方です。

私の専門はドイツの思想ですが、同時に二十歳ぐらいから詩を書いてきました。哲学や思想を研究することと、詩を書いたり読んだりすること、それをもう三十年以上、自分の生活の柱としてきました。今回、この講演のお話をいただいたとき、哲学・思想関係の話にするのか、詩の話にするのか、すこし迷いましたが、とりあえず詩の話、言葉の話をすることにしました。しかし、私にとって、詩と哲学・思想は単純に二つに分かれているわけではありません。わかりやすくいうと、生きていることの意味を、別の側面からそれぞれ捉えようとすることだと考えています。できましたら、そういう視点も持ちながら聞いていただければと思います。

できるだけ、具体的な作品にそくしてお話ししますので、どうぞしばらくおつき合いください。

## 「詩」と「詩のようなもの」

おそらくみなさんの普段の生活のなかで「詩」は縁遠いものではないかと思います。授業で教材として読まれることはあっても、それ以外では詩を読む機会はゼロ、そういうかたが大半ではないかと思います。小説なら好きで読むことはあっても、詩はちょっと、というひとが多いのではと思います。

しかし、じつは私たちのまわりに「詩」ないし「詩のようなもの」は溢れかえっています。電車の広告や新聞の広告、いたるところに「詩」のようなものが掲載されています。たとえば、お手元の資料の最初に抜き出しているのは、一昨日、木曜日の神戸新聞の広告に掲載されていたものです。ちょっと読んでみますね。

きょう、
伊勢志摩で
喫《の》まれる
コーヒー。

きょうから二日間、
伊勢志摩サミットで
振る舞われるコーヒー〈煎〉。
この地を流れる
「日本一きれいな川」こと
宮川の天然水でドリップします。
これぞ日本のコーヒー、
と世界に胸を張れる
一杯とは何か。
その答えは、
「日本の水に合う」
味と香りだったのです。

日本の水が
育てたコーヒー。
煎《せん》

改行の仕方とか含めて、まるで詩そのもののような形をしています。しかし、おそらくみなさんはこれを「詩」だとは思われないでしょう。やはりこれは「煎」というコーヒーを宣伝するための広告コピーです。ちょうど伊勢志摩サミットが開かれる。そこで「煎」というコーヒーがどうやら世界の大統領や首相に供せられるらしい。そのことを背景にして、じつにうまく書かれていますね。じつはこういう広告文を書いているのが「詩人」であったりもします。実際、詩を書いている私の知人には、こういう広告コピーを書くのを仕事にしているひとがいます。しかし、それはあくまで「仕事」であって、そのひとの自発的な表現ではない。詩は書き手の思いを伝えることが大事で、広告コピーには書き手の思いを盛ることはできません。やはりそこが大きな違いだろうと思います。

## 「詩が必要とされるとき」

私たちは「詩のようなもの」には絶えず囲まれていますが、詩そのものには触れにくい状態かもしれません。それに対して、「詩」がとても身近なものとして私たちに届けられた瞬間として、私はあの二〇一一年三月十一日の東日本大震災以降のことを思い出さずにいられません。五年前のことですから、みなさんの多くにも幼いころの記憶として刻まれているのではないでしょうか。震災後しばらくはテレビで通常のCMが規制され、いくつかの詩が繰り返し流されました。いちばん多く流されたのは金子みすゞ▼さんの作品、とりわけ「こだまでせうか」という詩だったと思います。金子みすゞさんは一九〇三年（明治三十六年）に生まれて、一九三〇年（昭和五年）に亡くなっていますから、作品としてはだいぶ古くて書き方も旧仮名遣いです。

**こだまでせうか**　　**金子みすゞ**

**「遊《あす》ばう」つていふと**
**「遊ばう」つていふ。**

**▼金子みすゞ**
一九〇三年山口県生まれ、童謡詩人。大正時代末期に、彗星のごとく現れ、西條八十に「若き童謡詩人の中の巨星」と賞賛される。しかしその後は病気や離婚などの苦しみが続き、二十六歳で早逝する。彼女の詩は長らく忘れられていたが、八〇年代に遺稿集が発見され広く知られるようになる。『金子みすゞ全集』が刊行されている。

「馬鹿」つていふと
「馬鹿」つていふ。

「もう遊ばない」つていふと
「遊ばない」つていふ。

さうして、あとで
さみしくなつて、

「ごめんね」つていふと
「ごめんね」つていふ。

こだまでせうか、
いいえ、誰でも。

あの震災のあとこの詩が繰り返し流されていたのを思い出された方も多いだろうと思います。とてもやさしい言葉遣いで、「こだま」にも似た人間同士の結びつきが描かれています。こだまは分身のような二つの声からなっているのですからね。テレビから流れていても、やはりこれは広告コピーとは違います。いまでは立派な三冊本で『金子みすゞ全集』が出ていますが、金子みすゞさんは生きているあいだはさほど知られていませんでした。童謡の雑誌に投稿していて、作詞家・童謡の作者としてよく知られていた西條八十というひとに認められてはいたのですが、自分の本を出版するところまではゆきませんでした。そんな彼女の作品が、あの震災のあと繰り返し私たちの耳にとどいた。これはやはり彼女の詩の力ではないでしょうか。

もう一篇、あの震災のあと、さまざまな機会に朗読された詩に谷川俊太郎▼さんの「生きる」があります。谷川さんについてはおそらくご存知のかたが多いでしょう。金子みすゞさんが生前無名にとどまったのに対して、谷川さんは英語、中国語の翻訳も多くて、もう世界的に有名な詩人です。詩集も文庫本になったものなどをあわせると、すでに百冊を超えるというひとです。「生きる」という詩は、谷川さんが一九七一年に出版された『うつむく青年』という詩集の最後に収められている作品です。すこし長い詩ですが、こちらも朗読してみます。

**▼谷川俊太郎**
一九三一年東京生まれ、詩人。また翻訳家、絵本作家、映画やテレビドラマの脚本家、作詞家としても活動。詩集に『二十億光年の孤独』『夜中に台所でぼくはきみに話しかけたかった』『コカコーラ・レッスン』『世間知らず』など。翻訳に『マザー・グースのうた』など。映画「東京オリンピック」の脚本、「鉄腕アトム」のアニメ主題歌や校歌や社歌の作詞を手がけるなど、活動は多方面にわたる。

**生きる　　谷川俊太郎**

**生きているということ**

いま生きているということ
それはのどがかわくということ
木もれ陽がまぶしいということ
ふっと或るメロディを思い出すということ
くしゃみすること
あなたと手をつなぐこと

生きているということ
いま生きているということ
それはミニスカート
それはプラネタリウム
それはヨハン・シュトラウス
それはピカソ
それはアルプス
すべての美しいものに出会うということ
そして
かくされた悪を注意深くこばむこと

生きているということ

いま生きているということ
泣けるということ
笑えるということ
怒れるということ
自由ということ

生きているということ
いま生きているということ
いま遠くで犬が吠えるということ
いま地球が廻っているということ
いまどこかで産声があがるということ
いまどこかで兵士が傷つくということ
いまぶらんこがゆれているということ
いまいまが過ぎてゆくこと

生きているということ
いま生きているということ
鳥ははばたくということ
海はとどろくということ

かたつむりははうということ
人は愛するということ
あなたの手のぬくみ
いのちということ

こちらも、とてもわかりやすいやさしい言葉で、タイトルにある「生きる」ということの意味を、何気ない普段の生活、その一瞬一瞬のかけがえのなさ、という形で描いています。あの震災のあと、いまも続く復興にむけた厳しい日々、そして原発事故がもたらした不安のなかで、この谷川さんの作品が多くのひとの胸に響いたのですね。さきほどの金子さんの作品と比べるとこちらは私たちの現在に近いかもしれません。それでも四十年以上前の詩です。それが震災に際して呼び出された。それも谷川さんの詩の力だと思います。

これらの作品があの震災のあと私たちの耳にとどいたことはとても大事なことだと思います。それと同時に、私は非常に残念な思いにも駆られます。あの震災では地震と津波によって、二万人を超える人びとの命が一挙に失われました。いまも行方不明のかたが多い。いまもどこかの海の底に、どこかの瓦礫の下に、自分の家族、友人、知人が遺体となって漂っていたり、埋まっていたりするかもしれない、そういうかたの気持ちを思うと、ほとんど眩暈がしてきます。しかし、同時に思うのは、日本ではここ十数年にわたって、年間の自殺者が毎年三万人に達している、ということです。

## 杉山平一さんの作品

いま朗読しました金子みすゞさん、谷川俊太郎さんの詩は、確かに震災後の状況のなかで私たちの胸に響いたかもしれませんが、本当はもっと私たちの普段の日常のなか、それこそ、一年に三万人あまりのひとが何らかの理由で自殺しているような状況のなかでこそ、読まれるべき詩ではないかと思うのです。震災は言ってみれば見えやすい災害ですが、年間三万人の自殺者というのはなかなか見えにくい「災害」です。しかし、「詩」はやはりそういう状況のなかでこそ必要なのではなかったか、あらためてそういう気がするのです。

そういう形で多くのひとに届いてほしいと思う詩に、杉山平一▼さんの作品があります。杉山さんは一九一四年の生まれで、関西で長いあいだ詩を書いておられました。若いころには東京におられて、みなさんも文学史で知られているかもしれない三好達治に学び、立原道造とも親しくされていました。二〇一二年に九十七歳で亡くなってしまいましたが、杉山さんは、一九九五年に阪神・淡路大震災が起こったとき、「町」というとても印象的な詩を発表されました。

▼**杉山平一**
一九一四年福島県生まれ、詩人。東京帝国大学在学中に三好達治に認められ「四季」に参加、卒業後織田作之助らと「大阪文学」を創刊する。映画評論家としても活動し「映画芸術」「映画評論」などに寄稿した。著書に『杉山平一詩集』『現代詩入門』など。

## 町

杉山平一

歪んだり
潰れたり
ぐちゃぐちゃになったり
これは水に映った町
ではないのか

風よ吹くな
ひとよ、石を投げるな

## 水面が端正にしずまるまで

この作品は、阪神・淡路大震災のただなかで、関西の多くのひとを励ましました。
あるいは、杉山さんが亡くなる前の年に出版された『希望』という詩集のなかのつぎの一篇もぜひ紹介しておきたく思います。

いま　　　　　　　　　　　　杉山平一

もうおそい　ということは
人生にはないのだ

おくれて
行列のうしろに立ったのに
ふと　気がつくと
うしろにもう行列が続いている

**終わりはいつも　はじまりである**
**人生にあるのは**
**いつも　今である**
**今だ**

杉山さんが二〇一一年に九十七歳で最後の詩集を出版されたのは、東日本大震災の復興のただなかでした。そのなかで『希望』と題して詩集を刊行された杉山さんはほんとうに素晴らしいと思います。

## 私にとっての「詩」

つぎに私自身にとって詩がどうして必要だったかをお話しします。

私はいまでこそ詩を書き、評論を書きということをしていますが、じつは「国語」がとても苦手でした。少なくとも中学校まではからっきし駄目でした。とくに読書感想文というのが大の苦手で、いったい何を書けばいいのかわからない。やっと自分なりに国語という科目がしっくりきかけたのは高校二年ぐらいのときだったと思います。いまでも覚えているのですが、現代国語の教科書に石川啄木『一握の砂』のいくつかの作品が載っていました。なかに「いのちなき砂のかなしさよ／さらさらと／握れば指のあひだより落つ」という有名な歌があって、「啄木には何か自分でしたいことがあって、いろいろな事情でそれができない、そういう気持ちが歌われているのではないか」というような感想を先生に口にしました。すると先生がうんうんみたいな感じで頷いてくださった。国語の授業で自分から積極的に発言するなど、ほとんど生まれてはじめてのことでした。覚えているかぎり、あれが私の最初の「文芸批評」でした。

それから、受験参考書で谷川俊太郎さんの初期の詩に接したり、自分でも中原中也の作品を読んだりしました。とはいえ、私は高校時代をつうじて詩を書いたことはありません。まだその必要がなかったのですね。正直言って、私の高校時代はたいへん幸福でした。軽音楽同好会というサークルに属し、女友だちをふくめ、よい友人にめぐまれました。その分、大学ではとても辛い体験をしました。私は大学も都会もまるで知らないまま篠山という田舎を離れてしまったのです。

大学で私をいちばん苦しめたのは、私には簡単には理解できない「言葉」でした。大学の授業の言葉が難しかったということではありません。私は一九八〇年に大学に入学しましたが、その時代にはまだかろうじて学生運動や社会運動の名残があって、政治的なサークルがほそぼそと活動していました。私はそういうサークルの勧誘にことごとくひっかかってしまったのです。さらには、いくつかの宗教サークル……。ほかの新入生がまるで地雷を避けるようにそれらのサークルの勧誘をうまくかわしているのに、私はその一つひとつに生真面目に対応しては、そのつど深みにはまってゆく、そういう連続でした（オウム真理教という宗教集団が引き起こした事件をご存知でしょうか。あの教団の元幹部には私の同世代が多いのですが、幸いなことに、キャンパスでまだ彼ら、彼女らの活動は見当たりませんでした）。

そうやって、政治的サークル、宗教的サークルで飛び交っている、私には理解できない「言葉」と大学で出会ったわけです。さらに、私の卒業論文は、ヘーゲルというドイツの哲学者についてのものでしたが、ヘーゲルの言葉もまた、すぐには理解することができないものでした。『精神現象学』というヘーゲルの若いころの大きな本を、何度も何度も読みました。しかし、私が簡単には理解できない、政治的な言葉、宗教的な言葉、哲学的な言葉、そういう言葉を毎日のように浴びていると、どうしても自分の言葉が必要になってくる。そこから私は自分なりに詩を書きはじめたのだと思います。

それでも、私が本格的に詩を書くうえでは、大阪文学学校との出会いがいちばん大きかったと思います。いま言いましたような事情で、私は四年で大学を卒業することができず、一年留年することになりました。しかし、一年留年して卒業したものの、まったく就職のあてもない状態でした。そのとき知人に紹介されて、大阪文学学校に入学したのです。大阪文学学校は市民が詩や小説を学び合う場で、いまも大阪で継続しています。じつは私は現在そこの校長を兼任していたのですが、私はそこで文字どおり自分が生き返るような感覚を味わいました。文学学校にいるあいだに、自分の生活を立て直して、あらためて大学院へ進学するという方向を取ることもできました。それで、しばらくは、文学学校と大学院の掛け持ち状態が続きました。

（私はいま大学でドイツの思想を中心に教え、翻訳の出版もだいぶしてきました。ドイツ語、英語、それから東ヨーロッパのユダヤ人たちの日常語だったイディッシュ語からの翻訳をしてきました。しかし、いまにいたるまで留学体験というものがありません。ですから、英語でもドイツ語でも、実用的な場面ではとても苦手です。要するに、話せない、聞き取れない。しかし、振り返って考えれば、大阪文学学校こそは私の「留学先」だったような気がします。フランス語やドイツ語が話される場ではありませんでしたが、みんな詩や小説を書こうとしている人たちですから、普段の日本語とはまったく別の「日本語」がそこでは飛び交っていました。以来、私の生活のなかに詩を書くことがすっかり根づくことになりました。）

## 子どもの言葉の輝き

ここから、今回のテーマである「詩を身近に感じる」ということについて考えてみたいと思います。

詩人や小説家でなくても、言葉に対する繊細な感覚を私たちはみんな持っています。言葉に励まされたり、言葉に傷ついたりという経験はみんなが持っておられるだろうと思います。メールのなにげないひと言がとてもこちらを励ましてくれたり、場合によってはひどく落ち込ませたりします。それは言葉に対する繊細な感覚がなければありえないことです。言葉のちょっとしたニュアンスに私たちは敏感に反応することができる。それを表現手段にするのは、おそらく多くのひとにとって可能なはずです。

とくに幼い子どもは、思いもかけない言葉で、私たちの生活をいきいきと彩ってくれます。そういう子どもの言葉をもとにした代表的な作品に藤井貞和▼さんの「子供」という詩があります。藤井さんは日本のいわゆる「現代詩」の代表的な書き手ですが、同時に源氏物語を中心にした国文学の中心的な研究者で、長いあいだ東京大学で教えておられました。「子供」は、一九八四年、私が学生だったときに出版された『ピューリファイ!』という詩集、数ある藤井さんの詩集のなかでも私がいちばん好きな詩集の一篇です。

▼藤井貞和
一九四二年東京生まれ、詩人、日本文学者、東京大学名誉教授。詩集に『詩集　日本の詩はどこにあるか』『ハウスドルフ空間』『静かの海」石、その韻き』『ことばのつえ、ことばのつえ』『春楡の木』など。評論に『源氏物語論』『平安物語叙述論』『自由詩学』『言葉と戦争』『日本文学源流史』など。

子供　　　　　藤井貞和

舌のまだよくまわらない子供が
「やきぼそ」といったので
おれは

やきそばのかわりに
ほそい「やきぼそ」をいためて食うたさ

子供が「おひねる」といったので
おれも
お昼寝しないで
おまえとまくらをならべて
「お日寝る」ばかりしていたさ

コマーシャルを見て
「ちょううすミリのにほんはむ」
というものだから
スーパーに行って
○・○○何ミリかの
超薄ミリの
うすぎりハムを買うてきて食うたさ

おもしろいコマーシャルがあるねえ
地面がいびきをかいて

**もちあがったりひっこんだりして**
**「土地はねていませんか?**
**すみともふどうさんです」**

**地面だって、ふとんをかぶって**
**ねていたいときがあるだろうねえ**
**おひねる、おひねる**

子どものちょっとした言い間違いが、何だかとっても面白い世界をふっと開いて見せてくれる、そんな場面が繰り返し思い浮かびます。藤井さんはさきほど言いましたように、一方で国文学の優れた研究者なのですが、そんな藤井さんが子ども特有の言葉遣いに敏感に反応されている。詩集タイトル「ピューリファイ!」は「純粋にしなさい」「浄化しなさい」という意味の英語ですが、藤井さんの作品を読んでいると、子どもの言葉自体がそういう純化、浄化ということを、私たちの日常のなかで実現してくれているような気がします(ただし、藤井さんのお子さんが実際にこういう発言をしたということでは必ずしもないと思います。いってみれば、かなりはフィクションです。でもそのフィクションの核に、子どもの言葉の持つはっとした輝きがあることは確かです。あるいは、藤井さん自身のなかにそういう子どもがいまもいる、ということです)。

## レクイエムとしての詩

つぎに紹介したい詩人、高階杞一▼さんは日ごろから親しくしていただいているかたです。高階さんは一九九〇年にH氏賞という、詩ではよく知られた賞を受賞されていますが、資料に掲載している「信号機の前で」という詩は、その後、一九九五年に出版された『早く家《うち》へ帰りたい』という詩集に収められている作品です。詩集のタイトルはサイモンとガーファンクルの曲から採られているのですが、この作品「信号機の前で」については、すこし説明が必要だと思います。

なかに「ゆうすけ」という名前が出てきますが、詩集の「あとがき」によれば、これは高階さんのひとり息子で、四歳の誕生日を二週間後に控えて、三歳で亡くなったお子さんの名前です。お母さんのお腹のなかにいるときから体に異常が認められていて、生まれてからもすぐ手術が必要だったといいます。やがて、腸にまったく神経がない非常に珍しい病気だとわかります。ゆうすけ君は何度もきびしい手術を受け、長いあいだ入院生活が続きました。ようやく三歳を迎えた夏に退院の許可が出て、やっと家族三人で暮らしはじめた、そんな矢先、ゆうすけ君は不意に発作を起こして亡くなってしまった。

高階さんはその悲しみをこらえて、約一年でゆうすけ君にまつわる作品を一冊の詩集にまとめあげました。『早く家へ帰りたい』は、これも数ある高階さんの詩集のなかで私がいちばん好きなもので、機会あるごとに知り合いに勧め

▼**高階杞一**
一九五一年大阪府生まれ、詩人。二〇〇八年十月、山田兼士、四元康祐、細見和之らとともに詩誌「びーぐる」創刊。詩集に『キリンの洗濯』『空への質問』『いつか別れの日のために』『早く家へ帰りたい』『千鶴さんの脚』『高階杞一詩集』など。

てきたものです。それでは、かなり長い作品ですが、「信号機の前で」を読んでみます。

**信号機の前で**

**高階杞一**

**1**

**信号を見るたびに**
**こどもはまるで歌うように言う**

**あか　だめ**
**あお　いい**
**き？**

**黄は注意**
**何度そう教えても**
**信号を見るたびにくりかえす**

**あか　だめ**
**あお　いい**

き？

黄は注意
そうくりかえすぼくにも
黄のほんとうの意味はよく分からない
進んでいいのか
とまるべきなのか

生きている途中にも
たくさんの信号があって
それが急に黄に変わるような時
ゆうすけ
おまえのように
パパも
き？
と
誰かに問いたくなることがあるんだよ

2

たぶんママに教えられたんだろう
青になると手をあげて
こどもは
横断歩道をわたる

その日もたぶん
青で

手をあげて
おまえはいってしまった
もう誰の手も届かないところへ　たったひとりで

パパはじっと
おまえのいってしまった方を見る
空の奥処《おくが》
その
赤も黄もない場所を

3

あか　だめ
パパ　あか　だめ
と
まだたった三つのおまえに叱られながら
ずいぶんと赤でわたってきた
が

今
信号機の前で
ぼくは
ひたすら青になるのを待っている
あか　だめ
パパ　あか　だめ
と
口をとがらせて言うおまえの声を
思い出しながら

4

青になった

さあ　いくよ
こどもの手をひいて
ぼくは横断歩道をわたる
行手には
春が待っていて
おまえは歌いながらいく

あか　だめ
あお　いい
き？

黄は　ちゅうい

さきにゆうすけ君についてある程度説明しましたので、おそらくみなさんにこの詩の言葉は十分とどいたのではないかと思います。小説でもそうですが、詩の場合はとくに、漢字、カタカナ、平仮名、文字の上げ下げなど、ひとつひとつがとても大切です。この作品で高階さんがそういうすべてに細心の注意を払っていることにも、目を向けていただきたいと思います。悲しみをこらえて高階さんはいわゆる推敲に徹底してこだわっているのですね。ここでは基本的に漢字仮名まじりは作者、高階さんの言葉、平仮名ばかりはゆうすけ君の言葉となっています。そこで、あらためて最後の行をご覧ください。「黄は　ちゅうい」。「黄」は漢字ですが「ちゅうい」は平仮名です。それまで「注意」はいつも漢字で父親・高階さんの言葉でした。つまり、最後になってゆうすけ君の言葉、声が天国から「ちゅうい」と父親に教える形になっている。最後にゆうすけ君の声が「ちゅうい」と響いている。あるいは最後に、高階さんとゆうすけ君の声が「ちゅうい」とかぶさっているのかもしれません。ああ、詩にはこんなことができるのだとあらためて胸を打たれます。

## 「私自身の作品から」

ここからは、時間のゆるすかぎり、私自身の作品にそくしてお話ししたいと思います。

最初に、私自身、子育てのなかで書いた作品を紹介してみます。

いまもそうですが、じつは私は子育てが苦手でした。普段、家で仕事をしていることも多く、子どもとの関わりが難しいと感じることがよくあります。部屋で本なんか読んでいると、それが仕事という感じに娘からするとならないのですね。私はいくつもの煩悩を抱えた人間ですが、残念なことに子煩悩だけは無縁だと、子どもたちに申し訳なく思うことがたびたびありました。それでもあるときから、子どもを詩のテーマにすることがはじまりました。すると、これほど格好の対象はないのでした。たとえば妻が不在で、自分の仕事を諦めて子どもの相手を長く続けなければならないとき、その体験から一篇の詩が生まれるならば、それはそれでもうけものと言うべきでしょう。まことに勝手な言い分ですが、そのときから子どもと過ごす時間が私の詩の生まれる大事なきっかけのひとつとなりました。

そういう体験から書いた短い詩を紹介します。「雨の仕事」というタイトルの作品です。

**雨の仕事**

**娘をむかえに行く日なのに**
**さっきから強い雨が降っている**
**「ああ、死にたい……」**
**出がけ不意に口にして私をたじろがせた**
**娘は幼稚園の屋根の下**

どんな遊びでしのいでいるのか
私はこの家の屋根の下で
本を読んだりノートに文字を写したり
お金にならない大人の遊びをつづけている

もうすぐ雨をくぐってむかえに行くのだが
ふたつの屋根のあいだを
隔てているような、結んでいるような
篠つく雨が降りしきって

この作品には、親から見て、幼稚園へ通いはじめた娘の状態があまりよくない、そのときの不安が反映していると思います。新しい幼稚園に馴染めないでいる感じの娘が不意に「ああ、死にたい」なんて玄関で口にする。娘がテレビなんかで耳にした言葉だったのかもしれませんが、親としてはショックでした。ただし、これはフィクションではないつもりでしたが、あとで娘から「死にたいなんて言ったことない」と訂正されました。あれは私の空耳だったのでしょうか。

続いて「かたつむりの唄」という作品を読んでみます。

かたつむりの唄

雨上がりの午後
かたつむりがとがった石のうえを進んでいる
ツノをゆったりとくねらせながら
かたつむりは世界のいまを確かめている

私がそっと触れると
ひゅっと殻のなかに閉じこもる
でもしばらくすると
またおずおずとツノが伸びてくる

私のようなかたつむり！
あなたのようなかたつむり！

好奇心はかたつむりの姿をしている

これは「かたつむり」というのは、ほんとうに自分そのものだと思って書いた作品です。私たちはいろんな危険に取り囲まれていますから、やっぱり「殻」があると安心です。嫌なとき、不安なときは、その殻のなかに閉じこもっていたい。でもその「殻」はじつに脆いものですね。かたつむりの殻なんか、足で踏まれればぐしゃりと潰れてしまう。私たちの住居だって、地震があったり、飛行機が落下したり、爆弾が投下されたりすれば、ひとたまりもありません。でも、そんな「殻」でもあるのとないのとでは大違いです。しかも私たちはその「殻」にじっと閉じこもっているだけではいられない。外の様子を覗いてみたくなる。そういう好奇心がひととひとの繋がりを作っている。そういうことを「かたつむり」の姿に重ねた作品です。

藤井さんの作品の紹介のときに言いましたように、子どものちょっとした言い間違いは、とても面白い世界を私たちに垣間見せてくれます。最後に、そういう子どもの言葉をもとにした作品を読みたいと思います。

**ちゃらんぽらんな生涯**

**ささいなことで妻と口論になった**

あんたがちゃらんぽらんやから！
彼女は吐き捨てるように言って台所を出た
すると下の娘がまわらない口で囃し立てる
チャンポラパン！
チャンポラパン！

たしかにおれは
高校時代
受験勉強から逃げて
チャンポラパン！
とドラムを叩いていた
（あのときのバンド仲間はいまどうしている？）

知っているひとは知っていることだが
おれのドイツ語は
あやふやでちゃらんぽらん
学問の知識は
でたらめでちゃらんぽらん
二十年このかた教壇では

哲学と文学と
変拍子のリズムを刻んで
ごまかしてきた

もうすぐ五十に手が届こうというのに
ちゃらんぽらんな性分は直らない
おれがくたばったときにも
娘を先頭に
葬列は進んでゆけばいい
チャンポラパン！
チャンポラパン！
淋しく陽気に

妻が私に毒づくようにして口にした「ちゃらんぽらん」が、娘の舌足らずな言い間違いで、高校時代のドラムの音になったり、最後はお葬式での、淋しくも陽気なお囃子のような音になったりする。娘の言葉に触発されて、自分自身言葉で遊ぶ感じで書いた作品です。そろそろ予定の時間になったようです。すこしでも「詩」を身近に感じていただけたでしょうか。

Q&A

――日本語はいろんな言葉遣いで、「きれい」ということを伝えられます。日本語は繊細ゆえ、自分の気持ちにぴったりとする表現が見つかる気がします。一方、私は英語も好きですが、英語を話すとき、私はすごくオープンで図々しい気持ちになります。「いとけない」を英和辞典で引いたらyoungと出ていました。英語はひとつの言葉でいろんな意味を表している。言葉が豊富な日本語と対照的だなと思いました。そういうことから考えたのですが、人格や国民性は、言語によって左右されるのだと思うのですが、いかがでしょうか。

おそらく日本語だから繊細ということではなく、英語をネイティブとするひとにとっては英語が繊細なのだと思います。「いとけない」に対応する微妙な英語表現はきっとあるでしょう。英語だったらズケズケ言えるというのは、自分が知っている限られた言葉で対応しようとするので、迷うことなく表現できるという側面があるのだと思います。

日本語はオノマトペが豊かだと言われます。私も最初英語にはオノマトペが少ないと思っていたのですが、英語は言葉自体が相当にオノマトペであることにあるとき気がつきました。たとえばstopがそうです。「ぴたっと止まる」と言わずにstopとひと言で言えてしまう。それからswingやwalkもそうです。「ゆらゆら揺れる」「テクテク歩く」なんて言わずに、swingやwalkとひと言、口にすればいい。swingという言葉自体が揺れているじゃないですか。娘が小さ

いときに、壁に手を当ててtouchと言いました。touchという言葉自体が擬態語なのだとそのとき気づいたのです。

つまり、英語の単語、とくに動詞は、どうもそれ自体のなかに擬音語・擬態語を含みこんでいる。一方日本語は、たとえば「止まる」と「揺れる」という動詞に、さらに「ピタッ」とか「ゆらゆら」という擬態語を付け加えている。知っている語彙がすくないとかえって大胆に表現できるというのは面白いですね。そういう場合、英語と日本語のあいだでたえず翻訳しながら書いてみるのもいいかもしれません。

## わたしの思い出の授業、思い出の先生

小学校・中学校時代をつうじて、親しくできた先生は私にはあまりなかったと思います。私には娘がふたりいて、いま中学校2年、小学校6年です。それぞれ学校の先生にかなり親しみを感じているようで、うらやましいですね。高校生のときには倫理社会の先生を少し身近に感じていて、卒業のときにその先生が「自分の師と呼べるひとを見つけなさい」と言っておられたのを覚えています。大学院にいたってようやく学問上の「師」と呼べるひとに、そして大阪文学学校に入学して文学上の「師」と呼べるひとに、私は出会うことができました。ともに1929年の生まれで、いまも健在です。対照的なおふたりから、哲学、思想、文学について、いまにいたるまでたっぷりと教わることができたことが、私のだいじな糧となっています。

# 高校生と考える人生のすてきな大問題

桐光学園大学訪問授業

二〇一七年四月三十日　第一刷発行

編者　桐光学園中学校・高等学校
〒二一五―八五五五　神奈川県川崎市麻生区栗木三―十二―一
TEL：〇四四―九八七―〇五一九（代表）
http://www.toko.ed.jp

発行所　株式会社左右社
〒一五〇―〇〇〇二　東京都渋谷区渋谷二―七―六―五〇二
TEL：〇三―三四八六―六五八三　FAX：〇三―三四八六―六五八四
http://www.sayusha.com

装幀　松田行正＋杉本聖士

カバー装画　O Jun「此の児 ―camellia」2008（撮影：加藤健）



印刷　創栄図書印刷株式会社



ISBN978-4-86528-161-3

桐光学園大学訪問授業

# 高校生と考える日本の問題点

どうしたら人を信頼できるか、漱石はそのことを考えた人です　姜尚中
指導層の大人たちで君たちの幸福を考えている人はほとんどいない　内田樹
豪華講師二十人が中高生に向き合いながら、日本の問題点を語り尽くした白熱の一八〇〇分！　この社会の仕組みはいつまで続くのか？　わたしたちはどうやって現代を生き抜くべきか？　文学・社会学・歴史・科学・芸術・政治などさまざまな分野から考える。
伊東豊雄、内田樹、宇野重規、金森修、金子勝、姜尚中、小林富雄、斎藤環、椹木野衣、白井聡、田中優子、長谷部恭男、蜂飼耳、平田竹男、福嶋亮大、藤嶋昭、美馬達哉、森山大道、吉田直紀、湯浅誠。

本体1500円

# 高校生と考える世界とつながる生き方

オリンピックの建築は大災害で人間が謙虚な気持ちになれた、新しい時代を象徴しなければなりません　隈研吾
「似ているけどやっぱり違うんだよね」というところから出発する　平田オリザ
明日を生きるために何が必要か、世界で活躍する豪華講師十九人が中高生に向き合い真剣に語ります。建築やアート、音楽をはじめ、憲法・政治・コミュニケーション・文学・国際情勢・日本近代史など、さまざまな分野から考える好評シリーズ第二弾。この一冊で世界の成り立ちが見えてくる。
石川九楊、川俣正、木村草太、隈研吾、黒崎政男、香山壽夫、近藤譲、酒井啓子、桜井進、佐々木敦、杉田敦、千住博、千田有紀、千葉雅也、月尾嘉男、西崎文子、長谷正人、原武史、平田オリザ。

本体1600円